Die Zahnarzthaftung nach dem Patientenrechtegesetz
Der aktuelle Kommentar mit Urteilssammlung

Thomas Ratajczak

Prof. Dr. Thomas Ratajczak, Studium der Rechtswissenschaft an der Universität Tübingen mit Promotion bei Prof. Dr. Reuter in Tübingen im Jahre 1983, ist seit 1982 Rechtsanwalt. Er ist Mitglied der Rechtsanwaltskammer Stuttgart sowie zahlreicher wissenschaftlicher Gesellschaften, unter anderem der Arbeitsgemeinschaft Rechtsanwälte im Medizinrecht im DAV e.V., der Deutschen Gesellschaft für Medizinrecht e.V., des World Congress on Medical Law, des International Congress on Dental Law und der International Bar Association. Prof. Ratajczak ist Honorarprofessor an der Hochschule Neu-Ulm – University of Applied Sciences –, Studiengänge MBA Betriebswirtschaft für Ärztinnen & Ärzte und Betriebswirtschaft im Gesundheitswesen. Seine zahlreichen Veröffentlichungen umfassen arztrechtliche und zahnarztrechtliche Problembereiche.

Christian Berger, Präsident des Bundesverbandes der implantologisch tätigen Zahnärzte in Europa (BDIZ EDI), studierte nach seiner Lehre als Zahntechniker Zahnheilkunde in Heidelberg, Antwerpen und London. Nach seiner Approbation 1984 war er von 1985 bis 1989 an der Klinik und Poliklinik für Mund-, Kiefer- und Gesichtschirurgie der Universität Heidelberg tätig. 1988 erfolgte die Anerkennung als Zahnarzt für Oralchirurgie. Seit 1989 ist er in einer Gemeinschaftspraxis in Kempten niedergelassen. Er ist seit 1993 Gutachter der Bayerischen Landeszahnärztekammer (BLZK) und seit 1994 Mitglied des Vorstandes des Zahnärztlichen Bezirksverbands Schwaben, dessen Vorsitz er seit 2002 inne hält. Er ist seit 1995 Mitglied der Vollversammlung der BLZK, seit 2000 des Vorstandes, und Referent für Postgraduierte Fort- und Weiterbildung. Seit 2002 ist er Vizepräsident der BLZK. Von 1997 bis 2004 und seit 2010 ist Christian Berger Mitglied der Vertreterversammlung der Kassenzahnärztlichen Vereinigung Bayerns und von 2002 bis 2004 sowie seit 2011 Mitglied der Vertreterversammlung der Kassenzahnärztlichen Bundesvereinigung. Darüber hinaus ist er Mitglied zahlreicher wissenschaftlicher Gesellschaften. Als Mitglied des Vorstandes des Zahnärztlichen Arbeitskreises Kempten ist er zuständig für internationale Kontakte. Bis 2002 war er Vizepräsident der European Dental Association (EDA). Christian Berger ist Spezialist für Implantologie und Parodontologie der EDA. Seine Veröffentlichungen, Bücher und Buchbeiträge gelten der Chirurgie, Implantologie, Parodontologie und Ästhetik in der Zahnheilkunde. Er ist Referent im In- und Ausland.

Dr. Stefan Liepe, Studium der Zahnmedizin an der Medizinischen Hochschule Hannover von 1989 bis 1994, war nach seiner Approbation 1994 von 1994 bis 1995 Assistenzzahnarzt bei Dr. Hans-Hermann Liepe. Von 1995 bis 1997 war er wissenschaftlicher Mitarbeiter in der Poliklinik für Zahnärztliche Prothetik der Medizinischen Hochschule Hannover unter der Leitung von Direktor Prof. Dr. A. Roßbach. Seit 1997 ist er niedergelassener Zahnarzt. 1999 erfolgte die Promotion an der Medizinischen Hochschule Hannover, 2000 die Zertifizierung mit dem Tätigkeitsschwerpunkt Implantologie (BDIZ EDI). Von 2008 bis 2009 absolvierte er den Studiengang der AS-Akademie, seit 2009 ist er Spezialist für Implantologie (EDA). Dr. Liepe ist ehrenamtlicher Richter am Sozialgericht Hannover, Mitglied des Vorstands des Landesvorstands Niedersachsen des Freien Verbands Deutscher Zahnärzte (FVDZ) sowie Geschäftsführer und Mitglied des Vorstands des BDIZ EDI. Neben seiner Gutachtertätigkeit für die Zahnärztekammer Niedersachsen arbeitete er in diversen Ausschüssen der Kassenzahnärztlichen Vereinigung Niedersachsen und ist Autor und Referent zahlreicher Veröffentlichungen und Vorträge überwiegend zu den Themen Praxis- und Qualitätsmanagement, GOZ, Implantologie sowie computergestützte Zahnheilkunde.

Praxisorientiertes und praxiswirksames Expertenwissen für Zahnärzte

Thomas Ratajczak

Mit Beiträgen von Christian Berger und Stefan Liepe

Die Zahnarzthaftung nach dem Patientenrechtegesetz

Der aktuelle Kommentar mit Urteilssammlung

Fachinformationen

Korrespondenzadresse:
Prof. Dr. Thomas Ratajczak
Rechtsanwalt, Fachanwalt für Medizinrecht, Fachanwalt für Sozialrecht
RATAJCZAK & PARTNER Rechtsanwälte
Berlin · Essen · Freiburg i.Br. · Jena · Meißen · München · Sindelfingen
Posener Str. 1
71065 Sindelfingen
E-Mail: ratajczak@rpmed.de
Internet: www.rpmed.de

Bibliografische Information der Deutschen Bibliothek
Die Deutsche Bibliothek verzeichnet diese Publikation in der Deutschen Nationalbibliografie;
detaillierte bibliografische Daten sind im Internet über http://dnb.ddb.de abrufbar.

Copyright 2013 by Spitta Verlag GmbH & Co. KG
Ammonitenstraße 1, 72336 Balingen, http://www.spitta.de
Printed in Germany

Das Werk ist urheberrechtlich geschützt. Die dadurch begründeten Rechte, insbesondere die der Übersetzung, der Entnahme von Abbildungen, der Funksendung, der Wiedergabe auf fotomechanischem oder ähnlichem Wege und der Speicherung in Datenverarbeitungsanlagen, bleiben, auch bei nur auszugsweiser Verwendung, vorbehalten. Die Wiedergabe von Gebrauchsnamen, Handelsnamen, Warenbezeichnungen usw. in diesem Werk berechtigt auch ohne besondere Kennzeichnung nicht zu der Annahme, dass solche Namen im Sinne der Warenzeichen- und Markenschutz-Gesetzgebung als frei zu betrachten wären und daher von jedermann benutzt werden dürften.

Projektmanagement: Bärbel Engels M. A.
Covergestaltung: Johannes Kistner
Lektorat: mariscript Lektorat, Marianne Schmidt M. A., Vaihingen/Enz, www.mariscript.de
Satz: Josef Freudenmann Mediengestaltung, 72417 Jungingen
Druck: Kessler Druck + Medien, 86399 Bobingen
ISBN: 978-3-943996-11-1

Inhalt

	Vorwort	9
	Folgen für die Zahnarztpraxis	12
1	**Einführung**	15
	Gesetzeshistorie	17
	Zweck des Patientenrechtegesetzes	18
	Anwendungsbereich	25
2	**§ 630a BGB Vertragstypische Pflichten beim Behandlungsvertrag**	27
	Behandlungsvertrag, Behandelnder (§ 630a Abs. 1 BGB)	29
	Behandlungsstandard (§ 630a Abs. 2 BGB)	31
	Behandlungsfehler	35
	Rechtsprechung zum zahnärztlichen Behandlungsfehler	38
	Behandlungsfehler	38
	Kein Behandlungsfehler	55
3	**§ 630b BGB Anwendbare Vorschriften**	67
4	**§ 630c BGB Mitwirkung der Vertragsparteien; Informationspflichten**	71
	Compliance (§ 630c Abs. 1 BGB)	75
	Informationspflichten (§ 630c Abs. 2 Satz 1 BGB)	77
	Patientenbrief (Bundesratsfassung)	79
	Information über Behandlungsfehler (§ 630c Abs. 2 Sätze 2 und 3 BGB)	80
	Behandlungsvertrag bei psychisch Kranken (Bundesratsfassung)	84
	Wirtschaftliche Aufklärung (§ 630c Abs. 3 BGB)	85
	Wegfall der Informationspflichten (§ 630c Abs. 4 BGB)	89
5	**§ 630d BGB Einwilligung**	91
	Keine Behandlung ohne Einwilligung (§ 630d Abs. 1 Satz 1 BGB)	94
	Einwilligungsfähigkeit (§ 630d Abs. 1 Sätze 2 und 3 BGB)	97
	Mutmaßliche Einwilligung (§ 630d Abs. 1 Satz 4 BGB)	99
	Keine Einwilligung ohne Aufklärung (§ 630d Abs. 2 BGB)	101
	Widerruf der Einwilligung (§ 630d Abs. 3 BGB)	102
	Rechtsprechung zur Einwilligung	103

6	**§ 630e BGB Aufklärungspflichten**	105
	Vorbemerkungen	108
	Adressat der Aufklärung (§ 630e Abs. 1 Satz 1 BGB)	109
	Inhalt der Aufklärung (§ 630e Abs. 1 Satz 2 BGB)	110
	Alternativenaufklärung (§ 630e Abs. 1 Satz 3 BGB)	112
	Formelle Anforderungen an die Aufklärung (§ 630e Abs. 2 Satz 1 BGB)	117
	Aufklärungsformulare (§ 630e Abs. 2 Satz 1 Nr. 1, 2. Hs. BGB)	118
	Aufklärungspflichtiger (§ 630e Abs. 2 Satz 1 Nr. 1 BGB)	118
	Zeitpunkt der Aufklärung (§ 630e Abs. 2 Satz 1 Nr. 2 BGB)	119
	Verständlichkeit der Aufklärung (§ 630e Abs. 2 Satz 1 Nr. 3 BGB)	120
	Schonende Aufklärung	121
	Aufklärungsdokumentation (§ 630e Abs. 2 Satz 2 BGB)	123
	Ausnahmen von der Aufklärungspflicht (§ 630e Abs. 3 BGB)	124
	Verzicht auf die Aufklärung	124
	Therapeutisches Privileg	125
	Informierter Patient	125
	Einwilligungsunfähiger Patient (§ 630e Abs. 4 BGB)	126
	Inhalt der Aufklärung bei einwilligungsunfähigen Patienten (§ 630e Abs. 5 BGB)	127
	Rechtsprechung zu Aufklärungsfehlern in der Zahnheilkunde	129
	Aufklärungspflicht wurde bejaht	129
	Aufklärungspflicht wurde verneint	137
	Spezialthema Vollnarkose	140
7	**§ 630f BGB Dokumentation der Behandlung**	141
	Dokumentation als Schlüssel zur Behandlung	142
	Einsichtnahme in die Dokumentation als Schlüssel zur Haftung	145
	§ 630f BGB Dokumentation der Behandlung	146
	Dokumentationspflicht (§ 630f Abs. 1 Satz 1 BGB)	148
	Zeitpunkt der Dokumentation (§ 630f Abs. 1 Satz 1 BGB)	151
	Nachträgliche Änderungen der Dokumentation (§ 630f Abs. 1 Sätze 2 und 3 BGB)	153
	Inhalte der Dokumentation (§ 630f Abs. 2 BGB)	156
	Zu dokumentierende Maßnahmen (§ 630f Abs. 2 Satz 1 BGB)	157
	Arztbriefe (§ 630f Abs. 2 Satz 2 BGB)	159
	Nicht zu dokumentierende Maßnahmen	160

Methoden der Dokumentation	161
10 Jahre Aufbewahrungspflicht (§ 630f Abs. 3 BGB)	163
Dokumentation und Beweislast (§ 630h Abs. 3 BGB)	165

8 Exkurs: Datenschutz und Röntgenaufnahmen 169
    Wem gehört das Röntgenbild? 171
    Weitergabe an einen Zahnarzt 172
    Herausgabe bzw. Weitergabe an gesetzliche oder private Krankenversicherungen 173
    Röntgenaufnahmen auf elektronischem Datenträger 174
    Versandkosten 175
    Dokumentation 176
    Datensicherheit 177
    Datenaustausch über das Internet oder Datenträger (CD, DVD oder USB-Stick) 178
    Datenschutz und Telemedizin 181
        1. Vertraulichkeit 181
        2. Authentizität (Zurechenbarkeit) 181
        3. Integrität 181
        4. Verfügbarkeit 181
        5. Revisionsfähigkeit 182
        6. Validität 182
        7. Rechtssicherheit 182
        8. Nicht-Abstreitbarkeit von Datenübermittlungen 182
        9. Nutzungsfestlegung 183

9 § 630g BGB Einsichtnahme in die Patientenakte 185
    Einführung 186
    Recht auf vollständige Einsicht (§ 630g Abs. 1 Satz 1, 1. Hs. BGB) 189
        Einsicht in objektive und subjektive Befunde? 189
    Grenzen des Einsichtsrechts (§ 630g Abs. 1 Satz 1, 2. Hs. BGB) 193
        Umfang der Beschränkung des Einsichtsrechts 196
    Ablehnung des Einsichtsrechts (§ 630g Abs. 1 Satz 2 BGB) 197
    Ort der Einsichtnahme (§ 630g Abs. 1 Satz 3 BGB) 198
    Praktische Umsetzung des Einsichtsrechts (§ 630g Abs. 2 Satz 1 BGB) 200
    Kostentragung (§ 630g Abs. 2 Satz 2 BGB) 202
    Einsichtsrecht bei verstorbenen Patienten (§ 630g Abs. 3 BGB) 204

10 § 630h BGB Beweislast bei Haftung für Behandlungs- und Aufklärungsfehler 207
Einführung 208
Ziel des § 630h BGB 216
Gesetzestext 217
Änderungswünsche des Bundesrates 218
Änderungswünsche der Fraktion BÜNDNIS 90/DIE GRÜNEN 223
Kommentierung des § 630h BGB 225
   § 630h Abs. 1 BGB – Beweislastumkehr bei voll beherrschbarem Behandlungsrisiko 225
   § 630h Abs. 2 Satz 1 BGB – Beweislastumkehr für Einwilligung und Aufklärung 228
   § 630h Abs. 2 Satz 2 BGB – Hypothetische Einwilligung 233
   § 630h Abs. 3 BGB – Beweisvermutung bei Dokumentationsmängeln 238
   § 630h Abs. 4 BGB – Beweisvermutung bei fehlender Befähigung 240
   § 630h Abs. 5 Satz 1 BGB – Beweislastumkehr bei grobem Behandlungsfehler 243
   § 630h Abs. 5 Satz 2 BGB – Beweislastumkehr bei unterlassener Befunderhebung 250
Grenzen der Beweislastumkehr nach § 630h Abs. 5 BGB 252

Schlusswort 255

Anhang 257
Abkürzungsverzeichnis 258
Literatur 259

Vorwort

Vorwort

Am 26.02.2013 ist das Patientenrechtegesetz in Kraft getreten. Es normiert in seinem hauptsächlichen Anliegen erstmals das (Zahn)Arzthaftungsrecht. Das ist für viele Berufsangehörige ein unbekanntes Feld, weshalb – rechtzeitig zur IDS 2013 – eine Kommentierung des durch das Patientenrechtegesetz ausgeformten Haftungsrechts aufgelegt wird.

Das Buch wendet sich primär an Zahnärzte. Der Verständnishorizont ist entsprechend ausgerichtet – und konsequenterweise werden die in diesem Werk angeführten Entscheidungen nur nach Gericht, Datum und Aktenzeichen zitiert. Die juristischen Fundstellen sind für den Zahnarzt weniger ergiebig als diese Entscheidungsdaten, zumal vor allem alle jüngeren Entscheidungen (etwa ab dem Jahre 2000) im Internet veröffentlicht sind. Wichtigster Zugang zu einer Entscheidung sind Gericht und Aktenzeichen.

Für Hinweise und Anregungen zu weiteren Auflagen sind wir dankbar.

Prof. Dr. Thomas Ratajczak
Sindelfingen, im März 2013

Gastvorwort

Die Idee ist aller Ehren wert: Ziel des Gesetzgebers ist es, die Rechte der Patienten zu kodifizieren und den Behandlungsvertrag rechtssicher zu machen. Der Patient soll mit Hilfe des Patientenrechtegesetzes seinem Behandler auf Augenhöhe begegnen können. War der Patient bisher rechtlos? Keinesfalls. Ärztliche Fachgesellschaften und Körperschaften, Selbsthilfegruppen, Medizinrechtsexperten, Verbraucherschutzorganisationen und nicht zuletzt die Medien sind tagein tagaus damit beschäftigt, den Patienten zu unterstützen. Dies geschieht in Deutschland in einem deutlich größeren Umfang als beispielsweise im europäischen Ausland.

Mit dem Patientenrechtegesetz werden Dinge festgeschrieben, die ihren angestammten und funktionierenden Platz im Arzt-Patienten-Verhältnis haben, das eben gerade die geforderte Augenhöhe bereits bietet und auf Vertrauen beruht, nicht auf Rechtspflichten. Der Arzt ist bisher schon durch den hippokratischen Eid daran gebunden, zum Nutzen des Patienten zu handeln und jedweden Schaden von ihm fern zu halten. Demoskopische Untersuchungen bestätigen immer wieder, dass die Patienten ihren Ärzten und Zahnärzten mehr vertrauen als allen anderen Berufen.

Die Auswirkungen des Patientenrechtegesetzes im Bereich der Arzthaftung sind noch nicht abzusehen. Ob der Reformeifer der Politik amerikanischen Verhältnissen Vorschub leisten wird, bleibt abzuwarten. Eines ist jedoch jetzt bereits abzusehen: Der bürokratische Aufwand in den Praxen und Kliniken und damit die Kosten, die nicht direkt mit der Behandlung des Patienten einher gehen, wird sich deutlich erhöhen. Deshalb setzt dieses Buch die Bemühungen des Bundesverbands der implantologisch tätigen Zahnärzte (BDIZ EDI) fort, den Zahnärzten im Praxisalltag Hilfestellungen zu geben, und ergänzt das GOZ-Kompendium, das Abrechnungshandbuch Implantologie und das Gutachterhandbuch.

Christian Berger
Präsident des BDIZ EDI
Kempten, im März 2013

Folgen für die Zahnarztpraxis

Das Patientenrechtegesetz kodifiziert vorhandene Vorschriften und Gerichtsentscheidungen, es will mehr Beteiligung des Patienten, es bringt aber auch zusätzliche Aufgaben und Verpflichtungen in die tägliche Arbeit von Zahnarzt und zahnärztlichem Personal. Die bestehende Verpflichtung zu einem einrichtungsinternen Qualitätsmanagement kann hilfreich sein, um alle Arbeitsabläufe, alle Aufklärungen und alle Beratungen zu dokumentieren und dabei die zusätzlichen Aufgaben zu erfüllen, die sich aus dem Patientenrechtegesetz ergeben.

Was müssen Zahnarzt und zahnärztliches Personal überprüfen, was muss künftig nachvollziehbar dokumentiert werden? Wo liegen die Risiken für den Praxisalltag, welche Chancen bieten sich bei der Patientenberatung?

Die GOZ 2012 beschreibt einen Stillstand bei der Honorierung privatzahnärztlicher Leistungen und wird der Beschreibung einer modernen präventionsorientierten Zahnheilkunde nicht gerecht. Der BEMA beschränkt sich auf einen Katalog bestimmter Leistungen und seine Anpassung an die wirtschaftliche Entwicklung der Praxen erfolgt jährlich in homöopathischen Dosen.

Längst müssen die Praxen Mehrkostenvereinbarungen, Analogabrechnungen und Abdingungen durchführen, um für moderne Zahnmedizin auch angemessene Honorare zu erzielen. Das Patientenrechtegesetz führt dazu, dass solche Vereinbarungen und Abrechnungen vermehrt auftreten werden.

Zur Sicherung des Heilungserfolges müssen Befunderhebungen auch über die Grenzen des BEMA oder die Leistungsbeschreibungen in der GOZ hinaus dem Patienten angeboten werden (§ 630h Abs. 5 BGB), auf die entstehenden Kosten muss der Patient hingewiesen werden. Wenn dem Zahnarzt „hinreichende Anhaltspunkte" gegen eine vollständige Übernahme der Behandlungskosten durch einen Dritten vorliegen, muss der Zahnarzt die voraussichtliche Höhe der Behandlungskosten beziffern (§ 630c Abs. 3 BGB), damit der Patient die wirtschaftliche Tragweite seiner Entscheidung überschauen kann. Denn werden solche zusätzlichen Befunde erhoben, so müssen sie dem Patienten in Rechnung gestellt werden. Auch der ausdrückliche Wunsch des Patienten, keine Maßnahmen durchführen zu lassen, die voraussichtlich mit Eigenanteilen oder Kosten für ihn verbunden wären, sollte entsprechend dokumentiert werden. Ein geeigneter Textbaustein wäre z.B.: *„Ich wurde von meinem Zahnarzt über zusätzliche Untersuchungsmethoden infor-*

miert, die zumindest teilweise von mir selbst bezahlt werden müssten. Ich wünsche keine solchen Untersuchungen."

Für eine vollständige Aufklärung vor Einwilligung in die Behandlung bedarf es einer Aufklärung über alle sinnvollen Therapiealternativen. Gerade in der Zahnheilkunde gibt es meist mehrere Lösungsansätze für ein bestehendes zahnmedizinisches Problem. Deshalb sind auch gesetzlich versicherte Patienten oder z.B. Privatversicherte mit Basistarif über solche Therapiealternativen aufzuklären, die nicht dem Katalog des BEMA entsprechen und/oder eine Zuzahlung des Patienten erfordern. Einen geeigneten Textbaustein findet man z.B. in den Aufklärungs- und Dokumentationsformularen von Spitta: *„Ein ausführliches Aufklärungsgespräch zwischen dem zahnärztlichen Behandler und mir fand am … statt. Im Vorfeld des Aufklärungsgesprächs wurde mir das Aufklärungs- und Dokumentationsformular zur Verfügung gestellt. Dieses habe ich gelesen und verstanden. Im Aufklärungsgespräch mit meiner Zahnärztin/meinem Zahnarzt konnte ich alle für mich wesentlichen Punkte, z.B. spezielle Risiken, mögliche Komplikationen, Therapiealternativen und Verhaltensmaßnahmen nochmals hinterfragen. Meine Zahnärztin/mein Zahnarzt hat sie mir eingehend und umfassend beantwortet. Ich fühle mich gut über die Behandlung informiert. Mir ist bekannt, dass ich die Einwilligung bis zum Beginn der Behandlung widerrufen kann. Ein Exemplar dieses Formulars habe ich zum Mitnehmen und Aufbewahren erhalten. Das Gespräch dauerte … Minuten."*

Die Dokumentation der Zeitdauer bildet gleichzeitig die Grundlage für eine angemessene Honorierung, die z.B. durch Analogberechnung erfolgen kann.

Aus all diesen Pflichten und Möglichkeiten ergibt sich folgende To-do-Liste für die Praxen:
- Anamnesebögen prüfen
- Angaben des Patienten, z.B. zu Allergien und Vorerkrankungen?
- Sorgeberechtigung bei Minderjährigen klären
- Informationsblätter eventuell neu gestalten
- Aufklärungsbögen komplettieren
- Patientenakten vervollständigen
- Änderungen dokumentieren
- Personal unterweisen, z.B. im Hinblick auf Beweisführung
- Gesellschaftsform der Praxis prüfen
- Alternative Partnerschaftsgesellschaft?

- Haftpflichtversicherung kontrollieren
- Behandlungsspektrum? Angestellte Zahnärzte?
- Meldung an Haftpflichtversicherung bei behauptetem Behandlungsfehler, kein Schuldanerkenntnis! Schlichtung bei der Kammer?
- Qualitätsmanagement einführen/durchführen; Feedbackmanagement einführen

Dieser Katalog soll hier nur einen Überblick liefern und Anhaltspunkt für den Praxisalltag sein, um die Komplexität der verschiedenen Aufgaben, die mit dem Patientenrechtegesetz von den Praxen gefordert werden, abzubilden.

Christian Berger

1
Einführung

Schneller Gesetzgebungsablauf

Das Patientenrechtegesetz (PRG) kam in einem bemerkenswert schnellen Gesetzgebungsablauf zustande, was allerdings der Qualität des Gesetzes nicht zugute kam. Über dieses Gesetz ist an anderer Stelle schon manches Kritische angemerkt worden. Die Kommentierung in diesem Werk ist durchaus ebenfalls als sehr gesetzeskritisch zu verstehen. Nachdem jahrzehntelang das (Zahn)Arzthaftungsrecht der Entwicklung durch die Rechtsprechung – allen voran dem Bundesgerichtshof – überlassen worden war, ist es willkürlich, zum jetzigen Zeitpunkt eine gesetzliche Zäsur zu machen und einen Abschnitt in dieser Entwicklung gesetzlich festzuschreiben. Die Rechtsprechungsentwicklung ist im Fluss. Das betrifft jeden Aspekt der (Zahn)Arzthaftung. Ich habe vor Jahren einmal versucht, die Entwicklung in der Aufklärungsrechtsprechung nachzuvollziehen, und gab meinem Aufsatz den aus der Volkswirtschaftslehre entlehnten, keineswegs despektierlich gemeinten Titel „Der Schweinezyklus in der Aufklärungsrechtsprechung" (in Arbeitsgemeinschaft Rechtsanwälte im Medizinrecht e.V. [Hrsg.], 2001, S. 1 ff.).

Dieser provokante Aufsatztitel wurde damals gewählt, weil es im Bereich der Aufklärungsrechtsprechung bei den Anforderungen eine Wellenbewegung gab und noch gibt. Dieser Befund gilt über die Aufklärungsrechtsprechung hinaus für alle relevanten Bereiche des Haftungsrechts der Heilberufe. Sie werden in dem Ausmaß entwickelt, wie sich neue Fallgestaltungen ergeben. Das Haftungsrecht der sogenannten Heilhilfsberufe hat bisher – außerhalb der Hebammenhaftung – noch wenig die Gerichte beschäftigt, die sich vornehmlich auf Ärzte, Krankenhäuser und Zahnärzte konzentrieren, weil die Klagen der Patientenanwälte entsprechend ausgelegt sind. Ob die Grundsätze der Arzthaftung auf die weiteren medizinischen Fachberufe so ohne weiteres übertragen werden können, ist noch ungeklärt. Das Patientenrechtegesetz differenziert hier jedenfalls nicht.

Wichtige Fragen des Haftungsrechts sind offen geblieben und werden in diesem Buch auch als solche kritisch angesprochen.

Gesetzeshistorie

Die Historie des Patientenrechtegesetzes verlief rasch und wider Erwarten unspektakulär:

- 22.03.2011   Grundlagenpapier des Patientenbeauftragten der Bundesregierung (http://www.patientenbeauftragter.de/upload/Upload/Grundlagenpapier-Patientenrechte-in-Deutschland.pdf; abgerufen am 25.02.2013)
- 16.01.2012   Referentenentwurf des Bundesministeriums der Justiz und des Bundesministeriums für Gesundheit (http://www.bmj.de/SharedDocs/Downloads/DE/pdfs/RefE_Gesetz_zur_Verbesserung_der_Rechte_von_Patientinnen_und_Patienten.pdf?__blob=publicationFile; abgerufen am 25.02.2013)
- 25.05.2012   Gesetzentwurf der Bundesregierung (BR-Drs. 312/12)
- 26.06.2012   Empfehlungen der Ausschüsse des Bundesrates (BR-Drs. 312/1/12)
- 06.07.2012   Stellungnahme des Bundesrates – BR-Drs. 312/12(B)
- 15.08.2012   Gesetzentwurf der Bundesregierung (BT-Drs. 17/10488)
- 28.11.2012   Beschlussempfehlung und Bericht des Ausschusses für Gesundheit (BT-Drs. 17/11710)
- 29.11.2012   2. und 3. Lesung des Bundestages (Plenarprotokoll 17/211)
- 01.02.2013   Kein Einspruch durch den Bundesrat (BR-Drs. 7/13[B])
- 25.02.2013   Verkündung im Bundesgesetzblatt (BGBl. I, S. 277)
- 26.02.2013   Inkrafttreten (Art. 5 PRG)

Zweck des Patientenrechtegesetzes

Formal fügt das Patientenrechtegesetz in das BGB einen neuen Untertitel „Behandlungsvertrag" ein. Systematisch liegt dieser Gesetzesabschnitt genau zwischen dem Recht des Dienstvertrages (§§ 611–630 BGB) und dem Recht des Werkvertrages (§§ 631–651 BGB). Diese Zuordnung ist sachlich richtig. Der Behandlungsvertrag gilt gemeinhin als Dienstvertrag i.S. des § 611 BGB (BGH, 09.12.1974 – VII ZR 182/73; BGH, 29.03.2011 – VI ZR 133/10). Diese Einordnung hat den Vorteil, dass der Zahnarzt – wie der Arzt – nicht für die Erreichung bzw. Verfehlung des vom Patienten gewünschten oder auch des gemeinsam vereinbarten Behandlungsergebnisses haftet, sondern nur dafür, dass er alles nach dem Stand der zahnmedizinischen Wissenschaft und ggf. seinen (besseren) persönlichen Kenntnissen und Fähigkeiten Erforderliche getan hat, um den Behandlungserfolg zu erreichen. Die Behandlungsfehlerhaftung greift nicht dann ein, wenn das Ergebnis nicht zufriedenstellt, sondern wenn das Bemühen um das gewünschte Ergebnis nicht ausreichend war.

Behandlungsvertrag gilt als Dienstvertrag

Allerdings ist es dem Zahnarzt unbenommen, mit dem Patienten über die Behandlung einen Werkvertrag abzuschließen, ihm also nicht nur sein fachlich kunstgerechtes Bemühen, sondern den vom Patienten erhofften Behandlungserfolg zuzusagen (AG Dortmund, 29.05.2012 – 425 C 7630/11).

Werkvertrag kann abgeschlossen werden

Ein Werkvertrag ist in jedem Fall der Vertrag zwischen Zahnarzt und Zahntechniker (BSG, 13.01.1993 – 14a/6 RKa 67/91; OLG Koblenz, 05.05.1994 – 5 U 1114/93; OLG Frankfurt/M., 16.02.2001 – 24 U 128/99).

Werkvertrag Zahnarzt – Zahntechniker

Im Bereich der zahnprothetischen Leistungen und im Bereich der allein kosmetisch motivierten Behandlungen stößt das Konzept an Grenzen. Wessen Problem soll es sein, wenn die Veneers handwerklich bestens gefertigt sind und der Zahnarzt alles richtig gemacht hat, der Patient aber dennoch anschließend „schlecht" aussieht, z.B. weil das Ganze

Grenzen bei kosmetischen Behandlungen

nicht typgerecht ist? Die Rechtsprechung ist sich bei kosmetisch motivierten (zahn)ärztlichen Behandlungen einig, dass das keine Rolle spielt. Der (Zahn)Arzt haftet hier – ungeachtet der Patientenvorstellungen, die diese Behandlungen entscheidend motivieren – nicht für das Ergebnis, sondern dieses Risiko verbleibt beim Patienten.

Im Bereich Zahnersatz stellt sich die Frage, wer das Risiko von Mängeln tragen soll, die nicht die Qualität von Behandlungsfehlern erreichen. Unterstellte man die zahnärztliche Behandlung insgesamt konsequent dem Dienstvertragsrecht, gäbe es keine Gewährleistung. Das normale Mängelrisiko müsste der Patient selbst tragen. Damit würde die Fertigung einer Zahnkrone im deutschen Rechtssystem deutlich anders behandelt als eine sonstige Auftragsarbeit, weshalb die Rechtsprechung bei prothetischen Leistungen zwar nicht das auf dem Erfolgsprinzip basierende Werkvertragsrecht der §§ 631 ff. BGB insgesamt anwendet, aber immerhin die Mängelgewährleistungsregeln (OLG Köln, 12.01.1977 – 2 U 100/76; OLG Frankfurt/M., 23.11.2010 – 8 U 111/10).

Mangelhafter Zahnersatz

Da der Behandlungsvertrag mit beiden Rechtsbereichen zu tun hat, ist die Einordnung des Behandlungsvertragsrechts in das BGB nach dem Dienst- und vor dem Werkvertragsrecht sachgerecht.

Das Patientenrechtegesetz trägt seinen Namen nur dann zu Recht, wenn man die Begriffe „Patientenrechte" und „(Zahn)Arzthaftung" reziprok setzt, was ein etwas seltsames Verständnis der Rechte der Patienten wäre. Es ist vor allem ein Gesetz, welches die seit Jahrzehnten durch die Rechtsprechung entwickelten Grundsätze zur Haftung der Heilberufe und der Krankenhäuser in Gesetzesform gießen will.

Grundsätze zur Haftung der Heilberufe in Gesetzesform

Im gemeinsamen Grundlagenpapier des Patientenbeauftragten der Bundesregierung, des Bundesministeriums für Gesundheit und des Bundesministeriums der Justiz vom 22.03.2011 heißt es dazu:

„Die Bundesregierung hat sich in ihrer Koalitionsvereinbarung vom 26. Oktober 2009 verpflichtet, die Rechte von Patientinnen und Patienten in einem eigenen Gesetz zu regeln. Mit dem Gesetz wird das Ziel verfolgt, Transparenz über die bereits heute bestehenden, umfangreichen Rechte der Patientinnen und Patienten herzustellen, die tatsächliche

Durchsetzung dieser Rechte zu verbessern, zugleich Patientinnen und Patienten im Sinne einer verbesserten Gesundheitsversorgung zu schützen und insbesondere im Falle eines Behandlungsfehlers stärker zu unterstützen. In die Überlegungen der Bundesregierung zu einem Patientenrechtegesetz sind auch die wesentlichen Ergebnisse der Gespräche des Patientenbeauftragten der Bundesregierung mit maßgeblichen Beteiligten im Gesundheitswesen eingeflossen."

In der einleitenden Begründung zum Gesetzentwurf vom 24.05.2012 finden sich, nun direkt auf den Haftungsbereich fokussierend, folgende Ausführungen:

„Patientenrechte sind in Deutschland derzeit in einer Vielzahl von Vorschriften in verschiedenen Rechtsbereichen – zum Teil lückenhaft – geregelt. Auf dem Gebiet des Behandlungs- und Arzthaftungsrechts steht Wesentliches nicht im Gesetz, sondern ist Richterrecht. Dies erschwert es allen Beteiligten im Gesundheitswesen, die Rechte zu kennen, und vor allem den Patientinnen und Patienten, diese Rechte einzufordern. Auch die Komplexität der Medizin und die Vielfalt von Behandlungsmöglichkeiten verlangen nach einem gesetzlichen Rahmen, der Patientinnen und Patienten sowie Behandelnde auf Augenhöhe bringt. Risiko- und Fehlervermeidungssysteme können dazu beitragen, die Behandlungsabläufe in immer komplexer werdenden medizinischen Prozessen zum Schutz der Patientinnen und Patienten zu optimieren. Richtig verstandener Patientenschutz setzt nicht auf rechtliche Bevormundung, sondern orientiert sich am Leitbild des mündigen Patienten. Deshalb gilt es, Transparenz und Rechtssicherheit hinsichtlich der bereits heute bestehenden umfangreichen Rechte der Patientinnen und Patienten herzustellen, die tatsächliche Durchsetzung dieser Rechte zu verbessern, zugleich Patientinnen und Patienten im Sinne einer verbesserten Gesundheitsversorgung zu schützen und insbesondere im Fall eines Behandlungsfehlers stärker zu unterstützen."

In einer gemeinsamen Pressemitteilung des Patientenbeauftragten der Bundesregierung, des Bundesministeriums für Gesundheit und des Bundesministeriums der Justiz vom 23.05.2012 heißt es ergänzend:

„Sechs von zehn Patienten kennen laut einer Studie ihre Rechte gar nicht oder unvollständig. Viele Patienten beklagen zudem die mangelnde oder ungenügende Information durch den Behandelnden, sie fühlen sich oftmals alleine gelassen."

Wenn die mangelnde Rechtekenntnis der Bürger ausreichend Grund für die Normierung bestehenden (Richter)Rechts bietet, dann ist in Deutschland noch viel zu tun. Kaum ein Autokäufer, Bauherr, Mieter, Arbeitnehmer, Rentner, Pflegebedürftiger etc. kennt seine Rechte, geschweige denn vollständig. Ein Patient wird auch künftig seine Rechte nicht kennen, wenn er in das Patientenrechtegesetz schaut; denn seine Rechte gegenüber den gesetzlichen Krankenkassen (als Kassenpatient), den privaten Krankenversicherungen (als Privatpatient) bzw. der Beihilfe und vergleichbaren Einrichtungen (als Beamter, Priester etc.) stehen nicht im Patientenrechtegesetz, sondern in anderen Gesetzen, Rechtsverordnungen und – man denke nur an die Aufgaben und Befugnisse des Gemeinsamen Bundesausschusses – in gesetzesfernen Richtlinien bzw. (bei der PKV) in Tarifen und Allgemeinen Geschäftsbedingungen. Wer einem Kassenpatienten das SGB V auf den Tisch legen würde mit der Aufforderung, es einfach einmal komplett durchzulesen, damit er seine Rechte als Kassenpatient kennenlerne (ca. 243 DIN-A4-Seiten), könnte im Zweifel keinerlei Lernfortschritt verzeichnen.

Patientenrechte nicht nur im PRG geregelt

Der Ansatz, der Bürger solle im Gesetz lesen können, um seine Rechte zu kennen, hat in Deutschland zwar eine lange Tradition, aber die Nutzlosigkeit eines solchen Unterfangens ist ebenfalls schon so lange bekannt, dass es wundert, dass die Bundesregierung im Jahre 2012 meinte, diesen Gedankengang wieder aufgreifen zu müssen. Preußen versuchte 1794, diese Idee durch das Allgemeine Landrecht für die preußischen Staaten zu verwirklichen, u.a. nachdem Friedrich der Große im einst berühmten Müller-Arnold-Fall (Vorbild für die Legende vom „Müller von Sanssouci") sich genötigt gesehen hatte, die Richter des Kammergerichts, des Landgerichts Küstrin und des Patrimonialgerichts verhaften und einsperren zu lassen mit der Begründung, dass sie ungerechte Urteile gesprochen hätten. Man kam auf für heutige Verhältnisse bescheiden anmutende 19.000 Vorschriften, in denen alle damals als Recht erkannten Bereiche (insbesondere allgemeines Zivil-

recht, Familien- und Erbrecht, Lehnsrecht, Ständerecht, Schulrecht, Kommunalrecht, Staatsrecht, Steuerrecht, Kirchenrecht, Polizeirecht, Armenanstalts- und Stiftungsrecht, Strafrecht und Strafvollzugsrecht) zusammengefasst waren. Der heutige Umfang des in Deutschland geltenden normierten Rechts (Internationales Recht, Europarecht, Bundesrecht, Landesrecht, Kommunalrecht, Satzungsrecht der öffentlich-rechtlichen Körperschaften) ist so unüberschaubar geworden, dass die Zahl der Vorschriften unbekannt ist. Die Marke von 100.000 Artikeln und Paragraphen ist längst übersprungen.

Normiertes Recht ist für Bürger unüberschaubar

Mit dem Patientenrechtegesetz wird weniger einem rechtlichen als einem politischen Bedürfnis Rechnung getragen. Rechtlich werden nur diejenigen Anwälte profitieren, die bisher das Arzthaftungsrecht gemieden haben, weil sie sich in diese Materie nicht einarbeiten wollten. Die müssen künftig nur ein bisschen im BGB lesen, um zu wissen, wie eine (Zahn)Arzthaftungsklage zu begründen ist.

Es handelt sich beim Patientenrechtegesetz – und das ist eine absolute Neuerung im deutschen Recht – im Wesentlichen um eine **gesetzgeberische Anleitung zum Arzthaftungsprozess**, wie sich schon an den Überschriften der neu in das BGB einzufügenden Paragraphen erkennen lässt:

- § 630a BGB (Vertragstypische Pflichten beim Behandlungsvertrag)
- § 630b BGB (Anwendbare Vorschriften)
- § 630c BGB (Mitwirkung der Vertragsparteien; Informationspflichten)
- § 630d BGB (Einwilligung)
- § 630e BGB (Aufklärungspflichten)
- § 630f BGB (Dokumentation)
- § 630g BGB (Einsichtnahme in die Patientenakte)
- § 630h BGB (Beweislast bei Haftung für Behandlungs- und Aufklärungsfehler)

Dieser Eindruck manifestiert sich in der Lektüre der Gesetzesbegründung. Diese enthält eine brauchbare Anleitung zum Arzthaftungsprozess mit zahlreichen Feinheiten, Rechtsprechungs- und Literaturzitaten (auch aus Werken, die von Anwälten der Kanzlei verfasst wurden).

Dabei sind die Anforderungen an eine Arzthaftungsklage schon heute denkbar minimal und unterscheiden sich damit wesentlich von den üblicherweise an eine zivilrechtliche Klage gestellten Anforderungen. Normalerweise wird verlangt, dass ein Zivilkläger seine Klage so begründet, dass das Gericht – unterstellt, die in der Klage behaupteten Tatsachen träfen alle zu – dem Kläger recht geben müsste. Man nennt das die Schlüssigkeit der Klage. Im Arzthaftungsprozess reicht es aus, wenn ein Patient behauptet, von einem Arzt behandelt worden und dabei irgendwie zu Schaden gekommen zu sein, wofür Schmerzensgeld gefordert wird, dessen Höhe der Kläger in das Ermessen des Gerichts stellt. Das ist schon mit wenigen Sätzen möglich. Ob an der Arzthaftungsklage tatsächlich etwas dran ist, muss das Gericht unter Zuhilfenahme von Sachverständigen ermitteln und entscheiden. Manche von Anwälten erhobene Arzthaftungsklage enthält auch heute noch keinen im Kern substanziellen Vortrag.

Anforderungen an eine Arzthaftungsklage minimal

Wie weit die Amtsermittlungspflicht heute von den Gerichten aufgefasst wird, zeigt ein vor einigen Jahren vom AG Esslingen und dann in zweiter Instanz vom LG Stuttgart entschiedener Zahnarzthaftungsfall. Der klagende Patient hatte durch seinen Anwalt einem Zahnarzt vorgeworfen, er habe Zahn 13 *„herausgerissen"*, es *„unterlassen, den Zahn 13 zu ziehen"*, den *„Zahn 13 fast herausgerissen"*, ihm seinen gesunden Zahn 13 *„tot gemacht"* und – so der Vortrag in zweiter Instanz – an dem Zahn, an dem eine Coverdenture-Prothese befestigt war, *„die Prothese, welche zu fest gesessen sei, heruntergemacht und dabei den Zahn des Klägers verletzt"*. Das AG Esslingen hat den Fall – ohne Gutachten – durch ein sog. Stuhlurteil (ein sofort in der Verhandlung gefälltes und verkündetes Urteil) abgewiesen. Das gilt gemeinhin als Höchststrafe für den Anwalt. Das LG Stuttgart hat zur Vorbereitung der mündlichen Verhandlung ein Sachverständigengutachten eingeholt, um sich – wie es der Vorsitzende Richter in der Berufungsverhandlung dem fröhlich lächelnden Patientenanwalt erklärte – vom Sachverständigen helfen zu lassen, zu verstehen, worum es in der Zahnarzthaftungsklage überhaupt gehen könnte! Das gelang auch mit Hilfe des Gutachters nicht. Die Klage wurde rechtskräftig abgewiesen

Amtsermittlungspflicht

(AG Esslingen, 21.01.1999 – 10 C 2050/98; LG Stuttgart, 02.03.2000 – 6 S 45/99). Braucht man dafür neue Gesetze?

Gesellschaftspolitische Bedenken

Es gibt bisher keinen Bereich, in dem der deutsche Gesetzgeber sich bemüßigt sah, das Haftungsrecht detailliert zu regeln und eine Anleitung zum Schadensersatzprozess zu schreiben. Die neue Handlungsanleitung erfüllt damit zum einen unter gesellschaftspolitischen Aspekten mit Sorge. Soll künftig gesetzlich geregelt werden, worauf es bei einer Klage gegen das Autohaus, den Bauunternehmer, den Handwerker, den Vermieter, den Architekten, den Anwalt, den Steuerberater, die Ehefrau etc. ankommt? Die neue Handlungsanleitung erfüllt zum anderen nicht primär wegen ihres Inhalts mit Sorge, sondern weil zu erwarten ist, dass das Gesetz per se zu einer weiteren starken Zunahme von Arzthaftungsprozessen führen wird. Es gibt ohnehin jetzt schon genügend Arzthaftungsprozesse, gerade auch im Zahnarztbereich, die ersichtlich nach dem Motto geführt werden: „Schau'n mer mal, a bissl was geht immer."

Zunahme von Arzthaftungsprozessen?

Da es sich um ein nur politisch erklärbares Vorhaben handelt, wollte der Gesetzgeber davon aber nicht ablassen. Ohnehin gibt es von interessierter Seite bereits genügend Kritik, das Gesetz gehe nicht weit genug. Das reicht von der Forderung nach einem Patientenbrief bis hin zu der – nicht neuen – Forderung nach der einschränkungslosen Beweislastumkehr zu Lasten der Behandlerseite.

Anwendungsbereich

Die §§ 630a–630h BGB sollen nach der Gesetzesbegründung nur die medizinische Behandlung von Menschen betreffen. Tiere als Patienten und damit veterinärmedizinische Behandlungen sollen nicht erfasst werden, ebenso nicht die durch Apotheker erbrachten Dienstleistungen. Erfasst werden sollen Behandlungen im Bereich der Humanmedizin durch Angehörige der Heilberufe und damit primär Behandlungen durch (Zahn)Ärzte, Psychologische Psychotherapeuten, Kinder- und Jugendlichenpsychotherapeuten. Darüber hinaus sollen aber auch Behandlungen durch Angehörige anderer Heilberufe, deren Ausbildung nach Art. 74 Abs. 1 Nr. 19 GG durch Bundesgesetz geregelt ist (also die wesentlichen medizinischen Assistenzberufe, insbesondere Hebammen, Masseure und medizinische Bademeister, Ergotherapeuten, Logopäden, Physiotherapeuten u.a.), ebenso Heilpraktiker in den Anwendungsbereich des neuen Rechts fallen. Das kann man mit einigem gutem Willen dem Umstand entnehmen, dass § 630a Abs. 1 BGB den Patienten als denjenigen definiert, der als Gegenleistung zur Behandlung zur Gewährung der vereinbarten Vergütung verpflichtet ist. Damit fallen Tiere als Patienten weg. Apotheker dürfen keine Behandlungen am Menschen erbringen.

Nur humanmedizinische Behandlungen

2
§ 630a BGB
Vertragstypische Pflichten beim Behandlungsvertrag

§ 630a BGB Vertragstypische Pflichten beim Behandlungsvertrag

Text:

„(1) Durch den Behandlungsvertrag wird derjenige, welcher die medizinische Behandlung eines Patienten zusagt (Behandelnder), zur Leistung der versprochenen Behandlung, der andere Teil (Patient) zur Gewährung der vereinbarten Vergütung verpflichtet, soweit nicht ein Dritter zur Zahlung verpflichtet ist.

(2) Die Behandlung hat nach den zum Zeitpunkt der Behandlung bestehenden, allgemein anerkannten fachlichen Standards zu erfolgen, soweit nicht etwas anderes vereinbart ist."

Behandlungsvertrag, Behandelnder (§ 630a Abs. 1 BGB)

§ 630a BGB führt den Begriff des Behandlungsvertrages als – wie sich aus § 630b BGB ergibt – spezielle Form des Dienstvertrages in das BGB ein. Die Vertragspartner des Behandlungsvertrages werden per gesetzlicher Definition als Behandelnder und Patient bezeichnet, was terminologisch jedoch ungenau ist. Der Behandelnde ist zweifellos Vertragspartner, wenn er als in Einzelpraxis niedergelassener Arzt oder Zahnarzt mit dem Patienten einen Vertrag schließt. Der den Patienten in der Praxis behandelnde angestellte (Zahn)Arzt ist gleichfalls zweifellos Behandelnder, aber ebenso zweifellos nicht Vertragspartner des Patienten. Das gilt auch für den (Zahn)Arzt in der Berufsausübungsgemeinschaft. Vertragspartner ist hier in der Regel die Berufsausübungsgemeinschaft. Bei stationärer Behandlung ist das Krankenhaus Vertragspartner, aber nicht Behandelnder. Umgekehrt ist der Vertragspartner des Behandelnden nicht notwendigerweise der Patient, sondern vielleicht sein gesetzlicher Vertreter, der damit aber nicht zum Patienten wird.

Partner im Behandlungsvertrag

Unter Behandlung i.S. des § 630a Abs. 1 BGB ist die Heilbehandlung als charakteristische Hauptpflicht des Behandlungsvertrages zu verstehen. Sie umfasst nach der Gesetzesbegründung neben der Diagnose die Therapie sowie sämtliche Maßnahmen und Eingriffe am Körper eines Menschen, um Krankheiten, Leiden, Körperschäden, körperliche Beschwerden oder seelische Störungen nicht krankhafter Natur zu verhüten, zu erkennen, zu heilen oder zu lindern. Damit soll die medizinische Behandlung von reinen Pflege- und Betreuungsleistungen abgegrenzt werden.

Definition der Behandlung

§ 630a Abs. 1 BGB stellt auch klar, dass ein Behandlungsvertrag auch dann zustande kommt, wenn ein Dritter zur Zahlung verpflichtet ist. Das alte Dilemma bei der Behandlung von Kassenpatienten, wie sich ein Dienstvertrag (Behandlungsvertrag) als gegenseitiger (synallagmatischer) konstruieren lässt, wenn die Hauptleistung des Patienten,

Zahlungsverpflichtung

nämlich die Bezahlung, entfällt, wird nicht gelöst. Die Gesetzesbegründung begnügt sich in diesem Punkt mit der Auffassung, dass das Recht der gesetzlichen Krankenversicherung an dieser Stelle das Privatrecht überlagere mit der Folge, dass sich der ansonsten synallagmatische Behandlungsvertrag zwischen dem Arzt und dem Patienten in ein partiell einseitiges Vertragsverhältnis umwandele. Der Kassenpatient hat tatsächlich nur noch Rechte, keine Pflichten.

Die Verpflichtung des Patienten zur Compliance als für den Behandlungserfolg wichtigstes Pendant zur Behandlungspflicht des (Zahn)-Arztes wird im Gesetz nicht verankert.

Behandlungsstandard (§ 630a Abs. 2 BGB)

§ 630a Abs. 2 BGB verpflichtet dazu, die Behandlung nach den zum Zeitpunkt der Behandlung bestehenden, allgemein anerkannten fachlichen Standards durchzuführen, soweit nicht etwas anderes vereinbart ist. Allgemein anerkannte fachliche Standards gibt es allerdings keineswegs in allen Bereichen der Heilberufe und medizinischen Assistenzberufe. Hier werden in einer Norm die unterschiedlichsten von der Rechtsprechung entwickelten Anforderungen in einen Topf geworfen. Die Anforderungen an den Behandlungsstandard und die Behandlungsqualität bei Ärzten und Zahnärzten sind ganz andere als z.B. bei Heilpraktikern. Für Ärzte und Zahnärzte sieht die Gesetzesbegründung als maßgeblich *„regelmäßig Leitlinien, die von wissenschaftlichen Fachgesellschaften vorgegebenen werden"* an.

Anerkannte fachliche Standards

Die Wertigkeit und Bedeutung von Leitlinien ist die derzeit im Arzthaftungsrecht wohl umstrittenste Fragestellung. Es gibt Gründe für und gegen die Aufstellung von Leitlinien, es gibt beachtenswerte Gründe, welche die Leitlinienprozeduren und die Akteure in manchen (vielen?) Leitlinienentwicklungen kritisch hinterfragen. Die Frage ist noch längst nicht geklärt. Immerhin verzichtet der Gesetzgeber darauf, den Begriff der Leitlinien im BGB als standardbildend aufzunehmen.

Bedeutung von Leitlinien umstritten

Die für eine Behandlung nach § 630a Abs. 2 BGB zu beachtenden fachlichen Standards können – was der Gesetzgeber erkennt – nur in dem Umfang maßgeblich sein, wie sie für diese Behandlung auch tatsächlich existieren und anerkannt sind. Dies ist nach Ansicht der Bundesregierung bei den Berufsgruppen der Ärzte und Zahnärzte *„unproblematisch"* der Fall.

Der Sache nach wird damit also nichts Neues geregelt. Nur wird das Gesetz der Komplexität der Fragestellungen, die sich ergeben, wenn man alle medizinischen Behandlungen unter einen Gesetzestext zwingen will, nicht gerecht.

Änderungswünsche des Bundesrates

Obwohl § 630a BGB in der Sache nichts Neues regelt, gab es zu ihm wie zu den anderen wesentlichen Normen des Gesetzentwurfs umfangreiche Stellungnahmen des Bundesrates mit Änderungsempfehlungen und Änderungswünschen. Da im Jahr 2013 Bundestagswahlen anstehen, erscheint es sachgerecht, bei der Darstellung des neuen Rechts auf diese Änderungswünsche an geeigneter Stelle einzugehen.

Die beim Bundesrat mit dem Gesetzentwurf der Bundesregierung vom 25.05.2012 (BR-Drs. 312/12) zum Patientenrechtegesetz befassten Ausschüsse, d.h.

- Rechtsausschuss (federführend),
- Ausschuss für Agrarpolitik und Verbraucherschutz,
- Gesundheitsausschuss und
- Wirtschaftsausschuss,

haben sich eingehend mit dem Text beschäftigt und am 26.06.2012 auf 39 Seiten ihre Änderungs- und Erweiterungswünsche präsentiert (BR-Drs. 312/1/12), wobei man erwähnen muss, dass der Wirtschaftsausschuss keine Änderungswünsche hatte. Der Bundesrat griff in seiner Sitzung vom 06.07.2012 diese Änderungswünsche überwiegend auf und verfasste eine 35 Seiten umfassende Stellungnahme (BR-Drs. 312/12 [B]). Der Gesetzentwurf vom 15.08.2012 selbst umfasst hingegen „nur" 60 Seiten.

Änderungsanträge

Die Änderungsanträge zu § 630a BGB enthielten zunächst den – berechtigten – Hinweis, dass die Bezeichnung der Parteien des Behandlungsvertrages mit „Behandelnde" und „Patient" sehr unpräzise ist, da der Patient nicht notwendig Vertragspartner sein müsse, z.B. bei Kindern als Patienten.

Ergänzend ging es um die Änderung der Bezeichnung „medizinische Behandlung" in „ärztliche Behandlung", um klarzustellen, dass es nicht auf den Zweck der Behandlung als Heilbehandlung, sondern auf die Ausführung der Behandlung durch einen Arzt ankommen solle, sodass auch kosmetische Behandlungen durch Ärzte eindeutig darunter fielen. Alle anderen Gesundheitsberufe sollen über einen neu zu schaffenden Abs. 3 in das Patientenrechtegesetz eingebunden werden.

Schließlich wollte der Bundesrat in § 630a Abs. 2 BGB den Zusatz streichen, wonach die Behandlung nach den zum Zeitpunkt der Behandlung bestehenden, allgemein anerkannten fachlichen Standards zu erfolgen hat, *„soweit nicht etwas anderes vereinbart ist"*. Er sieht darin die Gefahr, dass es zu Haftungsfreizeichnungsklauseln zu Lasten der Patienten käme, wenn die Mindeststandards vertraglich unterschritten würden. Gleichzeitig wird gefordert, den 2. Absatz um folgenden Satz zu ergänzen: *„Soweit solche Standards nicht bestehen, hat die Behandlung unter Beachtung der für den jeweiligen Berufsstand geltenden medizinischen Sorgfaltsanforderungen zu erfolgen."*

Diese Änderungsanträge manifestieren ein Problem der Medizin insgesamt: Über Standards wird zwar viel geredet und jeder Gutachter äußert dazu auch gerne seine Meinung vor Gericht. Wenn es aber um die Frage geht, wie denn die Standards konkret aussehen oder – worauf es rechtlich eigentlich ankommt – zum Zeitpunkt der Behandlung ausgesehen haben, werden die Antworten oft vage. Es ist schwer, den Standard zu beschreiben, noch schwerer, ihn zu begründen. Zu Zeiten der sog. BAZ-II-Studie wurde u.a. festgestellt, dass zwar nach Ansicht der Wissenschaft bei Füllungen auch jeweils eine sog. Unterfüllung gelegt werden müsse, dass dies aber in einer großen Zahl der Fälle in den Praxen, die an der Studie teilnahmen, nicht geschah. Erforderte der Standard nun Unterfüllungen oder war dies eine überflüssige Forderung?

Standards als Problem der Medizin

Die Diskussion um Standards wird durch die Aufstellung von Leitlinien nicht erledigt, sondern verschärft. Leitlinien sind nach der allgemein akzeptierten Definition, etwa der ZZQ, *„systematisch entwickelte Entscheidungshilfen für angemessene ärztliche bzw. zahnärztliche Vorgehensweisen bei Präventionsmaßnahmen und speziellen gesundheitlichen Problemen. Sie stellen einen durch definiertes, transparent gemachtes Vorgehen erzielten Konsens mehrerer Experten aus verschiedenen Fachbereichen und/oder Arbeitsgruppen dar. Leitlinien sind für Zahnärzte rechtlich nicht bindend und haben daher weder haftungsbegründende noch haftungsbefreiende Wirkung. Sie sind Orien-*

Definition von Leitlinien

tierungshilfen im Sinne von ‚Handlungs- und Entscheidungskorridoren' und sie sind Instrumente der Qualitätssicherung und des Qualitätsmanagements. Sie sollen Behandlungsrisiken minimieren und zu einer wissenschaftlich begründeten ärztlichen Vorgehensweise motivieren und zugleich die Bedürfnisse und Einstellungen der Patienten berücksichtigen."

Wenn es möglich sein soll, Standards zu vereinbaren, müssen sie festlegbar und sowohl das Einhalten wie das Unter- bzw. Überschreiten in Textform fixierbar sein. Nur dann läge eine vertragliche Vereinbarung und nicht nur eine „wolkige" Beschreibung vor, wie man sie häufig auf Internetseiten lesen kann, wenn dort – wettbewerbswidrig – von „höchster Qualität" die Rede ist. Es hat also Sinn, zu Standards keine Vereinbarungen treffen zu können. Noch mehr Sinn hätte es allerdings, wenn sich die Gutachter der Frage nach dem Standard als einer kritisch zu beurteilenden Größe stets bewusst wären und auch einmal die Frage nach dem einzuhaltenden Standard damit beantworteten, dass diese Frage nicht oder jedenfalls nicht mit hinreichender Eindeutigkeit zu beantworten sei.

Standard als kritisch zu beurteilende Größe

Behandlungsfehler

Ein Behandlungsfehler wird heute daran gemessen, ob der Zahnarzt unter Einsatz der von ihm zu fordernden zahnmedizinischen Fachkenntnis und Berufserfahrung im konkreten Fall vertretbare Entscheidungen über die *diagnostischen, indikationsbezogenen* und *therapeutischen* Maßnahmen getroffen und diese mit der erforderlichen Sorgfalt durchgeführt hat (vgl. BGH, 10.03.1987 – VI ZR 88/86).

Vertretbare Entscheidungen

Der Sammelbegriff, unter dem sich alle Arten fehlerhafter ärztlicher Tätigkeit im Rahmen der Anamnese, Befunderhebung, Diagnose und Therapie zusammenfassen lassen, ist die *Sorgfaltspflichtverletzung*. Das heißt, bei Vorliegen eines Verdachts auf einen Behandlungsfehler muss in der gutachtlichen Stellungnahme dargelegt und fachlich erarbeitet werden, ob der behandelnde Zahnarzt nach dem anerkannten Stand der zahnmedizinischen Wissenschaft seine Sorgfaltspflichten verletzt hat.

Sorgfaltspflichtverletzung

Ein Behandlungsfehler setzt einen Verstoß gegen den anerkannten und gesicherten Stand der zahnärztlichen Wissenschaft im Zeitpunkt der Behandlung voraus (vgl. z.B. BGH, 10.05.1983 – VI ZR 270/81).

Zeitpunkt der Behandlung wichtig

Damit sind die rechtlichen Anforderungen an die Qualität zahnmedizinischer Leistungen formuliert. Bei diesem interdisziplinären Erkenntnis- und Entscheidungsprozess folgt das Recht weitgehend den fachlichen Normen, auch wenn es sich hierbei meist um nicht geschriebenes Berufsrecht handelt.

Der Rechtsbegriff des Behandlungsfehlers ist zunächst in seine zahnmedizinischen Bestandteile zu zerlegen. Demgemäß sind zu klären:

Begriff des Behandlungsfehlers

- der allgemein anerkannte Stand der zahnmedizinischen Wissenschaft zum Zeitpunkt der Behandlung sowie
- der Stand der zahnmedizinischen Praxis (Erfahrung) zum Zeitpunkt der Behandlung
- im Rahmen der zahnmedizinischen Therapiefreiheit.

Das gilt für sämtliche Felder der zahnärztlichen Leistungen:

- Anamnese
- Diagnostik
- Planung und Indikationsstellung
- Aufklärung und Beratung
- Operationstechnik und Operationsmanagement
- Anweisungen an die zahnärztliche Assistenz
- Anweisungen an das Dentallabor bzw. an den Zahntechniker
- Überwachung und postoperative Versorgung
- Sicherung des Behandlungserfolges
- therapeutische bzw. Pflegehinweise
- Abschlussuntersuchung

Sachgerechter Umgang mit den Gefahren

Für das Haftungsrecht prägend sind die im Zeitpunkt der Behandlung allgemein anerkannten und gesicherten Erkenntnisse der Zahnmedizin. Juristisch formuliert kommt es auf den sachgerechten Umgang des Zahnarztes mit den aus der Behandlung für den Patienten erwachsenden Gefahren an und nicht etwa darauf, ob der Gutachter ebenso vorgegangen wäre oder ob dies die Mehrheit der Zahnärzte bei dieser Gelegenheit auch so gemacht hätte.

Objektiver Stand des Faches

Zahnmedizinisch noch vertretbare Verfahrensweisen sind von obsoleten oder von der Wissenschaft nicht allgemein anerkannten gutachterlich abzugrenzen. Dabei darf der Sachverständige von ihm persönlich eingesetzte Verfahren nicht bevorzugen, sondern muss den Stand seines Faches objektiv repräsentieren. Damit sichert er zugleich die Therapiefreiheit des zu begutachtenden Kollegen und die des ganzen Berufsstandes.

Standard von heute kann zum Fehler von morgen werden

Der zahnmedizinische Standard von heute kann zum Qualitätsmangel oder gar Behandlungsfehler von morgen werden. Gerade im Verhältnis der implantatgetragenen Versorgung zur herkömmlichen Versorgung mit herausnehmbarer Prothetik ist abzusehen, dass in einigen Jahren die Indikation für die implantatgetragene Versorgung so eindeutig sein wird, dass es dann schon besonders sorgfältiger Argumentation bedarf, um eine herkömmliche prothetische Versorgung noch als lege artis erbracht bezeichnen zu können (es ist noch nicht sehr lange her, dass manche Hochschullehrer die implantatgetragene Versorgung für einen groben Behandlungsfehler hielten (s. Brinkmann/Brinkmann, Geschichte der zahnärztlichen Implantologie in Deutschland, 1995, S. 146 ff.).

Den Pflichtenumfang hat im Streitfall das Gericht in kooperativer Weise mit dem zahnmedizinischen Sachverständigen zu ermitteln und unter Beachtung des Gesetzes und der Rechtsprechung festzulegen und fortzuentwickeln.

Das OLG Hamm, 14.01.1987 – 3 U 90/86 – hat in einer bemerkenswerten Entscheidung die rechtlichen Anforderungen an den ärztlichen Sorgfaltsmaßstab einmal wie folgt formuliert:

„Es ist davon auszugehen, dass prinzipiell sich richtiges ärztliches Vorgehen nicht auf einen abgeschlossenen Regelkodex stützen kann, sondern im jeweiligen Behandlungsfall dem Arzt ein ausreichender Beurteilungs- und Entscheidungsraum für Diagnose und Therapie zu lassen ist. Dieses ärztliche Ermessen ist begrenzt durch die notwendige Entscheidung bei partiellem Nichtwissen unter Inkaufnahme eines Risikos und wird durch § 276 BGB rechtlich normiert mit der fachlich gebundenen Freiheit zum verantwortungsvollen Handeln im Rahmen des objektiv Erforderlichen. Die rechtliche Ermessenskontrolle führt zur Annahme eines Behandlungsfehlers in erster Linie dann, wenn elementare Kontrollbefunde nicht erhoben werden oder anerkannte Überprüfungen der Arbeitsdiagnose im weiteren Behandlungsverlauf unterbleiben, insbesondere aber auch, wenn der Arzt ohne die erforderliche diagnostische Ausstattung und Spezialerfahrung die Behandlung übernimmt."

Rechtsprechung zum zahnärztlichen Behandlungsfehler

Ob der (Zahn)Arzt einen Behandlungsfehler begangen hat, der zu einer Gesundheitsschädigung des Patienten geführt hat, beantwortet sich ausschließlich danach, ob der (Zahn)Arzt unter Einsatz der von ihm zu fordernden medizinischen Kenntnisse und Erfahrungen im konkreten Fall vertretbare Entscheidungen über die diagnostischen sowie therapeutischen Maßnahmen getroffen und diese Maßnahmen sorgfältig durchgeführt hat (BGH, 10.03.1987 – VI ZR 88/86).

Vertretbare Entscheidungen im konkreten Fall

Bei der Lektüre der nachstehend zusammengestellten Urteile sollte man stets die Zeitgebundenheit fachlicher Aussagen bedenken.

Behandlungsfehler

- OLG Köln, 12.01.1977 – 2 U 100/76: nicht passende Zahnprothese, fehlerhafte Okklusion.

- OLG Düsseldorf, 02.02.1984 – 8 U 71/83: Überkronung gesunder Zähne ohne zahnmedizinische Indikation und außerhalb kosmetischer Behandlungswünsche.

- OLG Düsseldorf, 02.02.1984 – 8 U 71/83: Bei Devitalisierung von zwei Zähnen nach Abschleifen spricht der Anscheinsbeweis für einen zahnärztlichen Behandlungsfehler.

- OLG Düsseldorf, 02.02.1984 – 8 U 71/83: Bei der Überkronung von Zähnen gilt der Grundsatz, dass die beschliffene Zahnsubstanz von der künstlichen Krone wieder abgedeckt werden muss. Damit dies erreicht wird, muss mit einer erkennbaren Präparationsgrenze gearbeitet werden. Der Kronenrand muss dann exakt mit der Präparationsgrenze abschließen. Exakt heißt in diesem Zusammenhang, dass die unvermeidbare Fuge zwischen Kronenrand und Präparationsgrenze möglichst nicht breiter als

0,05 mm ist; 0,02–0,03 mm sind ideal, 0,08 mm sollten nicht überschritten werden.

- OLG Köln, 17.12.1984 – 7 U 27/84: Erkranken zahlreiche Patienten eines Zahnarztes, der infektiös im Sinne eines Dauerausscheiders ist (hier: Hepatitis-B-Erreger), an Hepatitis B, so spricht der Beweis des ersten Anscheins dafür, dass der einzelne Patient sich beim Zahnarzt infiziert hat; das gilt jedenfalls dann, wenn der Zahnarzt „rissige Hände" hatte und zeitweise mit ungeschützten Händen arbeitete.
- OLG Köln, 26.05.1986 – 7 U 77/84: Vor einer implantologischen Maßnahme muss ein Zahnarzt die Indikation streng prüfen und sorgfältig die individuelle anatomische Situation des Patienten untersuchen, insbesondere prüfen, ob die geplante Maßnahme kontraindiziert sein kann. Der Zahnarzt muss sich selbst vergewissern, ob die geplante Operation kontraindiziert ist, und kann sich nicht darauf berufen, dass ein anderer Zahnarzt den Patienten für eine implantologische Operation „freigegeben" habe.
- OLG Köln, 26.05.1986 – 7 U 77/84: Bei Diabetes mellitus ist die Implantation von Zähnen kontraindiziert.
- OLG Köln, 26.05.1986 – 7 U 77/84: Die Stabilisierung abnehmbarer Teilprothesen durch implantologische Maßnahmen ist nur dann vertretbar, wenn zuvor sorgfältig die individuelle anatomische Situation des Patienten ermittelt wurde, eine kritische Abwägung der Erfolgsaussichten mit den durch einen Verlust des Implantats verbundenen erheblichen Folgen erfolgt ist und der behandelnde Zahnarzt vor allem vor der Operation die anderen Möglichkeiten der Versorgung des Patienten mit einer funktionstüchtigen Prothese ohne Implantate in Betracht gezogen hat.
- OLG Hamm, 19.10.1987 – 3 U 35/87: Der Zahnarzt muss, wenn er den Nervus lingualis getroffen hat, die Injektion sofort abbrechen.
- OLG Köln, 29.02.1988 – 7 U 140/87: Der Kronenrand muss exakt mit der Präparationsgrenze abschließen, um der Entstehung von Karies und Parodontose entgegenzuwirken.

- OLG Düsseldorf, 30.06.1988 – 8 U 213/86: Fächerförmig nach vorn gedrückte Frontzähne dürfen nicht mit Kronen verblockt werden, es ist zunächst eine kieferorthopädische Korrektur zu versuchen.

- OLG Nürnberg, 07.08.1988 – 6 U 2391/85: Bei schwerwiegenden Funktionsstörungen mit einer Dysfunktion der Kaumuskulatur ist von einer prothetischen Versorgung eine umfassende funktionstherapeutische Behandlung erforderlich.

- OLG Nürnberg, 07.08.1988 – 6 U 2391/85: Die Wurzelfraktur mit anschließend notwendiger Extraktion von Zahn 24 nach Einschlagen zweier Para-Post-Stifte mit Hämmerchen statt Befestigung nur durch manuellen Druck beruht auf einem fahrlässigem Behandlungsfehler.

- OLG Karlsruhe, 26.08.1988 – 14 U 180/85: Die Öffnung der Kieferhöhle bei einer Zahnextraktion begründet für sich allein ebenfalls noch nicht den Vorwurf der fehlerhaften Behandlung. Ein Behandlungsfehler liegt jedoch vor, wenn eine Verbindung zwischen Mund und Kieferhöhle übersehen wird. Deshalb sind nach der Zahnextraktion ein Nasenblasversuch und eine Röntgennachkontrolle durchzuführen.

- LG Heidelberg, 15.08.1990 – 3 O 323/88: Führt die Entfernung eines retinierten Weisheitszahns iatrogen zu einer Kieferfraktur, so darf sich der Zahnarzt bei eindeutiger postoperativer Symptomatik nicht mit einer Palpation begnügen, sondern schuldet die Durchführung einer zuverlässigen Diagnosemaßnahme, wie sie allein eine röntgenologische Kontrolle bietet.

- OLG Köln, 29.08.1990 – 27 U 30/90: Es liegt ein Behandlungsfehler vor, wenn umfangreicher Zahnersatz im Ober- und Unterkiefer eines Patienten eingegliedert wird, ohne dass eine gründliche Behandlung einer bei Behandlungsbeginn vorhandenen Parodontose vorgeschaltet wird.

- OLG Oldenburg, 09.07.1991 – 5 U 26/91: Es ist grundsätzlich fehlerhaft, wenn der Zahnarzt eine Unterkieferbrücke nur provisorisch einsetzt, ohne eine feste Verbindung zwischen Überkronung und Unterkiefer herzustellen. Dies lässt sich nur in besonderen Fällen, etwa um die Beruhigung eines krankhaften Befundes abzuwarten, und nur bei eingehendem Hinweis an den Patienten zur Selbstbeobachtung der betroffenen Zähne und bei regelmäßigen zahnärztlichen Kontrollen rechtfertigen.

- OLG Düsseldorf, 25.07.1991 – 8 U 254/89: Es stellt einen zahnärztlichen Behandlungsfehler dar, wenn ein Weisheitszahn in toto aus dem Zahnfach extrahiert wird, obwohl nach dem röntgenologischen Befund eine Schädigung des Nervus alveolaris inferior drohte, weil dieser im Wurzelbereich oder in Höhe der Wurzeln neben dem Zahnfach verläuft.
- OLG Köln, 27.11.1991 – 27 U 42/91: Unterlassene Austestung der Veränderung der Kieferrelation durch eine Aufbisshilfe vor Eingliederung der Unterkieferbrücke.
- OLG Köln, 27.11.1991 – 27 U 42/91: Durchschleifen einer Krone.
- OLG Köln, 11.12.1991 – 27 U 84/91: Keine PAR-Behandlung vor der Eingliederung von Zahnersatz.
- OLG Hamburg, 13.12.1991 – 1 U 152/89: Bei Injektionen zur Mandibularis-Anästhesie ist eine Schädigung des Lingualisnervs nicht immer vermeidbar. Auch eine Injektion in den Nerv selbst lässt noch nicht den Schluss auf einen Behandlungsfehler zu.
- OLG Köln, 28.10.1992 – 27 U 85/92: Eine Verblockung von Kronen und Brücken im Front- und Seitenzahnbereich erschwert die Mundhygiene; sie stellt einen Behandlungsfehler des Zahnarztes dar, wenn diese Gestaltung nicht erforderlich gewesen ist.
- OLG Düsseldorf, 04.03.1993 – 8 U 197/90: Zu tief eingestellter Biss und fehlende Stimmigkeit der Bisslage sind zahnärztliche Behandlungsfehler.
- OLG Oldenburg, 20.04.1993 – 5 U 140/92: Bei der Wurzelspitzenresektion muss eine spitz auslaufende Wurzelwand glatt abgetragen werden.

- OLG Oldenburg, 20.04.1993 – 5 U 140/92: Eine zahnprothetische Maßnahme darf erst erfolgen, wenn zuvor eine vollständige erfolgreiche Kariesbehandlung sichergestellt ist.
- OLG Oldenburg, 20.04.1993 – 5 U 140/92: Ein elongierter Zahn ist vor der Teilüberkronung zu kürzen.
- OLG Oldenburg, 20.04.1993 – 5 U 140/92: Eine Teilüberkronung ist fehlerhaft, wenn nicht zuvor versucht wird, den Zahn aufzurichten und eine Lücke zum Nachbarzahn zu schließen.
- OLG Düsseldorf, 17.06.1993 – 8 U 316/91: Als Behandlungsfehler kann zu werten sein, dass der Zahnarzt eine Brücke sogleich fest einzementiert, sie also nicht zunächst für eine gewisse Eingewöhnungszeit nur provisorisch eingliedert.
- OLG Schleswig, 13.10.1993 – 4 U 145/91: Ein Zahnarzt verstößt gegen die nach dem Standard der zahnmedizinischen Wissenschaft und Erfahrung gebotene Sorgfaltspflicht, wenn er bei Beginn einer Zahnersatzbehandlung bei einer Patientin, die sich bei einem Zahnarzt mit erheblichen Schliffspuren, die auf einen erheblichen Bruxismus hindeuten, vorstellt, keinen sog. Funktionsstatus erhebt. Die Nichtbeachtung der zahnärztlichen Standards stellt einen groben Behandlungsfehler mit der Folge einer Beweislastumkehr dar.
- OLG Hamm, 03.11.1993 – 3 U 217/92: Kommt es nach der Extraktion eines Backenzahnes zu einer Mund-Antrum-Perforation, dann muss, wenn Zweifel bestehen, vor dem Verschluss geklärt werden, ob eine Infektion vorliegt. Das Unterlassen dieser sich aufdrängenden einfachen diagnostischen Maßnahme ist ein schwerwiegendes Versäumnis.
- OLG Düsseldorf, 03.03.1994 – 8 U 140/92: Der Zahnarzt hat vor der Überkronung eines Zahnes die gefertigten Röntgenaufnahmen sorgfältig auszuwerten und zunächst eine hiernach gebotene Wurzelbehandlung vorzunehmen.
- OLG Köln, 18.04.1994 – 5 U 48/94: Unterlässt es ein Zahnarzt entgegen medizinischer Notwendigkeit und Üblichkeit, den ordnungsgemäßen Sitz eingefügter Implantate in Bezug auf Achs-

neigung und genügende Tiefe röntgenologisch zu kontrollieren und das Ergebnis zu dokumentieren, trifft ihn die Beweislast, dass später aufgetretene Komplikationen nicht auf fehlerhafter Insertion beruhen, wenn fehlerhafte Ausführung und deren Schadenursächlichkeit jedenfalls nicht unwahrscheinlich sind.

- OLG Stuttgart, 28.07.1994 – 14 U 4/94: Wird nach einer Oberkiefer-Osteotomie bei dem Patienten ein Leukozytenwert von 16.600/mm^3 festgestellt, so besteht ein Anfangsverdacht für ein beginnendes oder bereits laufendes Infektionsgeschehen. Ein solcher Befund erfordert eine weitere Abklärung durch engmaschige Kontrolluntersuchungen. Dem Unterlassen derartiger Kontrollen muss jedoch nicht das Gewicht eines groben Behandlungsfehlers zukommen.

- OLG Stuttgart, 01.09.1994 – 14 U 9/88: Zahnbrücken sind fehlerhaft, wenn sie zu kurz gearbeitet sind oder zu kurze Kronen und abstehende Kronenränder aufweisen.

- OLG Stuttgart, 01.09.1994 – 14 U 9/88: Bei sog. Rucksackfüllung und Infraokklusion ist die Zahnplombierung mangelhaft.

- OLG Stuttgart, 01.09.1994 – 14 U 9/88: Klopfempfindlichkeit eines Zahnes erfordert einen Sensibilitätstest und eine umfangreiche Befundung. Eine stattdessen verabreichte Heilinjektion ist fehlerhaft.

- OLG Hamm, 28.09.1994 – 3 U 263/93: Bei einer Entzündung, zu deren Behandlung eine Eröffnung und eine Wurzelspitzenresektion erforderlich sind, ist die Durchführung einer sog. Schröder'schen Lüftung fehlerhaft.

- OLG Hamm, 12.10.1994 – 3 U 26/94: Es ist fehlerhaft, festsitzenden Zahnersatz einzubringen, ohne zuvor eine Parodontose des Patienten umfassend zu behandeln.

- OLG Hamm, 01.02.1995 – 3 U 114/94: Oberkieferkronen mit Balkonen oder abstehenden Kronenrändern sind auch vom Kassenpatienten nicht als „kassenärztlicher Standard" hinzunehmen.

- OLG Hamm, 01.02.1995 – 3 U 114/94: Die Gestaltung der Interdentalräume muss in hygienischer Hinsicht einwandfrei sein.
- OLG Köln, 09.02.1995 – 5 U 61/94: Stehen nach zahnprothetischer Versorgung die Kronenränder an Zahnbrücken ab, so ist die Behandlung fehlerhaft.
- AG Münster, 13.04.1995 – 3 C 638/94: Der Zahnarzt setzt bei der Behandlung einen Absauger ein, der sich am Mundboden festsetzt und dort eine 5 mm große Wunde verursacht, die genäht werden muss.
- OLG Köln, 22.05.1995 – 5 U 305/94: Ist die zahnprothetische Behandlung durch Einsetzen von Zahnkronen fehlerhaft, weil
    - die Front-Eckzahn-Führung unzureichend aufgebaut ist,
    - am Eckzahn eine positive Stufe von etwa 0,5 mm besteht,
    - die Ränder der Außenteleskope z.T. bis unter das Zahnfleisch reichen mit der Folge von Durchblutungsstörungen und Zahnfleischentzündungen,
    - die Goldschicht der Prothese keine ausreichende Haftung auf dem Untergrund aufweist,
    - eine Wurzelkanalbehandlung an zwei Zähnen vor der prothetischen Behandlung unterblieben ist mit der Folge starker Spannungsgefühle des Patienten im Oberkiefer,
    - die Kronenlänge unzulänglich ist mit der Folge von Zahnfleischentzündungen und
    - die Einpassung der Kronenränder unzulänglich ist mit der Folge einer Süß-sauer-Empfindlichkeit der Zahnhälse,
    - ist dem Patienten ein Schmerzensgeld zuzuerkennen.
- OLG Frankfurt/M. (Darmstadt), 26.05.1995 – 24 U 371/93: Ein Zahnarzt ist verpflichtet, eine den Regeln der zahnärztlichen Kunst entsprechende prothetische Versorgung seines Patienten sicherzustellen; unter verschiedenen, den gleichen Erfolg versprechenden therapeutischen Möglichkeiten muss er diejenige wählen, die seinen Patienten in möglichst geringem Maße gefährdet oder belastet.
- OLG Frankfurt/M. (Darmstadt), 26.05.1995 – 24 U 371/93: Es ist ein Behandlungsfehler, wenn der Zahnarzt bei der prothetischen

Versorgung des Patienten eine unnötig riskante Brückenkonstruktion (hier: Vollverblockung statt zweigesteilter Brücke) wählt.

- OLG Hamm, 29.05.1995 – 3 U 254/94: Das Unterlassen einer begleitenden Röntgendiagnostik bei der Wurzelkanalbehandlung vor einer Zahnüberkronung ist ein grober Behandlungsfehler.

- OLG Hamm, 29.05.1995 – 3 U 254/94: Es ist fehlerhaft, wenn der Zahnarzt durch die von ihm gewählte Kronengestaltung die Zahnzwischenräume so massiv verengt, dass eine mechanische Reinigung der Zähne nicht mehr gewährleistet und – auch wegen übersehender Kronenflächen – eine ausreichende Hygiene nicht möglich ist.

- OLG München, 16.11.1995 – 1 U 4895/93: Nach dem Eingriff ist der Patient so lange zu überwachen, bis eine absolute Blutgerinnung eingetreten ist.

- OLG Düsseldorf, 07.12.1995 – 8 U 97/94: Eine bei der Extraktion entstandene Mund-Antrum-Verbindung ist sofort zu verschließen.

- OLG Düsseldorf, 07.12.1995 – 8 U 97/94: Bei dem Eintritt erheblicher Schmerzen und eines eitrigen Geschmacks nach einer Zahnextraktion ist an ein Kieferhöhlen-Empyem zu denken und die Ursache abzuklären.

- OLG Düsseldorf, 08.02.1996 – 8 U 82/95: Es ist grob behandlungsfehlerhaft, wenn ein Zahnarzt zugleich mit einer parodontalchirurgischen Behandlung umfangreiche Arbeiten zur Erneuerung des Zahnersatzes einschließlich einer Implantatversorgung durchführt.

- OLG Düsseldorf, 08.02.1996 – 8 U 82/95: Es ist grob behandlungsfehlerhaft, wenn der Zahnarzt bereits im Anschluss an eine ausgedehnte parodontalchirurgische Behandlung den Abdruck für den bleibenden Zahnersatz herstellt.

- AG Nürnberg, 03.12.1996 – 36 C 3181/94: Es stellt einen Behandlungsfehler dar, wenn bei der Insertion von Implantaten im

Unterkiefer nicht ein Sicherheitsabstand von 2–3 mm zum Canalis mandibulae eingehalten wird.

- OLG Hamm, 16.12.1996 – 3 U 108/96: Es liegen grobe Behandlungsfehler vor, wenn der Zahnarzt aufgrund einer völlig unzureichenden Röntgendiagnostik die Lage eines zu extrahierenden Eckzahns nicht richtig einschätzt, sodass ihm deshalb nur eine partielle Entfernung des Zahns gelingt, und wenn von ihm zudem eine arterielle Blutung des Patienten nicht gestillt wurde.

- OLG Braunschweig, 24.04.1997 – 1 U 56/96: Bei persistierenden Schmerzen nach der Extraktion eines Weisheitszahnes darf von Kontrollröntgenaufnahmen zunächst abgesehen werden. Halten die Schmerzen jedoch über mehr als drei Wochen an, so ist das Unterlassen einer Röntgenaufnahme ein grober Behandlungsfehler.

- OLG Düsseldorf, 15.05.1997 – 8 U 115/96: Die Anamneseerhebung gehört zu den elementaren und unverzichtbaren Grundregeln der Medizin und bildet neben der körperlichen Untersuchung die Basis jeglicher (zahn)ärztlichen Tätigkeit.

- OLG Oldenburg, 14.10.1997 – 5 U 45/97: Der Bruch des Kiefers bei der Extraktion eines tiefliegenden, nach vertikal verlagerten Weisheitszahnes beruht auf einem Behandlungsfehler, wenn der Zahn ohne vorherige Separierung oder Ausfräsung des Kieferknochens nur mit einem Hebel gelockert und dann mit einer Zange herausgelöst wurde.

- OLG Oldenburg, 14.10.1997 – 5 U 45/97: Die Übertragung einer selbständig auszuführenden Operation auf einen dazu nicht ausreichend qualifizierten Arzt und die ungenügende Beaufsichtigung durch einen qualifizierten Facharzt stellen als Organisationsmängel Behandlungsfehler im weiteren Sinne dar. Die bloße Anwesenheit eines Oberarztes bei der Operation durch einen seit 1½ Jahren tätigen Assistenzarzt ohne weitere Angabe über den Kenntnisstand des Operateurs und seine Überwachung bei dem Eingriff reicht für eine Haftungsentlastung nicht.

- OLG Hamm, 27.10.1997 – 3 U 7/97: Ist angesichts der bei dem Patienten vorliegenden parodontalen Vorschädigungen eine kombinierte festsitzende und herausnehmbare Prothetik geboten, so liegt in dem Einbau festsitzenden Zahnersatzes ein Behandlungsfehler.

- OLG Hamm, 27.10.1997 – 3 U 7/97: Toleranzen der Kronenränder von mehr als 200 µ sind nicht hinnehmbar.

- OLG Düsseldorf, 20.11.1997 – 8 U 177/96: Es liegt ein Behandlungsfehler vor, wenn der Zahnarzt bei der prothetischen Versorgung von einer zunächst provisorischen Eingliederung der Brücken absieht und diese sofort fest einzementiert.

- OLG Düsseldorf, 20.11.1997 – 8 U 177/96: Treten nach zahnprothetischer Versorgung Beschwerden auf und sind erste Einschleifversuche erfolglos, so sind zur Beurteilung der Ursachen der Überlastungssymptomatik funktionsanalytische Maßnahmen geboten. Es ist fehlerhaft, wenn der Zahnarzt sich darauf beschränkt, weitere Einschleifmaßnahmen vorzunehmen.

- OLG Düsseldorf, 18.12.1997 – 8 U 196/96: Es handelt sich um einen Behandlungsfehler, wenn der Zahnarzt bei einer Unterkieferbrücke an Stelle der gebotenen Verkürzung der zu langen Oberkieferzähne durch eine Anpassung der Unterkieferbrücke an die nachbesserungsbedürftigen Oberkieferverhältnisse die Kauebene verschiebt.

- OLG Düsseldorf, 18.12.1997 – 8 U 196/96: Fehlerhaft ist auch eine Passungenauigkeit der Unterkieferbrücke, die zur Verkantung des Zahnersatzes beim Essen und dadurch zu einer Verformung der Prothesen führt.

- OLG Stuttgart, 09.01.1998 – 14 U 15/97: Das endgültige Einzementieren einer Zahnbrücke ist grob fehlerhaft, wenn der Patient im Bereich der Zähne der bisher nur provisorisch getragenen Brücke erhebliche Schmerzen hat und der Zahnarzt ihn zudem vor der endgültigen Eingliederung auch nicht über deren nachteilige Folgen belehrt hat.

- OLG Stuttgart, 09.01.1998 – 14 U 15/97: Bei der Überkronung von Zähnen gilt allgemein der Grundsatz, dass die beschliffene Zahnsubstanz von der künstlichen Krone wieder abgedeckt werden muss. Das Freilegen beschliffener Zahnsubstanz ist bei sorgfältiger Arbeit zu vermeiden, weil sonst pulpitische Beschwerden auftreten können und die Gefahr besteht, dass sich in der Lücke Karies bildet. Ist der Kronenrandabschluss nicht vollständig exakt gearbeitet, ist dem Zahnarzt ein grober Behandlungsfehler vorzuwerfen.

- OLG Stuttgart, 09.01.1998 – 14 U 15/97: Es ist im hohen Maße verfehlt, bei einer Schmerzpatientin, der eine Zahnbrücke einige Tage zuvor herausgefallen war und die ihren Urlaub wegen andauernder, mit Medikamenten nicht mehr zu beherrschender Schmerzen im Bereich der provisorisch versorgten Zähne vorzeitig abbrechen musste, bereits am (ersten) Behandlungstag die Brücke einzuzementieren.

- OLG Düsseldorf, 15.01.1998 – 8 U 57/97: Bei nicht stark gelockerten Zähnen ist die Verblockung mehrerer Kronen mit Verschluss der Interdentalräume und der Brückenglieder grob fehlerhaft.

- OLG Düsseldorf, 15.01.1998 – 8 U 57/97: Bei bestehendem Bruxismus ist die Verwendung von Keramikfacetten im Unterkieferfrontbereich kontraindiziert.

- OLG Düsseldorf, 15.01.1998 – 8 U 57/97: Vor einer zahnprothetischen Gesamtversorgung ist eine spezifische Diagnostik des komplexen Krankheitsbildes des Kausystems erforderlich.

- OLG Köln, 25.02.1998 – 5 U 157/97: Die Eingliederung einer Zahnprothese in den zahnlosen Oberkiefer einer Patientin ist grob fehlerhaft, wenn die zur Verankerung eingebrachten Implantate in dem durch Knochenabbau geschädigten Kiefer keinen genügenden Halt bieten.

- OLG Schleswig, 11.03.1998 – 4 U 80/97: Die Entscheidung, mit der Entfernung eines am Donnerstag in die Kieferhöhle gerutschten Weisheitszahnes bis zum darauffolgenden Montag zu warten, ist nicht nachvollziehbar und stellt einen groben Behandlungsfehler dar.

- OLG Düsseldorf, 23.04.1998 – 8 U 187/95: Eine auf Disk-Implantaten befestigte prothetische Rekonstruktion ist völlig unzulänglich, wenn vom Zahnarzt jegliche Maßnahmen zur Bestimmung der Bisslagerelation unterlassen wurden und wenn sich deshalb die Kauflächenkonfiguration als mangelhaft darstellt, die eingestellte Schlussbissposition nicht der habituellen Gelenkposition entspricht, keine funktionsfähigen Kauhöcker vorhanden sind und auch nachträgliche Einschleifmaßnahmen nicht geeignet waren, eine Reproduktion der Bisslage herbeizuführen.

- OLG Düsseldorf, 23.04.1998 – 8 U 187/95: Ein Zahn, der ein massives Gleithindernis darstellt, muss vor Beginn der prothetischen Arbeiten gezogen werden.

- OLG Düsseldorf, 14.05.1998 – 8 U 45/97: Bei länger andauernden und auch durch Nachbesserung nicht behobenen Problemen mit dem Sitz und der Festigkeit einer konservativen Prothetik ist eine implantatgetragene Prothetik indiziert.

- OLG Frankfurt/M., 19.05.1998 – 8 U 6/98: Eine zahnprothetische Behandlung des Oberkiefers ist mangelhaft, wenn sie zu einer unzureichenden Okklusion in der Weise geführt hat, dass von 14 möglichen Zahnpaaren nur zwei Paare Kontakt haben.

- OLG Frankfurt/M. (Darmstadt), 12.08.1998 – 13 U 82/91: Bildet sich im Bereich eines extrahierten Zahnes ein Abszess, so ist der Patient vom Zahnarzt an einen Mund-, Kiefer- und Gesichtschirurgen oder an eine entsprechende Klinik zu überweisen. Die bloße Rezeptur eines Oralpenicillins ist ein Behandlungsfehler.

- OLG Köln, 30.09.1998 – 5 U 122/97: Es ist ein Behandlungsfehler, wenn der Zahnarzt bei der prothetischen Versorgung des Patienten von der ursprünglichen Planung abweicht (hier: Verwendung einseitiger Teleskopkronen als starre Halte- und Stützelemente), wodurch eine Kauverlagerung erfolgt und ein frühzeitiger Verlust der Funktionstüchtigkeit der Prothese eintritt.

- OLG Stuttgart, 10.11.1998 – 14 U 34/98: Wird bei einer Weisheitszahnextraktion der Nervus lingualis versehentlich durch ein rotierendes Instrument durchtrennt, so erlaubt dies nach den Grundsätzen über den Beweis des ersten Anscheins den Schluss auf einen schuldhaften Behandlungsfehler des operierenden Zahnarztes.

- OLG Oldenburg, 26.01.1999 – 5 U 160/98: Die Höhen der unteren Frontzähne gelten in der zahnärztlichen Funktionslehre grundsätzlich als unantastbar. Sie dürfen daher allenfalls in begründeten Ausnahmefällen eingeschliffen werden.

- OLG Köln, 16.06.1999 – 5 U 160/97: Ein Zahnarzt ist verpflichtet, die Vollständigkeit und Unversehrtheit seiner Instrumente nach der Behandlung eines Patienten zu kontrollieren, um sicherzustellen, dass keine Teile im Körper des Patienten zurückgeblieben sind. Das gilt im Besonderen bei einer Behandlung mit einem Wurzelkanalaufbereitungsinstrument.

- OLG Köln, 16.06.1999 – 5 U 160/97: Bei der Notfallbehandlung einer akuten Pulpitis ist die Anfertigung einer Röntgenaufnahme nur erforderlich, wenn die Diagnostik nicht eindeutig ist.

- OLG Köln, 16.06.1999 – 5 U 160/97: Bei der Notfallbehandlung der akuten Pulpitis besteht nur dann eine Indikation für die Extraktion eines Zahnes, wenn dieser schon so weit zerstört ist, dass eine Schmerzbehandlung der Wurzelkanäle nicht mehr in Betracht zu ziehen ist. Der Verschluss des Zahnes mit Phosphatzement ist nicht zu beanstanden, wenn dem Patienten empfohlen wird, sich demnächst zur Entfernung dieser Füllung wieder bei einem Zahnarzt vorzustellen.

- OLG Köln, 16.06.1999 – 5 U 160/97: Das Nichtbemerken des Bruches eines Wurzelkanalaufbereitungsinstruments ist ein Behandlungsfehler.

- OLG Düsseldorf, 30.09.1999 – 8 U 146/98: Vor einer Implantation ist zwingend eine eventuell erforderliche Parodontosebehandlung durchzuführen, da andernfalls nicht mit einer Integration des Fremdkörpers in die Knochenstruktur zu rechnen ist. Es ist nicht zulässig, ein Implantat in einen Bereich zu setzen, der radiologisch geschädigt erscheint; bei einer partiell massiven Entzündung sind nämlich regelmäßig sämtliche Anteile des Alveolarfortsatzes beeinträchtigt, sodass das Implantatlager durch die pathogenen Keime akut bedroht wird.

- OLG Düsseldorf, 30.09.1999 – 8 U 146/98: Die Einbringung von Disk-Implantaten ist fehlerhaft, wenn es an der für die Abstützung der Implantate unentbehrlichen Knochensubstanz fehlt oder wenn eine erforderliche Parodontosebehandlung nicht durchgeführt wurde.

- OLG Saarbrücken, 03.11.1999 – 1 U 419/97: Wenn nach einer Zahnextraktion aufgrund der anatomischen Verhältnisse die Eröffnung der Kieferhöhle naheliegt, ist es grob behandlungsfehlerhaft, keine Vorkehrungen dagegen zu treffen, dass Abformmaterial in die Kieferhöhle eindringt.

- OLG Düsseldorf, 11.11.1999 – 8 U 191/97: Die Durchführung eines parodontalchirurgischen Eingriffs, einer Implantation und einer die Prothetik vorbereitenden Präparation in einer Sitzung sind behandlungsfehlerhaft.

- OLG Düsseldorf, 11.11.1999 – 8 U 191/97: Eine sofortige Belastung von Disk-Implantaten durch den eingesetzten Zahnersatz ist fehlerhaft.

- OLG Düsseldorf, 11.11.1999 – 8 U 191/97: Die Implantation der Disk-Implantate ohne eine erforderliche Parodontosebehandlung ist ein Behandlungsfehler.

- OLG Karlsruhe, 27.10.2000 – 7 U 56/98: Eine zu enge Aneinanderstellung von Zahnimplantaten kann ein Behandlungsfehler sein.

- OLG Brandenburg, 08.11.2000 – 1 U 6/99: Bei einer Wurzelfüllung am Zahn 25 ist es nicht sicher vermeidbar, dass Füllmaterial durch Überpressung bis in die Kieferhöhle gelangt. Bei einem in dieser Hinsicht „verdächtigen" Röntgenkontrollbild ist aber intraoperativ zu klären, ob Füllmaterial bis in die Kieferhöhle gedrungen ist, diese Kontrolle ist zu dokumentieren und gegebenenfalls in die Kieferhöhle gelangtes Füllmaterial zu entfernen.

- OLG Hamm, 24.01.2001 – 3 U 107/00: Aufgrund nur **eines Behandlungstermins** darf grundsätzlich die Motivierbarkeit eines Patienten zur Mund- und Zahnhygiene für die erhaltungsfähigen Zähne nicht ausgeschlossen und deshalb eine sofortige Extraktion nicht durchgeführt werden. Eine andere Vorgehensweise entspricht nicht gutem zahnärztlichen Standard, insbesondere wenn es sich um einen jugendlichen 16-jährigen Patienten handelt (hier: Extraktion von acht Zähnen).

- OLG Düsseldorf, 06.12.2001 – 8 U 178/00: Die **Eingliederung von Zahnersatz** vor der Behandlung einer **Parodontose** kann ein Behandlungsfehler sein.

- OLG Düsseldorf, 06.12.2001 – 8 U 178/00: Eine unzureichende **Präparation** der Ränder von Primärkronen ist behandlungsfehlerhaft.

- OLG Köln, 27.02.2002 – 5 U 151/01: Bei **unzureichendem Knochenangebot** ist eine Sofortimplantation behandlungsfehlerhaft.

- OLG Karlsruhe, 15.05.2002 – 7 U 125/99: Die unzureichende Haftung einer **Teleskopprothese** kann auf einem Behandlungsfehler beruhen und die Neuanfertigung der gesamten Oberkieferprothese erfordern.

- OLG Karlsruhe, 15.05.2002 – 7 U 125/99: Die Nichtbehandlung einer offenen und einer fast **offenen Pulpa** ist ein Behandlungsfehler.

- OLG Köln, 11.09.2002 – 5 U 230/00: Bei bestehender **Periimplantitis** kann das Einsetzen weiterer Implantate behandlungsfehlerhaft sein.

- OLG Köln, 11.09.2002 – 5 U 230/00: Die nicht rechtzeitige Erkennung der Perforierung des Kieferhöhlenbodens durch ein **Implantat** kann ein grober Behandlungsfehler sein.

- OLG Köln, 30.04.2003 – 5 U 187/02: Wenn durch unzureichende Planung und Ausführung der Oberkieferversorgung die sog.

Ruheschwebe zu groß eingestellt und eine unzureichende Okklusion erzielt wird, liegt ein Behandlungsfehler vor.

- OLG Hamm, 15.12.2003 – 3 U 245/02: Die Überkronung kariöser Zähne ist behandlungsfehlerhaft.
- OLG Köln, 28.05.2004 – 5 U 176/03: Ein Implantat wurde nicht tief genug inseriert; dies wurde als Behandlungsfehler eingestuft.
- OLG Hamm, 22.09.2004 – 3 U 60/04: Eine behandlungsfehlerhafte Kronenversorgung liegt vor, wenn die von dem Zahnarzt vorgenommene Stufenpräparation für die Aufnahme der Vollkeramikkronen ungeeignet ist, weil die Stufen an mehreren Zähnen zu schmal und unregelmäßig sind.
- OLG Hamm, 22.09.2004 – 3 U 60/04: Eine behandlungsfehlerhafte Kronenversorgung liegt vor, wenn bei der Mehrzahl der Interdentalräume der Verlauf der Papillen nicht regelrecht berücksichtigt ist und einzelne Zähne nicht genügend stark beschliffen sind, sodass für die Vollkeramik-Kronenwände nicht genügend Platz vorhanden ist.
- OLG Hamm, 01.12.2004 – 3 U 189/04: Eine Oberkieferprothese ist unbrauchbar, wenn die Zähne eine falsche Kompensationskurve aufweisen, die Prothese keine feste Gaumenhaftung hat und die Okklusion zu der Unterkieferprothese deswegen fehlt, weil die Ober- und Unterkieferzähne keine alternierende Verzahnung haben, sondern mit ihren Höckerspitzen aufeinandertreffen und lateral zu steile Facetten aufweisen, sodass eine mahlende, seitwärts (rechts/links) gerichtete Kaubewegung nicht stattfinden kann, sondern nur ein sog. „Hackbiss" möglich ist.
- OLG Hamm, 01.12.2004 – 3 U 189/04: Eine Unterkieferprothese ist mangelbehaftet, wenn ein Zahn einen mangelhaften Randschluss hat und der Kronenzwischenraum einen Engstand aufweist.
- OLG Hamm, 01.12.2004 – 3 U 189/04: Wenn innerhalb eines Zeitraums von mehr als acht Monaten keine ordnungsgemäße Funktion der Oberkiefer-Interimsprothese (14 Zähne) herbeigeführt

werden kann, **kann** darin ein Behandlungsfehler des Zahnarztes liegen.

- OLG Köln, 12.01.2005 – 5 U 96/03: Die Verwendung von parapulpären Stiftverankerungen war schon im Jahr 1998 grob fehlerhaft, wenn an den Zähnen ausreichend Resthartsubstanz vorhanden war, um die Zähne auch ohne Stifte füllen zu können.

- OLG Köln, 12.01.2005 – 5 U 96/03: Eine Devitalisierung der Pulpa unter Verwendung des Medikaments Toxavit entsprach bereits in den 1980er Jahren nicht mehr dem zahnärztlichen Standard.

- OLG Nürnberg, 31.01.2005 – 5 U 3405/02: Ein beim Einsatz von Inlays infolge unzureichender Ausfüllung der Kavität mit Einlagerungszement verbliebener Spaltraum bildet ein Einfallstor für Karies und begründet einen Behandlungsfehler.

- OLG Hamm, 24.10.2006 – 26 U 171/05: Die Wurzelbehandlung an einem vitalen Zahn nach unzureichendem Vitalitätstest ist ein grober Behandlungsfehler.

- OLG Hamm, 24.10.2006 – 26 U 171/05: Die Verwendung des Medikaments Toxavit zur Devitalisation der Pulpa eines Zahnes stellt einen groben Behandlungsfehler dar.

- OLG Oldenburg, 04.07.2007 – 5 U 31/05: Ist einem Zahnarzt bekannt, dass eine Patientin unter einer Palladium-Allergie leidet, und setzt er gleichwohl Brücken mit einer Edelmetalllegierung ein, die 36,4 % Palladium enthält, so liegt ein grober Behandlungsfehler vor.

- OLG Koblenz, 06.12.2007 – 5 U 709/07: Extrahiert ein Zahnarzt einen Weisheitszahn, obwohl die Röntgenbefunde unzureichend sind, kann der darin liegende einfache Behandlungsfehler gleichwohl im Endergebnis zu einer Beweislastumkehr führen, wenn auch die Nachsorge derart mangelhaft war, dass das zahnärztliche Vorgehen insgesamt schlechterdings unverständlich erscheint. Dafür bedarf es einer wertenden Gesamtschau aller Maßnahmen des Zahnarztes.

- LG Dortmund, 31.01.2008 – 4 O 126/07: Ein Behandlungsfehler liegt nur dann vor, wenn eine (zahn)ärztliche Maßnahme vom fachärztlichen Standard abweicht.

- LG Bayreuth, 04.07.2008 – 22 O 757/06: Kieferfraktur nach Implantatversorgung ohne dringend notwendige Kieferaugmentation.

- OLG Naumburg, 25.06.2009 – 1 U 27/09: Ein zahnärztlicher Behandlungsfehler im Rahmen einer prothetischen Versorgung liegt unabhängig von einer Gelegenheit zur Fortsetzung der Behandlung vor, wenn der Behandlungsplan die Beseitigung eines Zahnengstandes, die nach fachärztlichem Standard erforderlich ist, nicht vorsah.

Kein Behandlungsfehler

- OLG Celle, 15.10.1984 – 1 U 17/84: Eine okklusionsbedingte Verlagerung des Unterkiefers indiziert keinen Fehler bei einer mehr als vier Jahre vorher vorgenommenen Gebissanalyse.

- OLG Schleswig, 12.02.1986 – 4 U 324/85: Bei der Leitungsanästhesie kommt es erfahrungsgemäß äußerst selten zu Verletzungen von Nerven. Gleichwohl lässt eine eingetretene Verletzung nicht den Schluss auf einen Behandlungsfehler zu.

- OLG Stuttgart, 29.04.1986 – 10 U 238/84: Eine mehrspangige Brücke stellt keinen Behandlungsfehler dar. Die Versorgung des Oberkiefers mit einer einzigen zusammenhängenden Brücke ist eine Möglichkeit der festsitzenden prothetischen Versorgung.

- OLG Köln, 04.02.1988 – 7 U 17/87: Die Verwendung von Jodoform-Glycerin-Paste zur Wurzelkanalfüllung war im Jahre 1982 auch bei Patienten mit einer Schilddrüsenempfindlichkeit kein Behandlungsfehler.

- OLG Düsseldorf, 10.03.1988 – 8 U 45/87: Die Notwendigkeit zur Unterfütterung der Prothesensättel, die sich mehr als 3 Jahre nach Eingliederung einer Zahnprothese ergibt, ist kein ausreichendes Indiz für eine fehlerhafte Ausführung der Prothese.

- OLG Düsseldorf, 10.03.1988 – 8 U 45/87: Die Verwendung von Ceka-Ankern zur Verbindung endständiger Kronen mit dem benachbarten Zahnersatz ist nicht zu beanstanden.
- OLG Düsseldorf, 10. 03.1988 – 8 U 45/87: Aus dem Auftreten von Beschwerden und Schmerzen nach dem Einsetzen einer Zahnprothese kann nicht aufgrund eines Anscheinsbeweises auf einen Behandlungsfehler des Zahnarztes geschlossen werden.
- OLG Düsseldorf, 10. 03.1988 – 8 U 45/87: Dem Versuch der Zahnerhaltung ist gegenüber einer sofortigen Extraktion grundsätzlich der Vorzug einzuräumen.
- OLG Hamburg, 19.08.1988 – 1 U 33/88: Es gibt keinen Anscheinsbeweis dafür, dass die nach der Entfernung von Fremdkörpereinschlüssen und dem Teilen des Unterkieferkanals in einer Zahnlücke des Zahnes 36 eingetretene Schädigung des Nervus alveolaris bzw. des Nervus mentalis die Folge eines Behandlungsfehlers ist.
- OLG Karlsruhe, 26.08.1988 – 14 U 180/85: Es liegt kein Behandlungsfehler vor, wenn ein Zahnarzt bei einem Patienten eine völlig reizlos im Kieferknochen inkorporierte abgebrochene Spitze einer Lindemann-Fräse nicht entfernt.
- OLG Karlsruhe, 26.08.1988 – 14 U 180/85: Die Öffnung der Kieferhöhle bei einer Zahnextraktion begründet für sich allein ebenfalls noch nicht den Vorwurf der fehlerhaften Behandlung.
- OLG Karlsruhe, 21.02.1990 – 7 U 66/88: Gold-Platin-Legierungen in Kronen und Brücken sind nicht zu beanstanden.
- OLG Karlsruhe, 21.02.1990 – 7 U 66/88: Verwendet ein Zahnarzt zur Verankerung einer Krone einen etwas kürzeren Stift (hier: 4 mm), um eine Wurzelschädigung zu vermeiden, so ist ein solches Vorgehen nicht fehlerhaft.

- OLG Karlsruhe, 23.05.1990 – 7 U 179/88: Eine gleichzeitige Extraktion von vier Weisheitszähnen unter Vollnarkose entspricht dem derzeitigen Stand der Wissenschaft.

- OLG Düsseldorf, 21.03.1991 – 8 U 180/89: Die Vornahme einer Vestibulumplastik nach einer modifizierten Edlan-Mejchar-Methode ist ein anerkanntes Verfahren zur Verbreiterung der fixierten Gingiva. Wenn im Rahmen des Eingriffs ein Lippenbändchen durchtrennt wird, so kann dies nicht als Behandlungsfehler angesehen werden.

- KG Berlin, 17.12.1992 – 20 U 713/92: Dass bei der Wurzelkanalbehandlung ein 3–4 mm großes Stück der Instrumentenspitze abbricht und im Zahn verbleibt, gereicht dem Zahnarzt nicht zum Verschulden. Dasselbe gilt für einen sich hieraus entwickelnden krankhaften Prozess an der Wurzelspitze und für eine parallel laufende kariöse Entwicklung zwischen Krone und Zahnstumpf.

- OLG Düsseldorf, 04.03.1993 – 8 U 197/90: Eine inzisale Stufe von etwa 5 mm und die Sichtbarkeit der Oberkieferzähne beim Sprechen begründen keinen Behandlungsfehler.

- OLG Düsseldorf, 03.06.1993 – 8 U 266/91: Eine Eröffnung der Kieferhöhle bei der Entfernung des Zahnes 17 ist auch bei einwandfreier Extraktionstechnik möglich.

- OLG Düsseldorf, 16.12.1993 – 8 U 127/91: Wenn beim Einsetzen und Anpassen von Primärteleskopkronen eine von diesen – bei einem Hustenstoß des Patienten – in dessen Mundhöhle gelangt und von ihm eingeatmet wird, ist dies dem behandelnden Zahnarzt nicht vorzuwerfen.

- OLG Düsseldorf, 16.12.1993 – 8 U 127/91: Bei der prothetischen Behandlung kann dem Verschlucken oder Einatmen von Zahnkronen nicht durch Sicherheitsmaßnahmen vorgebeugt werden, insbesondere sind diese Risiken durch eine besondere – liegende – Lagerung des Patienten nicht auszuschließen.

- OLG Düsseldorf, 16.12.1993 – 8 U 127/91: Eine Bechterew-Erkrankung eines Patienten erfordert nicht, ihn bei der Anpassung von Innenteleskopkronen in besonderer Weise zu lagern oder besondere Sicherheitsvorkehrungen gegen ein Verschlucken oder Aspirieren der Zahnkronen zu treffen.

- OLG Stuttgart, 01.09.1994 – 14 U 9/88: Die Schnittführung über mehr als vier Zähne hinweg muss bei einer Wurzelspitzenresektion nicht behandlungsfehlerhaft sein.
- OLG Hamm, 19.09.1994 – 3 U 285/93: Verbleibt nach der Extraktion eines Weisheitszahns ein Schmelzsplitter in der Wunde, so lässt dies nicht auf einen Behandlungsfehler schließen.
- OLG Köln, 23.03.1995 – 5 U 212/94: Unterlässt es der behandelnde Zahnarzt vor Verwendung der Goldlegierung „Degudent", die einen Palladiumanteil von 8,9 % enthält, einen Verträglichkeitstest durchzuführen, so liegt kein Behandlungsfehler vor, es sei denn, es bestanden konkrete Anhaltspunkte für eine allergische Reaktion des Patienten, denn derartige Allergien sind extrem selten.
- OLG Köln, 29.06.1995 – 5 U 186/94: Spannungsschmerz infolge der Eingliederung einer Teleskopprothetik ist kein Indiz für einen Behandlungsfehler des Zahnarztes.
- OLG Köln, 29.06.1995 – 5 U 186/94: Dass sich der Zahnersatz nach längerer Tragedauer nur unter Kraftanwendung herausnehmen lässt, stellt keinen Behandlungsfehler dar.
- OLG Düsseldorf, 13.07.1995 – 8 U 136/94: Ein Bruch der Zahnkrone bei der Extraktion eines vorgeschädigten Weisheitszahns ist auch bei einem sehr sorgfältigen Vorgehen des Zahnarztes nicht immer zu vermeiden.
- OLG Düsseldorf, 13.07.1995 – 8 U 136/94: Als Folge einer schwierigen Extraktion des Weisheitszahns kann es bei entsprechender operationsbedingter Belastung des Kieferknochens auch bei völlig regelgerechtem Vorgehen zu einem Kieferbruch kommen.
- OLG München, 16.11.1995 – 1 U 4895/93: Die Verwendung des Lokalanästhetikums Xylonor mit Noradrenalin-Zusatz ist nicht zu beanstanden.

- OLG Düsseldorf, 07.12.1995 – 8 U 97/94: Bei der Extraktion eines Backenzahns ist eine Perforation der Kieferhöhle auch bei sorgfältigem Vorgehen nicht sicher zu vermeiden.

- OLG Hamm, 12.02.1996 – 3 U 110/95: Das Einrenken einer frischen Kieferluxation durch einen Handgriff nach Hippokrates ist die Behandlungsmethode der Wahl. Dass es bei dem Einrenken zu einem Bruch kommt, lässt keinen Schluss auf einen Behandlungsfehler zu.

- OLG Zweibrücken, 02.04.1996 – 5 U 31/94: Beim Tragen von Provisorien bis zur Eingliederung der Prothese sind Schmerzen und eine verminderte Kaufunktion nicht immer völlig zu vermeiden.

- OLG Zweibrücken, 02.04.1996 – 5 U 31/94: Es ist kein Behandlungsfehler, wenn die Provisorien wegen einer notwendigen Parodontosebehandlung fünf Monate lang belassen werden.

- OLG Saarbrücken, 05.06.1996 – 1 U 900/95: Eine Weiterführung der Injektion trotz einer Schmerzreaktion des Patienten muss kein Behandlungsfehler sein.

- OLG Hamm, 26.06.1996 – 3 U 171/95: Das Absehen von einer Wurzelfüllung vor dem Einsetzen einer Zahnbrücke ist kein Behandlungsfehler, wenn die Brücke zunächst nur provisorisch und erst nach einiger Zeit endgültig eingesetzt wird. Es ist auch nicht fehlerhaft, wenn es bei einer späteren Wundbehandlung wegen des Versuchs, die Brücke zu erhalten, nicht gelingt, sämtliche Kanäle aufzufüllen.

- OLG Köln, 26.06.1996 – 3 U 169/95: Die Verwendung eines Methacrylat-Kunststoff-Komposits bei Zahnfüllungen war auch im Jahre 1984 noch vertretbar.

- OLG Köln, 26.06.1996 – 3 U 169/95: Die Entfernung von Amalgamfüllungen ohne vorherigen Allergietest ist kein Behandlungsfehler.

- OLG Stuttgart, 12.09.1996 – 14 U 1/96: Eine prophylaktische Antibiotikagabe ist bei der Behandlung eines klinisch gesunden Patienten grundsätzlich nicht geboten.

- OLG Köln, 17.11.1996 – 5 U 113/96: Das **Herausfallen einer Füllung** aus einem Schneidezahn (Zahn 22) kurz nach dem Einsetzen der Füllung ist zwar ungewöhnlich, lässt aber noch kein sicheres Zeichen für Mängel in der Arbeit des Zahnarztes erkennen.
- OLG Düsseldorf, 05.12.1996 – 8 U 162/95: Eine mit der Eingliederung von Zahnersatz verbundene gewisse **Veränderung der Bisslage** begründet keinen Behandlungsfehler.
- OLG Düsseldorf, 05.12.1996 – 8 U 162/95: Vor einer **Bissanhebung** ist eine funktionelle Behandlung mit einer Aufbissschiene oder die Eingliederung von provisorischem Zahnersatz sinnvoll. Das Absehen von einer solchen Vorbehandlung ist allerdings kein Behandlungsfehler.
- OLG Düsseldorf, 05.12.1996 – 8 U 162/95: Eine zunächst bestehende geringe **Okklusionsunstimmigkeit** stellt keine zahnärztliche Fehlleistung dar.
- OLG Oldenburg, 11.02.1997 – 5 U 164/96: Nicht jede nicht auf Anhieb gelungene **prothetische Zahnversorgung** bedeutet eine Körperverletzung. Der Patient ist grundsätzlich gehalten, bei weiteren Eingliederungsmaßnahmen einer Zahnprothetik mitzuwirken.
- OLG Hamm, 12.02.1997 – 3 U 85/96: Bei einem intraoral eröffneten **Abszess** ist ein Abszessabstrich nicht geboten.
- OLG Oldenburg, 04.03.1997 – 5 U 168/96: Belassen einer abgerissenen Nadel im Bohrkanal bei einer **Kreuzbandersatzplastik** begründet allein keinen Behandlungsfehler.
- OLG Braunschweig, 24.04.1997 – 1 U 56/96: Aus einem Kieferbruch bei oder nach der Extraktion eines **Weisheitszahnes** kann nicht auf einen Behandlungsfehler geschlossen werden.
- OLG Frankfurt/M., 17.06.1997 – 8 U 218/96: Verwendung von **Palladium-Gold-Legierungen** (hier: Herador P) in Zahnkronen war im Jahre 1993 kein Behandlungsfehler.
- OLG Köln, 29.10.1997 – 5 U 124/96: Hat ein Zahnarzt für eine Prothetik mit Metallkeramikkronen im Jahre 1992 Bond-on 4, eine

Palladium-Kupfer-Legierung, verwandt, ist dies nicht als Behandlungsfehler zu werten, denn die Verwendung von Palladium-Kupfer-Legierungen bei der Prothetik entsprach jedenfalls bis Dezember 1992 nach den Richtlinien des Bundesausschusses für die kassenärztliche Versorgung mit Zahnkronen und Zahnersatz dem zahnmedizinischen Standard. Dies gilt auch bei der Behandlung einer Patientin, die an multipler Sklerose leidet. Die Verwendung von Bond-on 4 bei der genannten Zahnprothetik ist auch nicht im Hinblick darauf als fehlerhaft anzusehen, dass der Patientin daneben auch Goldinlays eingesetzt wurden.

- OLG Stuttgart, 09.01.1998 – 14 U 15/97: Der Zahnarzt darf auf Wunsch des Patienten eine Parodontosebehandlung zunächst auf diejenigen Zähne beschränken, die prothetisch versorgt werden sollen.

- OLG Stuttgart, 09.01.1998 – 14 U 15/97: Das Herausfallen eines Inlays und einer provisorisch eingesetzten Brücke lässt nicht zwingend auf einen Behandlungsfehler schließen.

- OLG Schleswig, 11.03.1998 – 4 U 80/97: Die Verlagerung des Zahnes 28 in die Kieferhöhle bei operativer Entfernung der Zähne 28 und 29 stellt keinen Behandlungsfehler dar und ist eine extrem seltene aber mögliche Komplikation bei einem solchen Eingriff.

- OLG Düsseldorf, 14.05.1998 – 8 U 45/97: Höhenunterschiede bei eingebrachten Implantaten sind nicht gänzlich zu vermeiden.

- OLG Düsseldorf, 14.05.1998 – 8 U 45/97: Eine Infektion der Schleimhaut ist auch bei korrekter Behandlung nicht immer zu verhindern.

- OLG Düsseldorf, 14.05.1998 – 8 U 45/97: Unterlassen von Röntgenaufnahmen vor der Freilegung der Implantate im Anschluss an die Behandlung der Mundschleimhaut ist jedenfalls kein grober Behandlungsfehler.

- OLG Hamm, 19.09.1998 – 3 U 221/97: Aus einer Nervschädigung bei der Extraktion kann für sich allein nicht auf einen Behandlungsfehler geschlossen werden. Es ist nicht fehlerhaft, nach dem

Eintritt der Läsion zunächst einige Wochen zuzuwarten und lediglich unterstützende Medikamente zu verordnen.

- OLG Hamm, 16.11.1998 – 3 U 19/98: Es liegt kein Behandlungsfehler vor, wenn der Zahnarzt bei einem Patienten, der angibt, gegen fast alles allergisch zu sein, vor der Verwendung einer Palladiumlegierung keine prophylaktische Testung durchführt.

- OLG Koblenz, 02.03.1999 – 3 U 328/97: Amalgamfüllungen sind nach dem heutigen medizinischen Erkenntnisstand in der Regel nicht mit gesundheitlichen Gefahren verbunden.

- OLG Hamm, 26.04.1999 – 3 U 207/98: Ein Zahnarzt braucht mangels jeglichen wissenschaftlich begründeten Verdachts auf toxische Wirkungen von Kupfer-Palladium-Legierungen vor dem Einsetzen von Zahnkronen, die auf Basis solcher Legierungen gefertigt wurden, nicht von sich aus eine Bioverträglichkeitsprüfung vorzunehmen, um den von ihm zu fordernden zahnärztlichen Standard zu wahren.

- LG Aachen, 17.05.1999 – 11 O 318/97: Es ist dem Zahnarzt nicht als Behandlungsfehler vorzuwerfen, wenn er bei der Planung einer prothetischen Versorgung zum einen die Ablehnung einer Parodontosebehandlung durch den Patienten und zum anderen die bei nur noch drei verbleibenden Zähnen je Kiefer erweiterten Zuschussansprüche bei der Indikationsstellung zu Zahnextraktionen zum Zwecke anschließender prothetischer Neuversorgung berücksichtigt.

- LG Aachen, 17.05.1999 – 11 O 318/97: Bei der Beurteilung der Indikation zur Extraktion von Zähnen hat der Zahnarzt bei der Behandlung eines Kassenpatienten das Wirtschaftlichkeitsgebot zu beachten.

- LG Aachen, 02.11.1999 – 11 O 115/99: Ist bei einem Kassenpatienten eine Zahnüberkronung mit Metallkronen vorgesehen, ist es nicht behandlungsfehlerhaft, wenn der Zahnarzt es beim Herausbohren vorhandener Amalgamfüllungen unterlässt, Kofferdam zu verwenden. Es ist keineswegs notwendig, den Mundraum mit Kofferdam abzudecken. Es gibt für Kassenpatienten gleichwertige und ebenso wirksame Abdeckmöglichkeiten. Kofferdam wird dagegen aus Kostengründen überwiegend in der privatärztlichen Versorgung angewandt.

- OLG Hamm, 15.12.1999 – 3 U 93/99: Bei einer Wurzelbehandlung ist der Einsatz des Füllmittels AH 26 zahnärztlicher Standard. Die Nichtentfernung von Wurzelmaterial, das in den Kiefer eingedrungen ist, stellt keinen Behandlungsfehler dar.
- OLG Schleswig, 22.09.2000 – 4 U 96/98: Die Durchtrennung des Nervus alveolaris inferior beim Abpräparieren des Weichgewebes kann dem Operateur nicht vorgeworfen werden, weil der Nerv dort nicht zu erwarten ist.
- OLG Karlsruhe, 27.10.2000 – 7 U 56/98: Die Verwendung von resorbierbaren oder nicht resorbierbaren Membranen bei Knochendefekten ist eine dem klinischen Standard entsprechende Behandlungsmethode.
- OLG Karlsruhe, 09.01.2002 – 7 U 81/00: Die Herstellung von Kronen aus Keramik statt aus Gold ist kein Behandlungsfehler.
- OLG Karlsruhe, 09.01.2002 – 7 U 81/00: Eine negative Stufe im bukkalen Bereich des Zahnes 15 hat keine klinische Relevanz, wenn bei normaler Mundhygiene negative Folgen nicht zu erwarten sind.
- OLG Karlsruhe, 09.01.2002 – 7 U 81/00: Wenn bei umfangreichen Restaurationen im Einzelfall Einschleifarbeiten erforderlich sind, kann daraus nicht auf einen Behandlungsfehler geschlossen werden.
- OLG Köln, 11.09.2002 – 5 U 230/00: Das Einbringen eines HAK-Granulats war im Jahr 1991 kein Behandlungsfehler.
- OLG Köln, 25.09.2002 – 5 U 179/99: Schlechte Mundhygiene, Entzündung der Parodontien, chronische Gingivitis und eine akute Infektion an einem Zahn stellen keine absolute Kontraindikation für eine Implantatbehandlung dar.

- AG Braunschweig, 18.02.2004 – 114 C 1204/03: Der **Abbruch des Wurzelkanalinstruments** begründet keinen (groben) Behandlungsfehler.

- LG Stuttgart, 15.02.2005 – 20 O 389/03: Es liegt kein Verstoß gegen den zahnärztlichen Standard vor, wenn es beim **Sinuslift** zu einer Perforation der Kieferhöhlenschleimhaut kommt. Diese Komplikation kann ohne Weiteres eintreten und ist im Regelfall durch Membraneinlagen sicher beherrschbar.

- OLG Düsseldorf, 07.07.2005 – 8 U 6/05: Eine Haftung des Zahnarztes wegen Unterlassens einer medizinisch gebotenen systematischen **Parodontalbehandlung** kann bei einer schlechten Prognose hinsichtlich der Entwicklung der Erkrankung und mangelnder Mitarbeit des Patienten zu verneinen sein.

- OLG Düsseldorf, 15.09.2005 – 8 U 155/04: **Materialabweichungen**, die unzureichende laterale Führung eines Zahnes und kleinere Ungenauigkeiten beruhen nicht immer auf einem Behandlungsfehler.

- OLG Düsseldorf, 15.09.2005 – 8 U 155/04: Trotz einer **verkürzten Zahnreihe** kann die Eingliederung einer Brücke indiziert sein.

- OLG Düsseldorf, 20.10.2005 – 8 U 109/03: Die **Überkronung** eines Zahnes trotz parodontaler Beeinträchtigung und das Belassen zu kurzer Wurzelfüllungen kann bei einem Hinweis auf die damit verbundenen Risiken vertretbar sein.

- OLG Düsseldorf, 20.10.2005 – 8 U 109/03: Bei der **Ausgestaltung von Zahnkronen** begründet nicht jede Abweichung von der Idealvorstellung einer Kaufläche einen Behandlungsfehler.

- OLG Hamm, 02.11.2005 – 3 U 290/04: Die Behandlung einer **alveolären Dysgnathie** mittels der IPR-Methode ist nicht fehlerhaft.

- OLG Oldenburg, 28.02.2007 – 5 U 147/05: Liegen keine konkreten Anhaltspunkte für etwaige Unverträglichkeiten vor, so besteht für den Zahnarzt keine Verpflichtung zur Durchführung von **Allergietests** vor dem Einbringen von Zahnersatz.

- OLG Oldenburg, 28.02.2007 – 5 U 147/05: Dass es bei einer implantatgetragenen Zahnersatzkonstruktion zu galvanischen Strömungen geringster Stärke im Mund kommt, stellt keinen Behandlungsfehler dar, sondern ist regelmäßige Folge der notwendigen Verwendung unterschiedlicher Metalle, ohne dass hiermit medizinisch relevante Auswirkungen verbunden wären.

- OLG Naumburg, 01.11.2007 – 1 U 13/07: Es ist kein Behandlungsfehler, wenn der Arzt keinen bildgebenden Nachweis des Erfolgs seiner Behandlung schafft, soweit es für diese Befunderhebung keinen medizinischen Zweck gibt.

- LG Wuppertal, 16.09.2008 – 5 O 168/07: Wies eine Zahnprothese vor einer Nachbehandlung an mehreren Zähnen Vorkontakte auf, lässt dies nicht zwingend einen Rückschluss auf einen Fehler bei der Behandlung zu.

- OLG Naumburg, 04.12.2008 – 1 U 51/08: Ein (Zahn)Arzt ist ohne äußeren Anlass nicht verpflichtet, die in seinem Behandlungszimmer wartenden Patienten zu überwachen und Vorkehrungen zur Vermeidung eigenmächtiger gefahrgeneigter Handlungen der Patienten zu treffen.

- OLG Düsseldorf, 30.11.2010 – I-1 U 234/09: Weder allein die Tatsache, dass sich ein Zahn entzündet hat, noch eine lange Folge von Behandlungsterminen belegen einen Behandlungsfehler.

3
§ 630b BGB
Anwendbare Vorschriften

> **Text:**
> „Auf das Behandlungsverhältnis sind die Vorschriften über das Dienstverhältnis, das kein Arbeitsverhältnis im Sinne des § 622 ist, anzuwenden, soweit nicht in diesem Untertitel etwas anderes bestimmt ist."

Änderungswünsche des Bundesrates:

Der Bundesrat wollte diesen Satz ergänzt haben um „oder aus der Art und Weise der konkreten Behandlung keine weiteren Pflichten folgen" (BR-Drs. 312/12 [B], S. 3).

Kommentierung:

Der Gesetzgeber will durch den Verweis auf das allgemeine Dienstvertragsrecht klarstellen, dass es sich bei dem Behandlungsvertrag um einen besonderen Dienstvertragstypus handelt, auf den grundsätzlich die allgemeinen Vorschriften der §§ 611 ff. BGB Anwendung finden. Dies hindert die Vertragsparteien des Behandlungsvertrages jedoch nicht, anstelle des Dienstvertrages – der sich wesentlich durch die fehlende Verpflichtung, einen Behandlungserfolg herbeizuführen, auszeichnet – einen Werkvertrag nach Maßgabe der §§ 631 ff. BGB zu vereinbaren, wie dies bisher schon von der Rechtsprechung vor allem für den Bereich der kosmetischen Operationen ab und zu angenommen wird (nach den z.T. maßlos übertriebenen Darstellungen auf den Internetseiten und den Prospekten der Betreiber durchaus naheliegend). Werkvertragsrecht kommt in manchen Zusammenhängen auch beim Zahnersatz zum Einsatz (vgl. BGH, 09.12.1974 – VII ZR 182/73), insbesondere wird der Vertrag zwischen Zahnarzt und Dentallabor als Werkvertrag qualifiziert (vgl. z.B. BSG, 13.01.1993 – 14a/6 RKa 67/91; OLG Koblenz, 05.05.1994 – 5 U 1114/93; OLG Düsseldorf, 14.05.2009 – I-5 U 135/08). Beim Werkvertrag schuldet der Behandelnde den Behandlungserfolg, nicht nur – wie beim Dienstvertrag – sein sachgerechtes Bemühen.

Besonderer Dienstvertragstypus

Vereinbarung eines Werkvertrags ist möglich

Haben die Vertragsparteien im Einzelfall eine Vergütung wirksam vereinbart – was im Bereich der Behandlung von Kassenpatienten im Normalfall nicht möglich ist –, richtet sich der Vergütungsanspruch nach dieser Vereinbarung. Soweit im Einzelfall eine Vergütung bzw. deren Höhe nicht vereinbart wurde, greift – wie bisher schon – § 612 BGB ein. Denn bei einer medizinischen Behandlung ist auch nach Ansicht des Gesetzgebers des Patientenrechtegesetzes *„im Regelfall davon auszugehen"*, dass diese gemäß § 612 Abs. 1 BGB nur *„gegen eine Vergütung zu erwarten ist"*. Haben die Vertragsparteien im Einzelfall keine Absprache hinsichtlich der Höhe der Vergütung getroffen, so ist gemäß § 612 Abs. 2 BGB bei Bestehen einer Taxe die taxmäßige Vergütung, in Ermangelung einer Taxe die übliche Vergütung als vereinbart anzusehen. Das ist bei Zahnärzten vor allem die GOZ, bei Ärzten die GOÄ, die ein zwingendes Preisrecht darstellen. Daher ist auch die verfassungsgerichtliche Prüfung der GOZ 2012 dringend geboten.

Vergütung

Über die Regelung in § 630b BGB findet auch § 613 BGB Anwendung, nach der Behandelnde die medizinische Behandlung in der Regel persönlich zu erbringen haben. Eine Ausnahme von diesem Grundsatz ist allerdings möglich, soweit im Behandlungsvertrag etwas anderes vereinbart wurde und die jeweilige Maßnahme auch delegationsfähig ist. Dies ist nach richtiger Ansicht des Gesetzgebers regelmäßig der Fall, wenn der Patient den Behandlungsvertrag etwa mit einer juristischen Person – beispielsweise einem Krankenhausträger – abschließt, die ihrerseits bei ihr angestellte Ärzte mit der Behandlung betraut. Auch kann die Durchführung der Aufklärung nach § 630e Abs. 2 Nr. 1 BGB auf eine Person übertragen werden, die über die zur sachgerechten Aufklärung notwendige Befähigung verfügt. Arztvorbehalte aus anderen Vorschriften sollen allerdings unberührt bleiben. So gilt etwa nach § 15 Abs. 1 Satz 2 SGB V weiterhin, dass erforderliche Hilfeleistungen anderer Personen nur erbracht werden dürfen, wenn sie vom (Zahn)Arzt angeordnet und von ihm verantwortet werden. Die Übertragung einer solchen, der Delegation zugänglichen medizinischen Behandlungsmaßnahme auf einen anderen als den eigentlich Behandelnden bedarf der Zustimmung des Patienten. Im Übrigen bleiben die Vorschriften über den Ausschluss der Delegierbarkeit von Leistungen unberührt.

Persönliches Erbringen der Behandlung

Delegation

Arztvorbehalt

Fälligkeit der Vergütung

Für die Fälligkeit der Vergütungsforderung gilt, dass die Vergütung einer (zahn)ärztlichen Leistung abweichend von § 614 BGB nicht schon nach der Leistung der Behandlung, sondern gemäß § 12 Abs. 1 GOÄ bzw. gemäß § 10 GOZ erst dann fällig wird, wenn dem Zahlungspflichtigen eine der Gebührenordnung entsprechende Rechnung erteilt wird. Das hat immerhin den Vorteil, dass die Honorarforderung nicht verjährt, solange keine oder keine wirksame Rechnung gestellt ist. Jahrelang sollte man dennoch nicht mit der Rechnungsstellung zuwarten, da sonst eine Verwirkung der Rechnungsforderung droht (vgl. z.B. OLG Düsseldorf, 09.07.1992 – 8 U 111/91).

Kündigung des Behandlungsvertrages

Über die Vorschrift des § 630b BGB finden auch die Kündigungsregelungen der §§ 626 ff. Anwendung. Dazu zählt vor allem die Vorschrift des § 627 BGB, welche dem Patienten grundsätzlich jederzeit die fristlose Kündigung des Behandlungsvertrages ermöglicht, da es sich bei Behandlungsleistungen um Dienste höherer Art handelt, die auf Grund besonderen Vertrauens übertragen zu werden pflegen (vgl. z.B. OLG Koblenz, 22.02.2012 – 5 U 707/10).

Konkludente Vereinbarung von Werkvertragrecht

Dem Bundesrat ging das nicht weit genug. Er „bat" deshalb darum, im weiteren Verlauf des Gesetzgebungsverfahrens zu prüfen, ob in § 630b BGB der Punkt am Ende des Satzes durch die Wörter „oder aus der Art und Weise der konkreten Behandlung keine weiteren Pflichten folgen" ersetzt werden sollte, um klarzustellen, dass z.B. Werkvertragsrecht auch konkludent vereinbart werden kann. Diese Textänderung erfolgte nicht. Werkvertragsrecht kann den Umständen nach durchaus konkludent vereinbart werden, z.B. unter Einbeziehung allzu marktschreierischer Äußerungen auf Praxisinternetseiten.

4
§ 630c BGB
Mitwirkung der Vertragsparteien; Informationspflichten

Information zusätzlich zu Aufklärung

§ 630c BGB bündelt eine ganze Reihe von Ideen, wobei zu beachten ist, dass die Informationspflichten des § 630c BGB zusätzlich zu den Aufklärungspflichten nach § 630e BGB eingeführt werden sollen. Sie sind teilweise komplett neu.

> **Text:**
>
> „(1) Behandelnder und Patient sollen zur Durchführung der Behandlung zusammenwirken.
>
> (2) Der Behandelnde ist verpflichtet, dem Patienten in verständlicher Weise zu Beginn der Behandlung und, soweit erforderlich, in deren Verlauf sämtliche für die Behandlung wesentlichen Umstände zu erläutern, insbesondere die Diagnose, die voraussichtliche gesundheitliche Entwicklung, die Therapie und die zu und nach der Therapie zu ergreifenden Maßnahmen. Sind für den Behandelnden Umstände erkennbar, die die Annahme eines Behandlungsfehlers begründen, hat er den Patienten über diese auf Nachfrage oder zur Abwendung gesundheitlicher Gefahren zu informieren. Ist dem Behandelnden oder einem seiner in § 52 Absatz 1 der Strafprozessordnung bezeichneten Angehörigen ein Behandlungsfehler unterlaufen, darf die Information nach Satz 2 zu Beweiszwecken in einem gegen den Behandelnden oder gegen seinen Angehörigen geführten Straf- oder Bußgeldverfahren nur mit Zustimmung des Behandelnden verwendet werden.
>
> (3) Weiß der Behandelnde, dass eine vollständige Übernahme der Behandlungskosten durch einen Dritten nicht gesichert ist, oder ergeben sich nach den Umständen hierfür hinreichende Anhaltspunkte, muss er den Patienten vor Beginn der Behandlung über die voraussichtlichen Kosten der Behandlung in Textform informieren. Weitergehende Formanforderungen aus anderen Vorschriften bleiben unberührt.
>
> (4) Der Information des Patienten bedarf es nicht, soweit diese ausnahmsweise auf Grund besonderer Umstände entbehrlich ist, insbesondere wenn die Behandlung unaufschiebbar ist oder der Patient auf die Information ausdrücklich verzichtet hat."

Änderungswünsche des Bundesrates:

Der Bundesrat hatte zu § 630c BGB umfassende Änderungs- und Ergänzungswünsche (insgesamt neun). Der Text des § 630c BGB sollte nach den Vorstellungen des Bundesrates wie folgt lauten (Änderungen sind farblich hervorgehoben, Weglassungen durch Durchstreichen gekennzeichnet). Dass es dabei zweimal einen Absatz 2a geben sollte, ist vermutlich ein Fehler bei der Textredaktion des Bundesrates. Teilweise ist die Textredaktion des Bundesrates so konfus, dass sich der gewünschte neue Text nachstehend nicht darstellen lässt, weil zwei inkompatible Lösungen vorgeschlagen wurden (so bei § 630c Abs. 3).

Textvariante Bundesrat:

„(1) Behandelnder und Patient sollen zur Durchführung der Behandlung zusammenwirken.

(2) Der Behandelnde ist verpflichtet, dem Patienten in verständlicher Weise und im Bedarfsfall in Leichter Sprache zu Beginn der Behandlung und, soweit erforderlich, in deren Verlauf sämtliche für die Behandlung wesentlichen Umstände zu erläutern, insbesondere die Diagnose, die voraussichtliche gesundheitliche Entwicklung, die Therapie und die zu und nach der Therapie zu ergreifenden Maßnahmen. Die Informationen sind dem Patienten auf Verlangen sowie bei der Erstellung von neuen oder veränderten Diagnosen oder der Anwendung von Therapieschemata in verständlicher Sprache sowie bei Bedarf in Leichter Sprache in Textform auszuhändigen. Sind für den Behandelnden Umstände erkennbar, die die Annahme eines Behandlungsfehlers begründen, hat er den Patienten darüber ~~auf Nachfrage oder zur Abwendung gesundheitlicher Gefahren~~ zu informieren. Erfolgt die Information nach Satz 2 durch denjenigen, dem der Behandlungsfehler unterlaufen ist, darf sie zu Beweiszwecken in einem gegen ihn geführten Strafverfahren oder in einem Verfahren nach dem Gesetz über Ordnungswidrigkeiten nur mit seiner Zustimmung verwendet werden.

(2a) Die Informationen nach Absatz 2 Satz 1 sind dem Patienten in Textform zu erteilen, wenn der Patient dies verlangt, er erkennbar nicht in der Lage ist, die mündliche Information vollständig zu erfassen, oder dies aus sonstigen Gründen geboten ist.

(2a) Der Behandelnde ist verpflichtet, psychisch kranken Patienten mit wiederkehrenden Krankheitsepisoden den Abschluss einer Behandlungsvereinbarung anzubieten, in der er für den Fall der Einwilligungsunfähigkeit Art und Umfang der Behandlungsmaßnahmen mit dem Behandelnden festlegt.

(3) ~~Weiß~~ Muss der Behandelnde den Umständen nach Zweifel haben, ~~dass eine vollständige Übernahme der Behandlungskosten durch einen Dritten nicht gesichert ist oder ergeben sich nach den Umständen hierfür hinreichende Anhaltspunkte,~~ ob eine Krankenversicherung oder eine Beihilfeeinrichtung die Behandlungskosten ganz oder teilweise übernehmen oder erstatten wird, muss er den Patienten vor Beginn der Behandlung in Textform darüber ~~die voraussichtlichen Kosten der Behandlung in Textform~~ informieren sowie über die Gründe, aus denen die Übernahme der Behandlungskosten nicht gesichert erscheint, insbesondere über die Gründe, die zum Ausschluss der zu erbringenden Leistung aus dem Leistungskatalog der gesetzlichen Krankenversicherung führen, soweit ihm diese bekannt sind oder bekannt sein müssen. ~~Weitergehende Formanforderungen aus anderen Vorschriften bleiben unberührt.~~

(4) Der Information des Patienten nach Absatz 2 bedarf es nicht, ~~soweit diese ausnahmsweise aufgrund besonderer Umstände entbehrlich ist, insbesondere~~ wenn die Behandlung unaufschiebbar und eine Information des Patienten unmöglich ist oder der Patient auf die Information ausdrücklich verzichtet hat."

Der Gesetzgeber übernahm die Vorschläge nicht.

Compliance (§ 630c Abs. 1 BGB)

> **Text des § 630c Abs. 1 BGB:**
> „Behandelnder und Patient sollen zur Durchführung der Behandlung zusammenwirken."

Kommentierung:

§ 630c Abs. 1 BGB statuiert die allgemeine Obliegenheit des Patienten und des Behandelnden, zur Durchführung der Behandlung im Rahmen des Behandlungsvertrages einvernehmlich zusammenzuwirken. Das ist der einzige Abschnitt des Patientenrechtegesetzes, aus dem man mit etwas gutem Willen die Pflicht des Patienten zur Compliance, also zur aktiven Mitwirkung am Gelingen der Behandlung ableiten kann. Dies ist in der Zahnheilkunde etwa bei der Prothetik von großer Bedeutung, in der Implantologie etwa bei der Frage nach ausreichender Mundhygiene des Patienten, zu der er zwar viel gesagt bekommen kann, die er aber schon selbst durchführen muss.

Compliance in der Zahnheilkunde wichtig

Die Regelung dient nach Ansicht des Gesetzgebers insbesondere der Begründung und der Fortentwicklung des zwischen dem Behandelnden und dem Patienten bestehenden Vertrauensverhältnisses, um gemeinsam eine möglichst optimale Behandlung zu erreichen. Hintergrund sei der dem Gesetz insgesamt zugrunde liegende Gedanke einer Partnerschaft zwischen dem Behandelnden und dem Patienten. Dazu sei es *„zweckmäßig, dass beide die Behandlung effektiv und einvernehmlich unterstützen und die insoweit notwendigen Informationen austauschen, um die medizinisch notwendigen Maßnahmen zu ermöglichen, vorzubereiten oder zu unterstützen".* Im Behandlungsverhältnis treffe den Patienten die – nach Ansicht des Gesetzgebers allgemein anerkannte – Obliegenheit, für die Behandlung bedeutsame Umstände zeitnah offenzulegen und dem Behandelnden auf diese Weise ein Bild von seiner Person und seiner körperlichen Verfassung zu vermitteln. Verstoße der Patient dagegen, so könne ihm dies im Schadensfall

Patient muss bedeutsame Umstände offenlegen

gegebenenfalls zu seinen Lasten als Mitverschulden für den eingetretenen Schaden im Sinne des § 254 BGB zugerechnet werden.

Schäden durch fehlende oder unzureichende Compliance

Es wäre gut, wenn die Rechtsprechung die Frage des Mitverschuldens des Patienten für durch fehlende oder unzureichende Compliance entstehende Schäden geklärt hätte – davon kann aber bislang keine Rede sein, zumal sie dazu neigt, Mängel in der Compliance unzureichender Aufklärung und Belehrung seitens des Arztes anzulasten (vgl. z.B. BGH, 16.06.2009 – VI ZR 157/08), und zudem fordert, dass der Patient die ärztlicherseits erfolgenden Anweisungen oder Empfehlungen auch verstanden hat (BGH, 17.12.1996 – VI ZR 133/95). Nur selten hat ein Gericht den Mut, wegen fehlender Compliance bzw. Mitverschuldens Schadensersatzansprüche komplett zu verweigern, wie das LG Magdeburg, 27.01.2011 – 9 O 1064/09 (284), welches dem Patienten vorhielt, dass er *„seit 7 Jahren offenbar keine weiteren zahnärztlichen Behandlungen hat durchführen lassen, insbesondere nicht die in dem Gutachten festgestellten Mängel an seinen Zähnen bzw. der Leistung des Beklagten hat beseitigen lassen"*. Die Frage nach dem Mitverschulden des Patienten – den Pflichten des Patienten im Behandlungsverhältnis – sollte in einem Patientenrechtegesetz nicht nur andeutungsweise, sondern ausführlich geregelt werden.

Informationspflichten
(§ 630c Abs. 2 Satz 1 BGB)

> **Text** des § 630c Abs. 2 Satz 1 BGB:
> „Der Behandelnde ist verpflichtet, dem Patienten in verständlicher Weise zu Beginn der Behandlung und, soweit erforderlich, in deren Verlauf sämtliche für die Behandlung wesentlichen Umstände zu erläutern, insbesondere die Diagnose, die voraussichtliche gesundheitliche Entwicklung, die Therapie und die zu und nach der Therapie zu ergreifenden Maßnahmen."

Kommentierung:

§ 630c Abs. 2 und Abs. 3 BGB legen verschiedene Informationspflichten des Behandelnden ausdrücklich fest, wobei sich die Vorstellungen der Bundesregierung und des Bundesrates hier nicht unwesentlich unterscheiden.

Durch die Informationspflichten nach Abs. 2 Satz 1 soll sichergestellt werden, dass dem Patienten in einer für ihn verständlichen Weise – nach Ansicht des Bundesrates bei Behinderten i.S. der UN-Behindertenrechtskonvention „im Bedarfsfall in Leichter Sprache" (wofür man sich durchaus Tipps im Internet unter www.leichtesprache.org holen kann; wer die Kosten und die Verantwortung dafür übernimmt, dass die Leichte Sprache auch medizinisch richtig ist, sei dahingestellt) – sämtliche für die Behandlung wichtigen Umstände grundsätzlich schon zu deren Beginn offenbart werden. Beispielhaft werden im Text

Information des Patienten in für ihn verständlicher Weise

- die Diagnose,
- die voraussichtliche gesundheitliche Entwicklung,
- die Therapie und
- die zur und nach der Therapie zu ergreifenden Maßnahmen

als mitteilungspflichtige Informationen aufgelistet.

Inhalt der Information

Denkbar sei nach der Regierungsbegründung insbesondere die Erörterung der Anamnese, möglicher Untersuchungen sowie der Notwendigkeit von Befunderhebungen. Schließlich könne auch die Medikation den Behandelnden dazu verpflichten, über die Dosis, etwaige Unverträglichkeiten und Nebenfolgen zu informieren. Der Umfang und die Intensität der erforderlichen therapeutischen Information und Beratung richte sich nach den Umständen des Einzelfalls und diene der Sicherung des Heilungserfolges. Der Patient solle auch nach der Therapie über alle Umstände informiert sein, die für sein eigenes therapiegerechtes Verhalten und zur Vermeidung einer möglichen Selbstgefährdung erforderlich sind (BGH, 14.09.2004 – VI ZR 186/03). So sei der Patient etwa darüber zu unterrichten, wie oft er einen Verband wechseln oder Medikamente einnehmen müsse. § 630c Abs. 2 BGB nimmt diese Intention auf und fordert, dass der Patient über die „zur und nach der Therapie zu ergreifenden Maßnahmen" zu informieren ist.

Information vs. Aufklärung

Die Informationspflichten des § 630c Abs. 2 Satz 1 BGB werden begrifflich unterschieden von den auf die konkrete Behandlung bezogenen Aufklärungspflichten des § 630e BGB. Diese ausdrückliche begriffliche Unterscheidung ist neu. Inhaltlich sind die Informationspflichten jedoch insbesondere mit den insoweit von der Rechtsprechung entwickelten und als „therapeutische Aufklärung" bzw. als „Sicherungsaufklärung" bezeichneten Grundsätzen, die damit fortgelten, identisch.

Patientenbrief (Bundesratsfassung)

Die Informationen sollten nach dem Willen des Bundesrates jeweils in Textform (Patientenbrief) ausgehändigt werden – wobei die verschiedenen Änderungsanträge des Bundesrates zu Abs. 2 Satz 2 und Abs. 2a in sich nicht konsistent sind. Wie das in der Praxis funktionieren soll, wer die Kosten dafür tragen soll – verständlicherweise sollte dies ja je nach Patientenhintergrund nicht notwendigerweise auf Deutsch erfolgen, insbesondere im niedergelassenen Bereich –, interessierte den Bundesrat offenbar nicht.

Informationen in Textform

Sprachprobleme

Der Patientenbrief sollte nach Ansicht des Bundesrates neben den Diagnosen, den erbrachten Leistungen und der Beschreibung von Situationen, in denen der Patient aktiv werden müsse, auch Verhaltens-, Behandlungs- und Therapieempfehlungen sowie bei Bedarf Informationen zu verordneten Arzneimitteln enthalten. Behandelnde könnten mit dem Patientenbrief belegen, dass sie ihrer Informationspflicht gegenüber dem Patienten nachgekommen seien. Eine praxisgerechte Umsetzung der Forderung nach einem Patientenbrief sei durch die entsprechende Anpassung zertifizierter Praxisinformationssysteme möglich.

Inhalte des Patientenbriefs

Information über Behandlungsfehler (§ 630c Abs. 2 Sätze 2 und 3 BGB)

Text des § 630c Abs. 2 Sätze 2 und 3 BGB:

„Sind für den Behandelnden Umstände erkennbar, die die Annahme eines Behandlungsfehlers begründen, hat er den Patienten über diese auf Nachfrage oder zur Abwendung gesundheitlicher Gefahren zu informieren. Ist dem Behandelnden oder einem seiner in § 52 Absatz 1 der Strafprozessordnung bezeichneten Angehörigen ein Behandlungsfehler unterlaufen, darf die Information nach Satz 2 zu Beweiszwecken in einem gegen den Behandelnden oder gegen seinen Angehörigen geführten Straf- oder Bußgeldverfahren nur mit Zustimmung des Behandelnden verwendet werden."

Kommentierung:

Völlig neu legt § 630c Abs. 2 Satz 2 BGB die Informationspflicht des Behandelnden hinsichtlich eigener und fremder Behandlungsfehler fest. Es ist falsch, wenn in der Gesetzesbegründung ausgeführt wird, dass es dazu eine bislang schon geltende Rechtsprechung gebe – wofür die Gesetzesbegründung entgegen ihren sonstigen Gewohnheiten auch nicht einen einzigen Beleg liefert. Solche Aussagen finden sich in der Rechtsprechung nur sehr vereinzelt; grundsätzlich gilt, dass niemand sich selbst belasten muss, auch ein (Zahn)Arzt nicht.

Abwägung der Interessen

Die Neuregelung soll nach der Gesetzesbegründung Ausdruck der an dieser Stelle vorzunehmenden Abwägung zwischen den Interessen des Behandelnden am Schutz seiner Person und dem Interesse des Patienten am Schutz seiner Gesundheit sein.

Information über Behandlungsfehler (§ 630c Abs. 2 Sätze 2 und 3 BGB)

§ 630c Abs. 2 Satz 2 BGB regelt zwei Fälle:

- Der Patient befragt den Behandelnden ausdrücklich nach etwaigen eigenen oder fremden Behandlungsfehlern.
- Der Behandelnde erkennt eigene oder fremde Behandlungsfehler, also insbesondere des/der Vorbehandler, und die Information des Patienten ist zur Abwendung gesundheitlicher Gefahren erforderlich. Dann muss er dies dem Patienten ungefragt mitteilen.

§ 630c Abs. 2 Satz 2 BGB postuliert zunächst die Pflicht des Behandelnden, die ausdrückliche Frage des Patienten nach Behandlungsfehlern wahrheitsgemäß zu beantworten, wenn er Umstände erkennt, die die Annahme eines Behandlungsfehlers begründen. Dies gilt auch, wenn er dabei Gefahr läuft, nicht nur einen Behandlungsfehler eines Dritten, sondern ebenso eigene Fehler offenbaren zu müssen. Eine darüber hinausgehende Recherchepflicht des Behandelnden zur Abklärung möglicher, für ihn aber nicht erkennbarer Behandlungsfehler besteht hingegen nicht.

Ausdrückliche Frage nach Behandlungsfehlern

Fragt der Patient nicht ausdrücklich nach einem Behandlungsfehler, so soll den Behandelnden die Informationspflicht über erkennbare Behandlungsfehler auch dann treffen, soweit dies zur Abwendung von gesundheitlichen Gefahren für den Patienten erforderlich ist. Eine darüber hinausgehende Informationspflicht bestehe nicht. So soll der Behandelnde in der Regel nicht verpflichtet sein, den Patienten unaufgefordert über einen Behandlungsfehler zu unterrichten, soweit keine gesundheitlichen Gefahren des Patienten bestehen. Denn den Behandelnden treffe lediglich die Pflicht zur gesundheitlichen Sorge für den Patienten, nicht aber eine umfassende Fürsorgepflicht.

Abwendung von gesundheitlichen Gefahren

Soweit die Information nach § 630c Abs. 2 Satz 2 BGB durch den Behandelnden erfolgt, dem ein eigener Behandlungsfehler unterlaufen ist, darf sie gemäß § 630c Abs. 2 Satz 3 BGB zu Beweiszwecken in einem gegen ihn geführten Strafverfahren oder in einem Verfahren nach dem Gesetz über Ordnungswidrigkeiten nur mit seiner Zustimmung verwendet werden. Auf diese Weise soll unter Beachtung des Nemo-tenetur-Grundsatzes gewährleistet werden, dass dem Behandelnden aus der Offenbarung eigener Fehler, die gegebenenfalls strafrechtlich oder auch aus der Sicht des Ordnungswidrigkeitenrechts

Information über eigene Behandlungsfehler

relevant sein können, keine unmittelbaren strafrechtlichen oder ordnungswidrigkeitsrechtlichen Nachteile erwachsen.

Der Bundesrat wollte dagegen die Offenbarungspflicht auch ohne Nachfrage des Patienten einführen. Hinsichtlich fremder Behandlungsfehler bestehe schon kein Interesse des Behandelnden, die eigene Person zu schützen, hinter dem das Interesse des Patienten am Schutz seiner Gesundheit zurücktreten müsste. Aber auch bei eigenen Behandlungsfehlern würde die Voraussetzung einer Nachfrage *„mutige"* Patienten bevorzugen, deren Vertrauensverhältnis zum Behandelnden bereits nachhaltig gestört sein dürfte. Solche Patienten dürften allerdings eine sehr kleine Minderheit darstellen, sodass diese Informationspflicht lediglich auf dem Papier bestehen dürfte. Über Behandlungsfehler sei der Patient aus Gründen der medizinischen Ethik immer und unverzüglich zu informieren, soweit der Behandelnde Umstände erkannt habe, die einen Behandlungsfehler vermuten lassen. Das entspreche auch dem Vertrauensverhältnis zwischen Arzt und Patient, welches nur ein gegenseitiges sein könne. Damit werde zur Verpflichtung, was bisher nur Empfehlung des Aktionsbündnisses Patientensicherheit sei. Die Einschränkung „auf Nachfrage" sei abzulehnen, weil sie die in der Regel fehlende Fachkenntnis des Patienten zu seinen Ungunsten ausnutze. Zudem würde sie Ärzte unter einen generellen Misstrauensverdacht stellen, da dem Patienten empfohlen werden müsste, generell nach Behandlungsfehlern etwaiger Vorbehandelnder zu fragen, wenn der Patient sicher sein möchte, alle ihn betreffenden Informationen zu erhalten.

Die alternative Einschränkung der Informationspflicht, wonach der Behandelnde den Patienten über fremde oder eigene Behandlungsfehler nur bei gesundheitlichen Gefahren aufklären müsse, würde – so der Bundesrat weiter – dem gesetzgeberischen Leitbild des mündigen Patienten widersprechen. Sie hätte zur Folge, dass der Behandelnde über den bisherigen Behandlungsverlauf und dessen Ordnungsgemäßheit mehr Kenntnisse hätte als der Patient selbst. Patienten und Patientinnen würden Behandelnden in diesen Fällen nicht ebenbürtig gegenübertreten. Das stehe im Widerspruch zur gesetzgeberischen Zielsetzung, einen gesetzlichen Rahmen zu schaffen, der Patientinnen und Patienten sowie Behandelnde auf Augenhöhe bringe. Letztlich

Information über Behandlungsfehler (§ 630c Abs. 2 Sätze 2 und 3 BGB)

seien entsprechende Pflichten dem Haftungsrecht nicht unbekannt. So müssten z.B. Architekten auch ungefragt über eigene Fehler Auskunft erteilen. Die Einschränkung „zur Abwendung gesundheitlicher Gefahren" führe zu Unsicherheiten, weil diese zu dem jeweiligen Zeitpunkt nicht immer klar zu beurteilen seien. Zuweilen könne ein Behandlungsfehler erst nach einer langen Zeit zu gesundheitlichen Problemen führen.

Der Nemo-tenetur-Grundsatz wird nach Ansicht des Bundesrates durch § 630c Absatz 2 Satz 3 BGB-E ausreichend berücksichtigt, sodass es keiner weiteren Einschränkungen bei der Informationspflicht bedürfe.

Die Pflicht, sich selbst zu belasten, gibt es zwar im Recht – z.B. auch bei Anwälten –, aber nur bei erkennbaren Fehlern. Diese Frage ist im Anwaltsrecht sehr viel leichter – nämlich i.d.R. ohne Gutachten – zu beantworten als im Bereich des Medizinrechts. Wenn man auf Erkennbarkeit abstellen will, wie es der Gesetzestext vorsieht, soll also vom Arzt verlangt werden, dass er darüber nachdenkt, ob andere sein Verhalten möglicherweise als fehlerhaft beurteilen würden, was angesichts der Bandbreite von Meinungen in der Medizin Spekulation erfordert. Das ist nicht sachgerecht. Man kann darüber nachdenken, die Behandlerseite zu verpflichten, auf eindeutige Fehler hinzuweisen (einfaches Beispiel: versehentlich wurde der falsche Zahn gezogen). Aber mehr zu verlangen führt nur zu neuen Sekundärhaftungsansprüchen, wie man sie aus der Anwaltschaft schon kennt, bei der dann die Frage im Raume steht, ob zum Zeitpunkt der Verjährung der Primärhaftung noch Aufklärungspflichten des Anwalts bestanden, deren Verletzung zu noch unverjährten Sekundärhaftungsansprüchen führt.

Erkennbare Fehler

Behandlungsvertrag bei psychisch Kranken (Bundesratsfassung)

Behandlungsvorkehrungen in noch gesunden Zeiten

Bisher nur theoretisch wäre für den Bereich der Zahnheilkunde die in Abs. 2a durch den Bundesrat vorgesehene Verpflichtung geworden, psychisch kranken Patienten mit wiederkehrenden Krankheitsepisoden den Abschluss einer Behandlungsvereinbarung anzubieten, in der für den Fall der Einwilligungsunfähigkeit Art und Umfang der Behandlungsmaßnahmen mit dem Behandelnden festgelegt werden. Diese sicher sinnvolle Ergänzung griffe aber nach ihrem Wortlaut nicht bei der auch in der Zahnheilkunde zunehmenden Zahl dementer Patienten, da es sich insoweit um keine wiederkehrenden Krankheitsepisoden handelt. Auch hier wäre es aber oft angebracht, in noch gesunden Zeiten Vorkehrungen für die Behandlung treffen zu können.

Wirtschaftliche Aufklärung
(§ 630c Abs. 3 BGB)

Text des § 630c Abs. 3 BGB:
„Weiß der Behandelnde, dass eine vollständige Übernahme der Behandlungskosten durch einen Dritten nicht gesichert ist, oder ergeben sich nach den Umständen hierfür hinreichende Anhaltspunkte, muss er den Patienten vor Beginn der Behandlung über die voraussichtlichen Kosten der Behandlung in Textform informieren. Weitergehende Formanforderungen aus anderen Vorschriften bleiben unberührt."

Kommentierung:

§ 630c Abs. 3 BGB regelt die gemeinhin unter dem Stichwort „wirtschaftliche Aufklärung" bzw. „wirtschaftliche Beratung" behandelten Informationspflichten im Zusammenhang mit den finanziellen Folgen der Behandlung. Diese Pflicht ist im Grundsatz anerkannt seit der Entscheidung des BGH vom 01.02.1983 – VI ZR 104/81, inhaltlich aber in ihrem Umfang nach wie vor eher unklar. Das zeigt sich auch und gerade an den beiden vorliegenden Textentwürfen zu § 630c Abs. 3 BGB.

Finanzielle Folgen der Behandlung

Für die Informationspflicht aus Abs. 3 Satz 1 schreibt das Gesetz die Einhaltung der Textform des § 126b BGB vor. Das bedeutet, dass Informationen im Rahmen der wirtschaftlichen Aufklärung entweder in Papierform mit Unterschrift, Telefax, Computerfax oder als Datei, z.B. E-Mail, gegeben werden müssen. Auch SMS wird akzeptiert, ist im vorliegenden Zusammenhang allerdings bislang wohl ohne jede Relevanz. Dagegen akzeptiert die Rechtsprechung bisher mehrheitlich nicht die Information auf Internetwebseiten, also z.B. der Praxiswebseite. Das ist gerade im Medizinbetrieb kontraproduktiv und sollte durch den Gesetzgeber klarstellend korrigiert werden.

Vorschrift der Textform

Den Behandelnden trifft die Informationspflicht aus Abs. 3 Satz 1 trotz des unterschiedlichen Wortlauts der beiden Entwürfe sowohl dann, wenn er weiß, dass die Behandlungskosten durch einen Dritten – in der Regel den Krankenversicherer – nicht vollständig übernommen werden, als auch dann, wenn er den Umständen nach Zweifel daran haben muss. Dies lässt also im Prinzip auch fahrlässige Unkenntnis genügen. Die vom Bundesrat gewählte Formulierung entspricht dem Leitsatz der zitierten BGH-Entscheidung vom 01.02.1983.

Wirtschaftliche Tragweite der Entscheidung

Diese Information wird als notwendig angesehen, damit der Patient die wirtschaftliche Tragweite seiner Entscheidung überschauen könne. Dass der Patient auch bei Zweifeln aufgeklärt werden muss, die dem Behandelnden erkennbar sind, folgt nach Ansicht des Regierungsentwurfs *„schon aus dem überlegenen Wissen des Behandelnden im täglichen Umgang mit Abrechnungen und dem Leistungskatalog der gesetzlichen Krankenversicherung. Denn es ist der Behandelnde, der die Abrechnung mit der kassenärztlichen Vereinigung vorzunehmen hat und der regelmäßig darüber im Bilde ist, welche Behandlungen zum Leistungskatalog der gesetzlichen Krankenversicherung gehören und somit erstattungsfähig sind. Ein Vertragsarzt kennt die für die Erstattung maßgeblichen Richtlinien des Gemeinsamen Bundesausschusses (§ 92 SGB V), da diese für die Leistungserbringer gemäß § 91 Absatz 6 SGB V verbindlich sind und gemäß § 94 Absatz 2 Satz 1 SGB V bekanntgemacht werden. Demgegenüber vermag der Patient als medizinischer Laie die Frage der medizinischen Notwendigkeit und die damit verbundene Übernahmefähigkeit der Behandlungskosten in der Regel nicht zu beurteilen".*

Besondere Tarife in der PKV

Etwas anders gestaltet sich die Situation nach Ansicht des Regierungsentwurfs im Bereich der privaten Krankenversicherung. Hier hätten die Patienten die Möglichkeit, besondere Tarife mit ihrer privaten Krankenversicherung zu vereinbaren, über die der Behandelnde in der Regel keine Kenntnisse habe – eine zutreffende Beobachtung. Bei privat krankenversicherten Patienten liegt es daher nach Ansicht des Regierungsentwurfs *„grundsätzlich im Verantwortungsbereich der Patienten, Kenntnisse über den Inhalt und Umfang des mit der Krankenversicherung abgeschlossenen Versicherungsvertrages zu haben".*

Etwas anderes müsse allerdings dann gelten, wenn Behandelnde auch im Verhältnis zu einem privat krankenversicherten Patienten einen Informationsvorsprung haben. Dies sei insbesondere bei sog. „Individuellen Gesundheitsleistungen" (IGeL) der Fall. Dabei handele es sich um Leistungen der Vorsorge- und Service-Medizin, die von der Krankenversicherung nicht bezahlt werden, da sie nicht zum Leistungskatalog der gesetzlichen Krankenversicherung gehören bzw. nicht von den privaten Krankenversicherungen als medizinisch notwendig anerkannt sind. Kenne der Behandelnde die Unsicherheit der vollständigen Kostenübernahme durch die Krankenversicherung oder ergäben sich aus den Umständen hinreichende Anhaltspunkte dafür – wovon insbesondere bei den „Individuellen Gesundheitsleistungen" regelmäßig auszugehen ist –, solle der Behandelnde verpflichtet sein, auch seinen privat krankenversicherten Patienten wirtschaftlich zu informieren.

<small>Individuelle Gesundheitsleistungen</small>

Auch die Information nach Abs. 3 Satz 1 hat in Textform zu erfolgen – mit den sich aus der UN-Behindertenrechtskonvention ergebenden Besonderheiten, ggf. also auch mündlich. Eine über die in § 630c Abs. 3 BGB hinausgehende Informationspflicht des Behandelnden besteht dagegen nicht. Insbesondere ist es nicht die Pflicht des Behandelnden, den Patienten umfassend wirtschaftlich zu beraten. Zudem darf das wirtschaftliche Risiko der Behandlung nicht allein dem Behandelnden aufgebürdet werden. Vielmehr entspricht es nach Ansicht des Regierungsentwurfs auch der Pflicht des Patienten als mündigem Vertragspartner, vorab bei der Versicherung eine vorherige Kostenzusage bzw. Kostenübernahmebestätigung einzuholen.

<small>Information in Textform</small>

<small>Keine umfassende wirtschaftliche Beratung</small>

§ 630c Abs. 3 Satz 2 BGB stellt schließlich klar, dass über das Textformerfordernis hinausgehende Formanforderungen aus anderen Vorschriften, z.B. nach § 17 Abs. 2 KHEntgG oder bei gesetzlich Krankenversicherten nach § 3 Abs. 1 und § 18 Nr. 8 BMV-Ä für Leistungen außerhalb der vertragsärztlichen Versorgung, unberührt bleiben. Für Vertragszahnärzte ist hier auf § 4 Abs. 5 BMV-Z und § 7 Abs. 7 EKV-Z hinzuweisen.

<small>Formanforderungen aus anderen Vorschriften</small>

Verstoß gegen die wirtschaftliche Informationspflicht

Im Falle eines pflichtwidrigen Verstoßes gegen die wirtschaftliche Informationspflicht aus Abs. 3 kann der Patient dem Anspruch des Behandelnden auf Bezahlung der Behandlungskosten den Pflichtverstoß entgegenhalten. Das entspricht gegenwärtiger Rechtsprechung (vgl. BGH, 09.05.2000 – VI ZR 173/99; OLG Stuttgart, 09.04.2002 – 14 U 90/01). Für den Nachweis des Verstoßes gegen die Informationspflicht aus Abs. 3 gelten die allgemeinen Regeln, d.h. dem Patienten obliegt die Beweislast für den Informationspflichtverstoß. Die Regelung des § 630h BGB findet insoweit keine Anwendung.

Wegfall der Informationspflichten (§ 630c Abs. 4 BGB)

> **Text** des § 630c Abs. 4 BGB:
> „Der Information des Patienten bedarf es nicht, soweit diese ausnahmsweise auf Grund besonderer Umstände entbehrlich ist, insbesondere wenn die Behandlung unaufschiebbar ist oder der Patient auf die Information ausdrücklich verzichtet hat."

Kommentierung:

§ 630c Abs. 4 BGB regelt die Ausnahmen von den Informationspflichten. Die Informationspflicht kann ausnahmsweise aufgrund besonderer Umstände entbehrlich sein. Exemplarisch wird die unaufschiebbare Behandlung genannt, also der sog. Notfall, bei dem durch einen Aufschub Gefahren für das Leben oder für die Gesundheit des Patienten drohen, sodass eine ordnungsgemäße Information des Patienten nicht mehr rechtzeitig erfolgen kann.

Notfall

Die Informationspflicht nach § 630c Abs. 4 BGB entfällt auch dann, wenn der Patient ausdrücklich auf die Information verzichtet. An die Geltung eines solchen Verzichts werden allerdings in der Rechtsprechung bislang strenge Anforderungen gestellt. Der Patient muss den Verzicht deutlich, klar und unmissverständlich geäußert und die Erforderlichkeit der Behandlung sowie deren Chancen und Risiken zutreffend erkannt haben (vgl. BGH, 28.11.1972 – VI ZR 133/71).

Verzicht auf die Information

Der Katalog des Abs. 4 ist nicht als abschließend zu betrachten. So können im Einzelfall nach Ansicht des Regierungsentwurfs auch erhebliche therapeutische Gründe der Informationspflicht entgegenstehen, soweit die begründete Gefahr besteht, dass der Patient infolge der Information sein Leben oder seine Gesundheit gefährdet. Ist der Patient außerdem etwa selbst Arzt und besitzt die nötige Sachkunde,

Therapeutische Gründe gegen die Informationspflicht

um die Tragweite der Behandlung und deren Risiken beurteilen zu können, so kann von einer Information ausnahmsweise ebenfalls abgesehen werden. Entsprechendes kann im Einzelfall auch dann gelten, wenn der Patient aus anderen Gründen – etwa aufgrund ähnlicher Vorbehandlungen oder seines Vorwissens – über ausreichende Kenntnisse verfügt. Das sind Erweiterungen, welche die Rechtsprechung bisher in der Regel nicht oder nur ausnahmsweise zugelassen hat. Insbesondere das sog. therapeutische Privileg wurde bisher abgelehnt (vgl. BGH, 09.12.1958 – VI ZR 203/57; BGH, 07.02.1984 – VI ZR 174/82).

Ausreichende Kenntnisse des Patienten

§ 630c Abs. 4 BGB wird nach Auffassung des Regierungsentwurfs hauptsächlich für die Informationspflichten aus § 630c Abs. 2 BGB relevant sein und im Hinblick auf die wirtschaftliche Informationspflicht aus Abs. 3 nur für den Fall des Verzichts des Patienten auf die Information eine Rolle spielen. Gegenstand der Informationspflicht aus Abs. 3 sind solche Behandlungen, deren Kostenübernahme durch Dritte zweifelhaft ist. Der Grund für diese Zweifel liegt regelmäßig in der fehlenden Anerkennung der Behandlung als medizinisch notwendig. Eine medizinische Behandlung, die als nicht notwendig angesehen wird, werde im Regelfall nicht unaufschiebbar im Sinne des Abs. 4 sein. Das versteht sich eigentlich von selbst.

Zweifelhafte Kostenübernahme

Das Patientenrechtegesetz regelt Aufklärung und Einwilligung in zwei zentralen Normen: §§ 630d und 630e BGB. Daneben kennt es Informationspflichten, z.B. in § 630c BGB.

Die Abgrenzung von Aufklärungspflichten und Informationspflichten, wie sie das Patientenrechtegesetz vornimmt, ist durchaus sinnvoll, weil sie die bisherigen begrifflichen Unschärfen im weiten Kreis der durch die Rechtsprechung im Laufe der letzten Jahrzehnte entwickelten Aufklärungspflichten und die daran jeweils anknüpfende bedeutsame Frage nach den Beweislasten etwas klärt: Für die Verletzung der Informationspflichten des § 630c BGB ist der Patient, für die Erfüllung der Aufklärungspflichten des § 630e BGB ist der Behandelnde beweispflichtig, ebenso dafür, dass der Patient in die Behandlung eingewilligt hat (§ 630f Abs. 2 Satz 1 BGB).

Klärung der Beweislasten

5
§ 630d BGB
Einwilligung

Text:

„(1) Vor Durchführung einer medizinischen Maßnahme, insbesondere eines Eingriffs in den Körper oder die Gesundheit, ist der Behandelnde verpflichtet, die Einwilligung des Patienten einzuholen. Ist der Patient einwilligungsunfähig, ist die Einwilligung eines hierzu Berechtigten einzuholen, soweit nicht eine Patientenverfügung nach § 1901a Absatz 1 Satz 1 die Maßnahme gestattet oder untersagt. Weitergehende Anforderungen an die Einwilligung aus anderen Vorschriften bleiben unberührt. Kann eine Einwilligung für eine unaufschiebbare Maßnahme nicht rechtzeitig eingeholt werden, darf sie ohne Einwilligung durchgeführt werden, wenn sie dem mutmaßlichen Willen des Patienten entspricht.

(2) Die Wirksamkeit der Einwilligung setzt voraus, dass der Patient oder im Falle des Absatzes 1 Satz 2 der zur Einwilligung Berechtigte vor der Einwilligung nach Maßgabe von § 630e Absatz 1 bis 4 aufgeklärt worden ist.

(3) Die Einwilligung kann jederzeit und ohne Angabe von Gründen formlos widerrufen werden."

Änderungswünsche des Bundesrates:

Der Bundesrat hatte nur wenige Änderungswünsche zum Wortlaut. Sie sind in den nachfolgenden Text eingepflegt (Änderungen sind farblich hervorgehoben, Weglassungen durch Durchstreichen gekennzeichnet):

„(1) Vor Durchführung einer medizinischen Maßnahme, insbesondere eines Eingriffs in den Körper oder die Gesundheit, ist der Behandelnde verpflichtet, die Einwilligung des Patienten oder eines hierzu Berechtigten einzuholen. ~~Ist der Patient einwilligungsunfähig, ist die Einwilligung eines hierzu Berechtigten einzuholen, soweit nicht eine Patientenverfügung nach § 1901a Abs. 1 Satz 1 die Maßnahme gestattet oder untersagt.~~ Die Vorschriften der §§ 1901a und

Keine Behandlung ohne Einwilligung (§ 630d Abs. 1 Satz 1 BGB)

1901b sowie weitergehende Anforderungen an die Einwilligung aus anderen Vorschriften bleiben unberührt. ~~Weitergehende Anforderungen an die Einwilligung aus anderen Vorschriften bleiben unberührt.~~ Kann eine Einwilligung für eine unaufschiebbare Maßnahme nicht rechtzeitig eingeholt werden, darf sie ohne Einwilligung durchgeführt werden, wenn sie dem mutmaßlichen Willen des Patienten entspricht.

(2) Die Wirksamkeit der Einwilligung setzt voraus, dass der Patient oder im Falle des Absatzes 1 Satz 2 der zur Einwilligung Berechtigte vor der Einwilligung nach Maßgabe von § 630e aufgeklärt worden ist.

(3) Die Einwilligung kann ~~jederzeit und~~ ohne Angabe von Gründen formlos widerrufen werden."

Keine Behandlung ohne Einwilligung (§ 630d Abs. 1 Satz 1 BGB)

> **Text** des § 630d Abs. 1 Satz 1 BGB:
> „Vor Durchführung einer medizinischen Maßnahme, insbesondere eines Eingriffs in den Körper oder die Gesundheit, ist der Behandelnde verpflichtet, die Einwilligung des Patienten einzuholen."

Kommentierung:

Rechtsgrundsätze schon seit 1894

§ 630d BGB enthält einen schon seit langer Zeit anerkannten Rechtsgrundsatz: Keine medizinische Maßnahme (Diagnostik, Untersuchung, Behandlung) ohne wirksame Einwilligung des Patienten! Die entsprechenden Rechtsgrundsätze entwickelte schon das Reichsgericht (RG) in Urteilen vom 31.05.1894 – 1406/94 – und 27.05.1908 – VI 484/07. Damals wurde noch gelegentlich aus dem Beruf des staatlich approbierten Arztes eine Art „Gewaltherrschaft" über den Patienten abgeleitet, sodass es auf den Willen des Patienten nur ankomme, wenn dieser eindeutig gegenteilig sei. Das RG befasste sich in der auch heute noch sehr lesenswerten Entscheidung vom 31.05.1894 – 1406/94 – eingehend mit diesem Gedankengang.

Die Einwilligung ist einzuholen

- vom Patienten,
- wenn dieser minderjährig ist, von den Personensorgeberechtigten, also in der Regel den Eltern,
- bei Volljährigen, die auf Grund einer psychischen Krankheit oder einer körperlichen, geistigen oder seelischen Behinderung ihre Angelegenheiten ganz oder teilweise nicht besorgen können (§ 1896 BGB), vom Betreuer.

Keine Behandlung ohne Einwilligung (§ 630d Abs. 1 Satz 1 BGB)

Gegebenenfalls kann auch die mutmaßliche Einwilligung ausreichen. Vor der Durchführung einer medizinischen Maßnahme muss der Behandelnde die Einwilligung des Patienten in die Maßnahme einholen.

Behandler muss Einwilligung einholen

Bei § 630d BGB lässt sich der Gesetzgeber von der Überlegung leiten, dass eine medizinische Maßnahme Auswirkungen auf Leben, Körper bzw. Gesundheit des Patienten haben kann. Dies dürfe nur mit dem Willen des Patienten geschehen. Nach heutigem Rechtsverständnis gehe es bei der Forderung nach der Einwilligung zum einen um die Wahrung des Selbstbestimmungsrechts des Patienten im Sinne der zivilrechtlichen Konkretisierung der Verfassungsgarantie auf freie Entfaltung der Persönlichkeit und auf Achtung der persönlichen Würde des Patienten, zum anderen aber auch um den Rechtsgüterschutz des Deliktsrechts (§§ 823 ff. BGB), nämlich für die Frage nach der Rechtswidrigkeit des Eingriffs bzw. seiner Rechtfertigung. Mangels ausdrücklicher gesetzlicher Regelung des Behandlungsvertragsrechts habe die Rechtsprechung bislang insoweit nicht immer trennscharf zwischen Vertrags- und Deliktsrecht unterschieden. Das solle sich mit der neuen Regelung in § 630d BGB ändern, indem die Einwilligung nun ausdrücklich in die vertraglichen Pflichten des Behandlungsvertrages einbezogen wird.

Selbstbestimmungsrecht des Patienten

Deliktsrecht

Die Betonung der vertraglichen Pflichtenseite ändert nichts daran, dass die Einwilligung auch aus strafrechtlicher Sicht erforderlich ist. Es sei auf die schon zitierte erste Entscheidung des RG vom 31.05.1894 – 1406/94 – zu dieser Thematik hinzuweisen. Dabei handelt es sich um ein Strafurteil.

Strafrecht

§ 630d Abs. 1 Satz 1 BGB enthält die vertragliche Pflicht, vor der Durchführung einer medizinischen Maßnahme, insbesondere eines Eingriffs in den Körper oder die Gesundheit des Patienten, seine Einwilligung einzuholen. Es soll nach der Regierungsbegründung allein dem mündigen Patienten obliegen, über den eigenen Körper und die insoweit durchzuführenden Maßnahmen zu entscheiden. Der Patient dürfe nicht Objekt der Behandlung sein, sondern müsse als eigenverantwortliches Subjekt über die Durchführung der Behandlung entscheiden können.

Patient entscheidet über den eigenen Körper

Ausdrückliche Frage nach der Einwilligung

Für die Einholung der Einwilligung ist es erforderlich, dass der Behandelnde den Patienten, nachdem er ihn vorher in verständlicher Weise ordnungsgemäß aufgeklärt hat, ausdrücklich und unmissverständlich fragt, ob er in die Maßnahme einwilligt. Die Einwilligung ist eingeholt, wenn der Patient einwilligt. Ist diese Voraussetzung nicht erfüllt und führt der Behandelnde die Maßnahme ohne eingeholte Einwilligung durch, so macht er sich nach § 280 Abs. 1 BGB vertraglich und nach § 823 Abs. 1 BGB auch deliktsrechtlich schadensersatzpflichtig, von der Strafbarkeit wegen vorsätzlicher Körperverletzung nach § 223 StGB ganz abgesehen.

Beweis der Einwilligung

Von entscheidender Bedeutung ist, dass die Einwilligung in der Behandlungsdokumentation festgehalten wird. Denn dass der Patient einverstanden war, muss der Behandler beweisen (§ 630h Abs. 2 Satz 1, 1. Alt. BGB).

Einwilligungsfähigkeit (§ 630d Abs. 1 Sätze 2 und 3 BGB)

> **Text** des § 630d Abs. 1 Sätze 2 und 3 BGB:
> „Ist der Patient einwilligungsunfähig, ist die Einwilligung eines hierzu Berechtigten einzuholen, soweit nicht eine Patientenverfügung nach § 1901a Absatz 1 Satz 1 die Maßnahme gestattet oder untersagt. Weitergehende Anforderungen an die Einwilligung aus anderen Vorschriften bleiben unberührt."

Kommentierung:

§ 630d Abs. 1 Satz 2 regelt den Fall, dass der Patient in der aktuellen Situation nicht fähig ist, selbst in die Behandlung einzuwilligen. Entscheidend für die Einwilligungsfähigkeit ist nach heutigem Verständnis die natürliche Willensfähigkeit des Patienten. Die Einwilligungsfähigkeit erfordert daher weder Volljährigkeit noch reicht diese aus. Dies ist bei der Behandlung von Minderjährigen von großer Bedeutung, aber auch bei der Behandlung von sog. gebrechlichen Personen i.S. des § 1896 BGB, die alle volljährig sind.

Definition der Einwilligungsfähigkeit

Das Einsichtsvermögen und die Urteilskraft des Patienten müssen so weit vorhanden sein, dass dieser in der Lage ist, die Aufklärung zu verstehen, den Nutzen einer Behandlung gegen deren Risiken abzuwägen und eine eigenverantwortliche Entscheidung zu treffen. Der Behandelnde muss sich – was im Einzelfall mehr als schwierig sein kann – davon überzeugen, dass der Patient die natürliche Einsichts- und Steuerungsfähigkeit besitzt und Art, Bedeutung, Tragweite sowie Risiken der medizinischen Maßnahme erfassen und seinen Willen hiernach ausrichten kann.

Eigenverantwortliche Entscheidung des Patienten

Beruft sich der Patient – typischerweise dann, wenn die Dinge schiefgelaufen sind – auf Einwilligungsunfähigkeit, muss der Patient sie beweisen.

Beweis der Einwilligungsfähigkeit

Dem behandelnden Zahnarzt ist dringend zu empfehlen, in Zweifelsfällen genau zu dokumentieren, warum er von Einwilligungsfähigkeit ausgegangen ist.

Altersgrenzen für die Einwilligungsunfähigkeit

Eine starre Altersgrenze für die Einwilligungsunfähigkeit lässt sich nicht mehr ziehen, was insbesondere bei der Behandlung von Jugendlichen ein Problem ist (in der Frauenheilkunde auch bei der Behandlung von Kindern). Grundsätzlich wird davon auszugehen sein, dass Volljährige einwilligungsfähig sind. Bei Minderjährigen kommt es seit der Entscheidung des BGH vom 10.10.2006 – VI ZR 74/05 – auf die Umstände des Einzelfalles an, ob die Eltern als gesetzliche Vertreter, gegebenenfalls der Minderjährige allein oder der Minderjährige und seine Eltern gemeinsam einwilligen müssen. Die Einwilligungsfähigkeit Minderjähriger ist im Regelfall dann gegeben, wenn sie über die behandlungsspezifische natürliche Einsichtsfähigkeit verfügen. Das nimmt man heute meist bei Minderjährigen an, die das **14. Lebensjahr vollendet** haben.

Einwilligung bei einwilligungsunfähigem Patienten

Ist der Patient nach diesen Maßstäben unfähig, selbst in die Durchführung einer medizinischen Maßnahme einzuwilligen, so obliegt es dem Behandelnden (!), die Einwilligung eines hierzu Berechtigten – etwa seines Vormundes, Betreuers, gesetzlichen Vertreters oder rechtsgeschäftlich Bevollmächtigten – einzuholen (§§ 1901 ff. BGB). Hat der Patient für den Fall seiner Einwilligungsunfähigkeit in einer Patientenverfügung (§ 1901a) Festlegungen zu seiner Einwilligung oder Untersagung bestimmter Behandlungen getroffen, so gelten diese. Das dürfte in der Zahnmedizin allerdings nur im Bereich der Onkologie relevant werden, also vor allem für Mund-, Kiefer- und Gesichtschirurgen.

Aufklärungsverzicht in der Patientenverfügung

Eine Patientenverfügung, die eine Einwilligung in eine ärztliche Maßnahme enthält, ist nur mit vorangegangener ärztlicher Aufklärung oder bei erklärtem Aufklärungsverzicht wirksam. Enthält eine Patientenverfügung keinen ausdrücklich erklärten Verzicht auf eine ärztliche Aufklärung, ist die Patientenverfügung in diesen Fällen nur als Indiz für den mutmaßlichen Willen zu werten. Es bedarf dann immer einer Entscheidung des Betreuers oder des Bevollmächtigten über die Zulässigkeit des ärztlichen Eingriffs. Die Ablehnung einer ärztlichen Maßnahme in einer Patientenverfügung ist unabhängig von einer ärztlichen Aufklärung wirksam (s. § 1901a Abs. 1 Satz 2 BGB).

Mutmaßliche Einwilligung (§ 630d Abs. 1 Satz 4 BGB)

Text des § 630d Abs. 1 Satz 4 BGB:
„Kann eine Einwilligung für eine unaufschiebbare Maßnahme nicht rechtzeitig eingeholt werden, darf sie ohne Einwilligung durchgeführt werden, wenn sie dem mutmaßlichen Willen des Patienten entspricht."

Kommentierung:

§ 630d Abs. 1 Satz 4 BGB regelt schließlich die in der Praxis bedeutsamste Ausnahme von der Pflicht zur Einholung der Einwilligung. Danach darf eine nicht aufschiebbare Maßnahme, für die eine Einwilligung nicht rechtzeitig eingeholt werden kann, ausnahmsweise auch ohne die Einwilligung durchgeführt werden, wenn die Durchführung der Maßnahme dem mutmaßlichen Willen des Patienten entspricht.

Nicht aufschiebbare Maßnahme ohne Einwilligung

Das ist die klassische Situation, wenn der Patient nicht aufgeklärt werden kann, weil er entweder nicht ansprechbar oder – z.B. als Kind – nicht einwilligungsfähig und niemand zu erreichen ist, der an seiner Stelle einwilligungsberechtigt wäre. Das gilt insbesondere im Notfall, ist in der Zahnheilkunde also beim klassischen Schmerzfall denkbar, bei dem durch einen Aufschub Gefahren für das Leben oder für die Gesundheit des Patienten drohen. Man kann einem Kind die Qualen eines Abszesses nicht deshalb zumuten, weil es Stunden dauert, einen Erziehungsberechtigten aufzutreiben.

Notfall

Die Behandlung selbst muss zudem dem mutmaßlichen Willen des Patienten entsprechen. Der Inhalt dieses mutmaßlichen Willens ist – jedenfalls in der Theorie, in der Praxis ist das häufig nicht möglich – nach den Vorstellungen der Rechtsprechung (s. z.B. BGH, 02.11.1976 – VI ZR 134/75; BGH, 04.10.1999 – 5 StR 712/98), denen sich der

Mutmaßlicher Wille des Patienten

Gesetzgeber nach der Begründung des Regierungsentwurfs anschließt, primär aus den persönlichen Umständen des Betroffenen und seinen individuellen Interessen, Wünschen, Bedürfnissen und Wertvorstellungen zu ermitteln. Objektive Kriterien, etwa wie sich ein verständiger durchschnittlicher Patient üblicherweise entscheiden würde, träten in den Hintergrund. Diese könnten lediglich für die Ermittlung des individuellen hypothetischen Willens des Patienten herangezogen werden.

Keine Einwilligung ohne Aufklärung (§ 630d Abs. 2 BGB)

Text des § 630d Abs. 2 BGB:

„Die Wirksamkeit der Einwilligung setzt voraus, dass der Patient oder im Falle des Absatzes 1 Satz 2 der zur Einwilligung Berechtigte vor der Einwilligung nach Maßgabe von § 630e Absatz 1 bis 4 aufgeklärt worden ist."

Kommentierung:

§ 630d Abs. 2 BGB enthält – in Übereinstimmung mit der bisherigen Rechtsprechung – die Feststellung, dass die vom Behandelnden einzuholende Einwilligung im Regelfall eine ordnungsgemäße Aufklärung nach § 630e BGB voraussetzt (BVerfG, 23.10.2007 – 2 BvR 2090/05; BGH, 20.12.2007 – 1 StR 576/07; BGH, 22.12.2010 – 3 StR 239/10). Nach § 630e Abs. 1 BGB ist dafür grundsätzlich die Aufklärung über sämtliche für die Einwilligung wesentlichen Umstände erforderlich. Ist diese Voraussetzung nicht erfüllt und führt der Behandelnde die Behandlung gleichwohl ohne die Einholung einer wirksamen Einwilligung durch, so verletzt er dadurch nicht nur das Selbstbestimmungsrecht des Patienten, sondern auch seine vertraglichen Pflichten im Sinne des § 280 Abs. 1 BGB mit der potenziellen Konsequenz der Schadensersatzhaftung und – zwangsläufig – dem Risiko der Strafbarkeit wegen vorsätzlicher Körperverletzung nach § 223 StGB.

Voraussetzung: ordnungsgemäße Aufklärung

Widerruf der Einwilligung (§ 630d Abs. 3 BGB)

Text des § 630d Abs. 3 BGB:
„Die Einwilligung kann jederzeit und ohne Angabe von Gründen formlos widerrufen werden."

Kommentierung:

Widerruf jederzeit möglich

§ 630d Abs. 3 BGB enthält die Vorgabe, dass die Einwilligung jederzeit und formlos ohne Angabe von Gründen widerrufen werden kann. Dies wahre das Selbstbestimmungsrecht des Patienten. Der Bundesrat wies zu Recht darauf hin, dass man „jederzeit" auch dahin deuten könnte, dass der Widerruf nachträglich – also nach durchgeführter medizinischer Maßnahme – erfolgen könne, und empfiehlt daher die eingangs dargestellte Streichung. Rückwirkend ist sicher nicht gemeint und nach bisherigem Rechtsverständnis auch nicht möglich.

Verständigung über den Widerruf

Der formlose Widerruf bringt in der Praxis das Problem mit sich, dass man sich mit dem Patienten darüber verständigen muss, wann er nicht mehr einverstanden ist, wenn er – wie z.B. unter Kofferdam-Behandlung – nicht in der Lage ist, zu sprechen. In der Praxis lassen sich hier manche merkwürdigen Fallgestaltungen erwarten.

Auch ein formloser Widerruf muss dem Zahnarzt als Behandler zugehen, also von ihm als Widerruf verstanden werden müssen. Wenn der Patient sich auch formlos unklar ausdrückt, ist das kein wirksamer Widerruf.

Rechtsprechung zur Einwilligung

- BGH, 22.02.1978 – 2 StR 372/77: Ein Patient, der in laienhaftem Unverstand aufgrund einer unsinnigen selbstgestellten Diagnose von einem Zahnarzt eine umfassende Extraktion seiner Zähne wünscht, erteilt damit keine wirksame Einwilligung zu dieser Maßnahme.

6
§ 630e BGB Aufklärungspflichten

Text:

„(1) Der Behandelnde ist verpflichtet, den Patienten über sämtliche für die Einwilligung wesentlichen Umstände aufzuklären. Dazu gehören in der Regel insbesondere Art, Umfang, Durchführung, zu erwartende Folgen und Risiken der Maßnahme sowie ihre Notwendigkeit, Dringlichkeit, Eignung und Erfolgsaussichten im Hinblick auf die Diagnose oder die Therapie. Bei der Aufklärung ist auch auf Alternativen zur Maßnahme hinzuweisen, wenn mehrere medizinisch gleichermaßen indizierte und übliche Methoden zu wesentlich unterschiedlichen Belastungen, Risiken oder Heilungschancen führen können.

(2) Die Aufklärung muss
1. mündlich durch den Behandelnden oder durch eine Person erfolgen, die über die zur Durchführung der Maßnahme notwendige Befähigung verfügt; ergänzend kann auch auf Unterlagen Bezug genommen werden, die der Patient in Textform erhält;
2. so rechtzeitig erfolgen, dass der Patient seine Entscheidung über die Einwilligung wohlüberlegt treffen kann;
3. für den Patienten verständlich sein.

Dem Patienten sind Abschriften von Unterlagen, die er im Zusammenhang mit der Aufklärung oder Einwilligung unterzeichnet hat, auszuhändigen.

(3) Der Aufklärung des Patienten bedarf es nicht, soweit diese ausnahmsweise auf Grund besonderer Umstände entbehrlich ist, insbesondere wenn die Maßnahme unaufschiebbar ist oder der Patient auf die Aufklärung ausdrücklich verzichtet hat.

(4) Ist nach § 630d Abs. 1 Satz 2 die Einwilligung eines hierzu Berechtigten einzuholen, ist dieser nach Maßgabe der Absätze 1 bis 3 aufzuklären."

(5) Im Fall des § 630d Absatz 1 Satz 2 sind die wesentlichen Umstände nach Absatz 1 auch dem Patienten entsprechend seinem Verständnis zu erläutern, soweit dieser auf Grund seines Entwicklungsstandes und seiner Verständnismöglichkeiten in der Lage ist, die Erläuterung aufzunehmen, und soweit dies seinem Wohl nicht zuwider läuft. Absatz 3 gilt entsprechend.

Änderungswünsche des Bundesrates:

Der Bundesrat hatte auch zu § 630e BGB nur wenige Änderungswünsche. Sie sind in den nachfolgenden Text eingepflegt (Änderungen sind farblich hervorgehoben, Weglassungen durch Durchstreichen gekennzeichnet):

„(1) Der Behandelnde ist verpflichtet, den Patienten über sämtliche für die Einwilligung wesentlichen Umstände aufzuklären. Dazu gehören in der Regel insbesondere Art, Umfang, Durchführung, zu erwartende Folgen und Risiken der Maßnahme sowie ihre Notwendigkeit, Dringlichkeit, Eignung und Erfolgsaussichten im Hinblick auf die Diagnose oder die Therapie. Sofern evidenzbasierte Patienteninformationen vorhanden sind, sind diese dem Patienten anzubieten. Bei der Aufklärung ist auch auf Alternativen zur Maßnahme hinzuweisen, wenn mehrere medizinisch gleichermaßen indizierte und übliche Methoden zu wesentlich unterschiedlichen Belastungen, Risiken oder Heilungschancen führen können.

(2) Die Aufklärung muss

- mündlich durch den Behandelnden oder durch eine Person erfolgen, die über die ~~zur Durchführung der Maßnahme notwendige~~ gleiche fachliche Befähigung und Qualifikation wie der Behandelnde verfügt; ergänzend kann auch auf Unterlagen Bezug genommen werden, die der Patient in Textform erhält;
- so rechtzeitig erfolgen, dass der Patient seine Entscheidung über die Einwilligung wohlüberlegt treffen kann;
- für den Patienten verständlich sein.

(3) Der Aufklärung des Patienten bedarf es nicht, soweit ~~diese ausnahmsweise auf Grund besonderer Umstände entbehrlich ist, insbesondere wenn~~ die Maßnahme unaufschiebbar und eine Aufklärung des Patienten unmöglich ist oder der Patient auf die Aufklärung ausdrücklich verzichtet hat.

(4) Ist nach § 630d Abs. 1 Satz 2 die Einwilligung eines hierzu Berechtigten einzuholen, ist dieser nach Maßgabe der Absätze 1 bis 3 aufzuklären."

Vorbemerkungen

§ 630e BGB betrifft die Pflicht zur sog. Eingriffs- und Risikoaufklärung (Selbstbestimmungsaufklärung). Sie bildet die hierzu bestehende Rechtsprechung ab – leider ohne diese kritisch zu hinterfragen, was angesichts des Auffangcharakters der Aufklärungsrüge gegenüber der Behandlungsfehlerrüge und der in diesem Bereich für den Behandler herrschenden Rechtsunsicherheit eigentlich geboten wäre.

Selbstbestimmung über die eigene Person

Der Anspruch des Patienten auf eine angemessene Aufklärung über die Tragweite, die Chancen und die Gefahren der medizinischen Maßnahme, in die er einwilligen soll, ist nach modernem Rechtsverständnis Ausfluss seines Selbstbestimmungsrechts über seine Person (s. z.B. BVerfG, 18.11.2004 – 1 BvR 2315/04; BGH, 09.12.1958 – VI ZR 203/57). Das gilt auch für die Pflicht zur Aufklärung über Behandlungsalternativen (s. z.B. BGH, 14.09.2004 – VI ZR 186/03).

Ausreichende Entscheidungsgrundlage für die Einwilligung

Die Aufklärung soll nicht medizinisches Detailwissen vermitteln, sondern dem Patienten die Schwere und Tragweite der vorgesehenen medizinischen Maßnahme verdeutlichen, sodass er eine ausreichende Entscheidungsgrundlage für die Entscheidung erhält, ob er in die Maßnahme einwilligt.

Grundsätzlich richten sich Art und Weise sowie Umfang und Intensität der Aufklärung nach der jeweiligen konkreten Behandlungssituation. Deshalb ist es so schwierig, allgemein festzulegen, worüber im Einzelfall aufzuklären ist.

Adressat der Aufklärung (§ 630e Abs. 1 Satz 1 BGB)

Text des § 630e Abs. 1 Satz 1 BGB:
„Der Behandelnde ist verpflichtet, den Patienten über sämtliche für die Einwilligung wesentlichen Umstände aufzuklären."

Kommentierung:

Primärer Adressat der Aufklärung ist nach § 630e Abs. 1 Satz 1 BGB der Patient, der in die Durchführung der medizinischen Maßnahme einwilligen soll. Deshalb muss der Behandelnde den Patienten über sämtliche für die Einwilligung wesentlichen Umstände aufklären.

Adressat ist der Patient

Inhalt der Aufklärung
(§ 630e Abs. 1 Satz 2 BGB)

> **Text** des § 630e Abs. 1 Satz 2 BGB:
> „Dazu gehören insbesondere Art, Umfang, Durchführung, zu erwartende Folgen und Risiken der Maßnahme sowie ihre Notwendigkeit, Dringlichkeit, Eignung und Erfolgsaussichten im Hinblick auf die Diagnose oder die Therapie."

Kommentierung:

Nach § 630e Abs. 1 Satz 2 BGB ist – entsprechend der bisherigen Rechtsprechung – i.d.R. aufzuklären über

Für die Einwilligung wesentliche Umstände

- Art,
- Umfang,
- Durchführung,
- zu erwartende Folgen,
- zu erwartende Risiken der Maßnahme sowie ihre
- Notwendigkeit,
- Dringlichkeit,
- Eignung und
- Erfolgsaussichten

Im Einzelfall weitere Aufklärung

im Hinblick auf die Diagnose oder die Therapie. Die Aufzählung ist beispielhaft und nicht abschließend. Im Einzelfall kann es erforderlich sein, über weitere Umstände aufzuklären. Eine solche Ergänzung schwebte dem Bundesrat mit dem Angebot evidenzbasierter Patienteninformationen vor. Die Aufklärung als Grundlage des Selbstbestimmungsrechts soll dem Patienten aufzeigen, was der Eingriff für seine persönliche Situation bedeuten kann. Er soll Art und Schwere des Eingriffs erkennen und ein allgemeines Bild von der Schwere und der Richtung des konkreten Risikospektrums gewinnen können. Risiken dürfen nicht dramatisiert, aber auch nicht verharmlost werden. Erforderlich ist eine klare, den konkreten Fall vollständig erfassende Risikobeschreibung (OLG Dresden, 24.09.2009 – 4 U 1744/08).

Art und Schwere des Eingriffs, Risiken

Alternativenaufklärung (§ 630e Abs. 1 Satz 3 BGB)

Text des § 630e Abs. 1 Satz 3 BGB:

„Bei der Aufklärung ist auch auf Alternativen zur Maßnahme hinzuweisen, wenn mehrere medizinisch gleichermaßen indizierte und übliche Methoden zu wesentlich unterschiedlichen Belastungen, Risiken oder Heilungschancen führen können."

Kommentierung:

Auswirkungen der Alternativen

Der Patient ist nach § 630e Abs. 1 Satz 3 BGB über bestehende Alternativen zur Behandlung aufzuklären, wenn mehrere medizinisch gleichermaßen indizierte und übliche Methoden zu wesentlich unterschiedlichen Belastungen, Risiken oder Heilungschancen führen können. In der Gesetzesbegründung wird dazu ausgeführt:

Wahlrecht des Patienten

„Zwar folgt aus dem Grundsatz der Therapiefreiheit das Recht des Behandelnden, die konkrete Methode zur Behandlung nach pflichtgemäßem Ermessen frei zu wählen. Er ist insoweit nur an die jeweils geltenden fachlichen Standards nach § 630a Abs. 2 BGB gebunden. Gleichwohl gebietet das Selbstbestimmungsrecht des Patienten, diesem als Subjekt der Behandlung die Wahl zwischen mehreren in Betracht kommenden Alternativen zu überlassen." (BGH, 15.03.2005 – VI ZR 313/03)

Therapeutische Verfahren in der Erprobung

„Über therapeutische Verfahren, die sich erst in der Erprobung befinden und damit noch nicht zum medizinischen Standard rechnen, muss der Behandelnde den Patienten allerdings nicht ungefragt aufklären, selbst wenn sie an sich als Therapiealternativen in Betracht kämen."

Häufigste behauptete Pflichtverletzung

Die Verletzung der Pflicht zur Aufklärung über Behandlungsalternativen ist die in Honorarprozessen am häufigsten von Patientenseite behauptete Pflichtverletzung, sofern er mit dem meist zuerst erhobenen Vorwurf eines Behandlungsfehlers nach den Ausführungen des Gutachters nicht zum Zuge kommt. Die hieran von der Rechtsprechung gestellten Anforderungen nehmen immer mehr zu (s. dazu noch nachstehend OLG Koblenz, 20.07.2006 – 5 U 180/06 – mit seinen sehr in die Details gehenden Betrachtungen zu den im konkreten Fall nach Ansicht des zahnärztlichen Gutachters gegebenen Behandlungsalternativen).

Es geht bei dieser Aufklärungspflicht der Sache nach darum, den Patienten selbst über seine Behandlung entscheiden zu lassen. Der Zahnarzt soll ihn im Sinne der Herbeiführung einer sachgerechten Entscheidung beraten. Dazu sind dem Patienten die <u>ernsthaft</u> in Betracht kommenden Therapiealternativen darzulegen.

Beratung zur sachgerechten Entscheidung

Grundsätzlich ist die Wahl der konkreten Behandlungsmethode Sache des Zahnarztes. Stehen im konkreten Behandlungsfall jedoch – wie in der Zahnmedizin fast immer – mehrere zahnmedizinisch gleichermaßen indizierte Behandlungsmethoden mit unterschiedlichen Risiken und Erfolgschancen zur Verfügung, zwischen denen der Patient eine echte Wahlmöglichkeit hat, ist es – mit Rücksicht auf das Selbstbestimmungsrecht des Patienten – erforderlich, diesem die Entscheidung darüber zu überlassen, auf welchem Weg die Behandlung erfolgen soll und auf welches Risiko er sich einlassen will. Dies kann bereits dann gelten, wenn die alternative Maßnahme zwar nicht zu einer Heilung, bei geringerem Risiko und geringerer Belastung zumindest aber für eine gewisse Zeit zur Linderung der Beschwerden und Beeinträchtigungen führen kann.

Echte Wahlmöglichkeit des Patienten

Ob sich eine Therapiealternative bietet, entscheidet sich grundsätzlich nach den (anerkannten) Behandlungsverfahren der Zahnmedizin, nicht nach den in der Praxis des Behandlers (nur) angebotenen Verfahren. Der Zahnarzt muss den Patienten auch dann über zahnmedizinisch sinnvolle Behandlungsalternativen aufklären, wenn er diese selbst nicht durchführen kann oder will. Das ist im Bereich der Implantologie angesichts des Umstands, dass erst eine Minderheit der deutschen Zahnärzte überhaupt implantiert, ein rechtlich erhebliches Problem geworden. Dies gilt auch für den Hinweis auf neue Diagnoseverfahren,

Alternativangebote nach anerkannten Verfahren

aktuell also die Fragestellung nach der Aufklärung über die (ergänzende) Diagnostik mittels DVT oder ggf. CT.

Aufklärung über neuartige Verfahren

Über neuartige Verfahren, die sich noch in der Erprobung befinden bzw. sich noch nicht durchgesetzt haben, muss der Zahnarzt nicht aufklären, solange bewährte und mit vergleichsweise geringem Risiko behaftete Diagnose- und Behandlungsmethoden zur Verfügung stehen, es sei denn, diese bieten dem Patienten entscheidende Vorteile. Bei der Aufklärung über neuartige Behandlungsmethoden müssen dem Patienten nicht nur die Risiken und die Gefahr eines Misserfolges des Eingriffs erläutert werden, sondern er ist auch darüber aufzuklären, dass der geplante Eingriff (noch) nicht medizinischer Standard ist und seine Wirksamkeit statistisch (noch) nicht abgesichert ist. Der Patient muss wissen, auf was er sich einlässt, um abwägen zu können, ob er die Risiken einer (eventuell nur relativ indizierten) Behandlung und deren Erfolgsaussichten im Hinblick auf seine Befindlichkeit vor dem Eingriff eingehen will (BGH, 22.05.2007 – VI ZR 35/06).

Versorgung von Kassenpatienten als Selbstzahler

Umstritten ist seit längerem auch die Frage, ob und ggf. in welchem Umfang eine Rechtspflicht besteht, in der gesetzlichen Krankenversicherung versicherte Patienten, also sog. Kassenpatienten, darauf hinzuweisen, dass die Möglichkeit besteht, sich außerhalb des Sachleistungssystems und – wegen der weitgehenden Leistungsausschlüsse des § 28 Abs. 2 Satz 9 SGB V in der Implantologie auch außerhalb des Kostenerstattungssystems – als echter Selbstzahler besser versorgen zu lassen (s. dazu die Nachweise in BDIZ EDI [Hrsg.], Gutachterhandbuch Implantologie, 2. Aufl., 2005, S. 113, Fußnote 175). Diese Pflicht ist insbesondere vor dem Hintergrund des § 12 Abs. 1 SGB V (Wirtschaftlichkeitsgebot) relevant. Diese Frage ist m.E. zu bejahen und wird auch von den Gerichten zunehmend bejaht (OLG Oldenburg, 14.11.2007 – 5 U 61/07).

Wirtschaftliche Beratungspflicht

Man darf die Aufklärung über die möglichen Therapiealternativen allerdings nicht mit Systemfragen vermischen. Ob eine angebotene Therapiealternative Leistungsbestandteil der gesetzlichen Krankenversicherung ist, ob sie von der Beihilfe bezahlt wird oder ob die privaten Krankenversicherungen die Variante üblicherweise für nicht medizinisch notwendig halten, ist keine Frage nach der Aufklärung über Therapiealternativen, sondern nach der wirtschaftlichen Beratungspflicht.

In diesem Zusammenhang sei im Hinblick auf die Thematik der Aufklärung über Behandlungsmöglichkeiten als Selbstzahler auch bei Kassenpatienten auf ein diese Thematik in einem Zahnarzthaftungsfall erstmals aufgreifendes Urteil des BGH vom 06.07.2004 – VI ZR 266/03 – hingewiesen. Es ging dabei um die Frage, ob und unter welchen Voraussetzungen die dem erstbehandelnden Vertragszahnarzt missglückte Prothetik vom Nachbehandler als Privatleistung zu Lasten des Erstbehandlers bzw. dessen Berufshaftpflichtversicherers nachgeholt werden darf. Der BGH entschied:

Nachholen einer Leistung

„*Die Haftpflicht des Schädigers kann die Übernahme der Kosten einer privatärztlichen Behandlung für einen geschädigten Kassenpatienten umfassen, wenn nach den Umständen des Einzelfalls feststeht, dass das Leistungssystem der gesetzlichen Krankenversicherung nur unzureichende Möglichkeiten zur Schadensbeseitigung bietet oder die Inanspruchnahme der vertragsärztlichen Leistung aufgrund besonderer Umstände ausnahmsweise dem Geschädigten nicht zumutbar ist.*"

Mit dieser Entscheidung ist wohl ein Damm gebrochen. Künftig wird die Frage in Haftungsfällen vermehrt lauten, warum die Privatbehandlung nicht gemacht wurde, oder zumindest, warum der Patient nicht über die Möglichkeit der Behandlung als Selbstzahler und deren Vorzüge aufgeklärt wurde.

Zu den Behandlungsalternativen gehört stets auch die Option der Nichtbehandlung. Über diese Möglichkeit und ggf. die Konsequenzen einer solchen Entscheidung ist der Patient ebenfalls aufzuklären, und zwar desto eingehender, je schlimmer die Konsequenzen für ihn wären.

Option der Nichtbehandlung

Für den Bereich der Implantologie ist abzusehen, dass sich neben dem aus anderen Gründen erledigten Streit um die Aufklärungspflicht über BOI-Implantate als Alternative zu enossalen Implantaten auch demnächst die Frage stellen wird, ob man über die Unterschiede von schraubenförmigen und zylinderförmigen Implantaten aufklären muss.

Aufklärungspflicht in der Implantologie

Der vom Behandler zu leistende Umfang der Aufklärung über Behandlungsalternativen bleibt auch nach der gesetzlichen Regelung ebenso unklar wie der Umfang der Aufklärung über das mit der Behandlung

Umfang der Aufklärung unklar

bzw. Maßnahme verbundene Risiko. Besonders prägnant ist dazu im zahnmedizinischen Bereich nach wie vor die schon erwähnte Entscheidung des OLG Koblenz vom 20.07.2006 – 5 U 180/06. Für die Versorgung einer doch recht überschaubaren Ausgangssituation mit einem Restzahnbestand im Oberkiefer 12, 11, 21, 22, 23 sowie einem ausgeprägten Bruxismus hatte der Gutachter folgende Ideen zur Versorgung:

„Es sind <u>zahlreiche</u> Alternativen denkbar, so wäre z.B. auch die Entfernung der wurzelbehandelten Zähne und damit die Reduktion auf drei Restzähne und eine ausgedehntere Teilprothese[1.] eine Möglichkeit gewesen. Eine weitere Möglichkeit wäre eine Befestigung der Prothese über Klammern[2.] oder weniger stabile[3.], weniger starre[4.] Geschiebe und damit eine geringere Hebelwirkung bei etwas lockerem Sitz der Prothese. Auch <u>außerhalb des vertragszahnärztlichen</u> Gebührenrahmens lassen sich noch **zahlreiche** weitere Möglichkeiten, von einer durch Teleskopkronen getragenen Teilprothese[5.] bis zu implantatgestützten Brücken[≥ 6.] zu <u>sehr unterschiedlichen Kosten</u>[≥ 7.–n.] finden."

Das sind jedenfalls weit mehr als sieben Behandlungsalternativen. Darüber hatte der Zahnarzt nur teilweise aufgeklärt, so dass das OLG Koblenz nach Subtraktion der Soll-Aufklärung von der Ist-Aufklärung einen Haftungsfall bejahte und dem Patienten ein Schmerzensgeld von 6.000 Euro zusprach.

Formelle Anforderungen an die Aufklärung (§ 630e Abs. 2 Satz 1 BGB)

> **Text** des § 630e Abs. 2 Satz 1 BGB:
>
> „Die Aufklärung muss
>
> - mündlich durch den Behandelnden oder durch eine Person erfolgen, die über die zur Durchführung der Maßnahme notwendige Ausbildung verfügt; ergänzend kann auch auf Unterlagen Bezug genommen werden, die der Patient in Textform erhält,
>
> - so rechtzeitig erfolgen, dass der Patient seine Entscheidung über die Einwilligung wohlüberlegt treffen kann;
>
> - für den Patienten verständlich sein."

Kommentierung:

§ 630e Abs. 2 Satz 1 BGB regelt die formellen Anforderungen an eine ordnungsgemäße Aufklärung:

- Mündlichkeitsprinzip als Grundsatz (Nr. 1),
- rechtzeitig (Nr. 2) und
- verständlich (Nr. 3).

Die Aufklärung hat mündlich zu erfolgen (Nr. 1); denn dem Patienten soll die Möglichkeit eröffnet werden, in einem persönlichen Gespräch mit dem Behandelnden gegebenenfalls auch Rückfragen zu stellen, sodass die Aufklärung nicht auf einen lediglich formalen Merkposten innerhalb eines Aufklärungsbogens reduziert wird.

Möglichkeit von Rückfragen

Nach der neueren Rechtsprechung des BGH kann die Aufklärung in einfach gelagerten Fällen auch telefonisch erfolgen (BGH, 15.06.2010

Aufklärung in einfachen Fällen auch telefonisch

– VI ZR 204/09). Dem Patienten bleibt es schließlich unbenommen, auf einem persönlichen Gespräch zu bestehen. Handelt es sich dagegen um komplizierte Eingriffe mit erheblichen Risiken, wird eine telefonische Aufklärung regelmäßig unzureichend sein. Wo diese Grenze verläuft, ist derzeit unklar. Die telefonische Aufklärung kommt wohl auch nur in Betracht, wenn der Patient oder dessen Sorgeberechtigte (im Falle der Entscheidung vom 15.06.2010 waren es die Eltern) dem Behandler bekannt sind und er sicher weiß, mit wem er telefoniert. Dass die telefonische Aufklärung zu dokumentieren ist, versteht sich von selbst.

Aufklärungsformulare (§ 630e Abs. 2 Satz 1 Nr. 1, 2. Hs. BGB)

Einsatz von Aufklärungsformularen ergänzend oder substitutiv?

Die Frage nach dem Einsatz von Aufklärungsformularen beantwortet § 630e Abs. 2 Satz 1 Nr. 1, 2. Hs. BGB dahingehend, dass sie nur „ergänzend" in Betracht kommen. Das entspricht bisher der Rechtsprechung des BGH (z.B. BGH, 25.03.2003 – VI ZR 131/02). Die Frage, inwieweit Aufklärungsformulare substitutiv, also anstelle des Aufklärungsgesprächs eingesetzt werden können (Ansätze in diese Richtung gibt es z.B. beim OLG Koblenz, 22.10.2007 – 5 U 1288/07), wird damit weiterhin Praxis und Gerichte beschäftigen. Auf den Einsatz von Aufklärungsformularen kann man heute nicht mehr ernsthaft verzichten. Je mehr Patienten mit Migrationshintergrund und deutlichen Sprach- und Verständnisproblemen behandelt werden müssen, umso schwieriger wird das persönliche Aufklärungsgespräch (s. dazu auch die Kommentierung zu § 630e Abs. 2 Satz 1 Nr. 3 BGB).

Aufklärungspflichtiger (§ 630e Abs. 2 Satz 1 Nr. 1 BGB)

Aufklärung durch Behandler oder andere Person

§ 630e Abs. 2 Satz 1 Nr. 1 BGB legt die Person des Aufklärenden fest. Primär hat derjenige, der die Maßnahme durchführt, selbst den Patienten aufzuklären. Daneben soll es aber auch möglich sein, die Aufklärung durch eine andere Person vornehmen zu lassen. Dies setzt allerdings voraus, dass diese über die zur sachgerechten Aufklärung notwendige Befähigung und damit über die für die Durchführung der Maßnahme adäquate fachliche Qualifikation verfügt, was der Bundesrat explizit in den Gesetzestext aufgenommen wissen wollte.

Der (Zahn)Arzt, der einen operativen Eingriff durchführt, muss aber auch künftig nicht mit der Person des Aufklärenden identisch sein. Die aufklärende Person muss allerdings die notwendige Befähigung und Ausbildung zur Durchführung der Operation besitzen, was im Zweifelsfall bedeutet, dass auch für die Aufklärung der Facharztstandard gilt und die verbreitete Praxis der Aufklärung durch wenig erfahrene Assistenzärzte nicht mehr zulässig ist.

Ausbildung zur Durchführung der Operation erforderlich

Die gesetzliche Vorgabe hat in jedem Fall zur Folge, dass die Aufklärung über gesonderte Maßnahmen im Regelfall jeweils gesondert erfolgen muss. Der Operateur hat über die Risiken der Operation einschließlich des mit der Operation verbundenen Risikos und der Anästhesist über die Risiken der Narkose aufzuklären, bei fachlich kooperativ durchgeführten Operationen (z.B. Unfallchirug und MKG-Chirurg) erfolgt die Aufklärung also im Zweifel durch drei Personen: Unfallchirurg, MKG-Chirurg und Anästhesist.

Gesonderte Aufklärung über gesonderte Maßnahmen

Zeitpunkt der Aufklärung (§ 630e Abs. 2 Satz 1 Nr. 2 BGB)

§ 630e Abs. 2 Satz 1 Nr. 2 BGB legt die zeitlichen Anforderungen an die Aufklärung fest. Der Patient muss so rechtzeitig vor dem Beginn der beabsichtigten Maßnahme über deren Erfolgsaussichten und Risiken aufgeklärt werden, dass er die für und gegen die Maßnahme sprechenden Gründe eingehend abwägen kann (BGH, 14.06.1994 – VI ZR 178/93). Bestimmte Fristen für die Zeit zwischen der Aufklärung und der Einwilligung legt das Gesetz nicht fest. Nach der Rechtsprechung gilt bei ambulanten Eingriffen eine Aufklärung am Tag des Eingriffs in aller Regel als ausreichend (BGH, ebd.), was gerade für den zahnärztlichen Praxisbetrieb von besonderer Bedeutung ist. Bei stationärer Behandlung gilt eine Aufklärung erst am Tag des Eingriffs dagegen grundsätzlich als verspätet (BGH, 25.03.2003 – VI ZR 131/02).

Aufklärung rechtzeitig für eingehende Abwägung

In der Gesetzesbegründung wird dazu ausgeführt: *„Es können viele verschiedene Aspekte zu berücksichtigen sein, die im jeweiligen Einzelfall zu sehr unterschiedlichen Fristen führen können, die zwischen Aufklärung, Einwilligung und Beginn der Maßnahme liegen sollten. Bei operativen Eingriffen wird es regelmäßig ausreichen, wenn die Aufklärung am Vortag des Eingriffs erfolgt. Ist der Eingriff hingegen eilig, kann die Bedenkfrist im Einzelfall verkürzt sein, um einen Eingriff noch am gleichen Tage zuzulassen. Wenn allerdings zwischen dem Beginn der Aufklärung und der Einleitung der Narkose etwa nur eine halbe Stunde liegt, kann im Regelfall nicht angenommen werden, dass dem Patienten ausreichend Zeit für seine Entscheidung eingeräumt wurde."*

Verständlichkeit der Aufklärung (§ 630e Abs. 2 Satz 1 Nr. 3 BGB)

Verständlichkeit oft kaum umsetzbar

Nach § 630e Abs. 2 Satz 1 Nr. 3 BGB muss die Aufklärung für den Patienten verständlich sein. Was banal und ohne weiteres einleuchtend klingt, ist in der Praxis oft kaum oder gar nicht umsetzbar. Das Problem der Patienten, die unzureichend die deutsche Sprache sprechen oder auch nur verstehen, wurde schon angesprochen. Dolmetscher können dabei helfen, sofern es dafür genügend qualifizierte gibt.

Anforderungen an das Sprachverständnis

Wenig hinterfragt wurde bisher die Frage nach den Anforderungen an das Sprachverständnis, also die intellektuelle Aufnahmefähigkeit des Patienten. Hinzu kommt seit einigen Jahren als Folge des Ärztemangels, der an deutschen Kliniken längst Realität ist, dass es zunehmend Ärzte und Pflegepersonal gibt, die der deutschen Sprache nur bedingt und manchmal auch gar nicht mächtig sind. Man sollte zumindest einmal darüber nachdenken, ob Defizite, die aus solchen Problemen herrühren, als systembedingt hinzunehmen sind und nicht zur individuellen Haftung führen dürfen.

Empfängerorientierte Verständlichkeit

Die Anforderungen an die Verständlichkeit sind nach dem Verständnis des Gesetzgebers und der Rechtsprechung empfängerorientiert. „Verständlich" in § 630e Abs. 2 Satz 1 Nr. 3 BGB soll heißen, dass die Aufklärung für den individuellen Patienten sprachlich verständlich sein muss. Sie soll in der Regel nicht in einer übermäßigen Fachsprache des Behandelnden erfolgen, sondern in „normalem Deutsch".

Bei einem Patienten, der den Inhalt der Aufklärung nach seinem körperlichen, geistigen oder seelischen Zustand nur schwer nachvollziehen kann, muss die Aufklärung in Leichter Sprache erfolgen und gegebenenfalls wiederholt werden. Leichte Sprache soll vor allem Menschen mit geringen sprachlichen Fähigkeiten das Verständnis von Texten erleichtern (s. dazu z.B. http://www.bundesregierung.de/Webs/Breg/DE/LeichteSprache/leichteSprache_node.html). Wie übersetzt man wohl „Appendizitis" in Leichte Sprache, nachdem das umgangssprachliche Wort „Blinddarmentzündung" medizinisch und damit sachlich falsch ist, „Wurmfortsatzentzündung" aber kaum jemand verstehen dürfte?

Aufklärung in Leichter Sprache

Bei Patienten, die nach eigenen Angaben oder nach der Überzeugung des Behandelnden der deutschen Sprache nicht hinreichend mächtig sind, hat die Aufklärung in einer Sprache zu erfolgen, die der Patient versteht. Erforderlichenfalls ist eine sprachkundige Person oder ein Dolmetscher auf Kosten des Patienten hinzuzuziehen. Dazu gibt es bisher in der Praxis mehr Fragen als Antworten (s. dazu z.B. Arbeitsgemeinschaft Rechtsanwälte im Medizinrecht e.V., Schriftleitung: Ratajczak/Stegers, Globalisierung in der Medizin, 2005).

Sprache, die der Patient versteht

Im Falle eines hörbehinderten Patienten bedarf es – insbesondere auch im Lichte der UN-Behindertenrechtskonvention – unter Umständen der Einschaltung eines Gebärdendolmetschers. Die Regelung in § 17 Abs. 2 SGB I hinsichtlich der Kostentragungspflicht der für die Sozialleistung zuständigen Leistungsträger bleibt durch § 630e BGB unverändert.

Hörbehinderter Patient

Schonende Aufklärung

Die Pflicht zur verständlichen Aufklärung gebietet nach der Interpretation des Gesetzgebers im Regelfall auch eine möglichst schonende Aufklärung. Das Gebot der schonenden Aufklärung ist in der Rechtsprechung schon seit langem anerkannt. Dies gilt insbesondere für medizinisch dringend notwendige Eingriffe, auf die der Patient möglichst behutsam vorbereitet werden soll.

Notwendige Eingriffe behutsam vorbereiten

Kosmetische Behandlungen: schonungslose Darstellung der Risiken

Anders sieht dies die Rechtsprechung allerdings für kosmetische Behandlungen, die nicht der Heilung eines körperlichen Leidens, sondern einem ästhetischen Bedürfnis dienen. Der Patient muss in diesen Fällen umfassend darüber unterrichtet werden, welche Verbesserungen er günstigenfalls erwarten kann. Zugleich müssen ihm hier etwaige Risiken deutlich und schonungslos vor Augen geführt werden, damit er genau abwägen kann, ob er einen etwaigen Misserfolg der Maßnahme und etwaige Entstellungen oder gesundheitliche Beeinträchtigungen in Kauf nehmen will, selbst wenn diese auch nur entfernt als eine Folge der Maßnahme in Betracht kommen (BGH, 06.11.1991 – VI ZR 8/90). Das führt in der Praxis zu manchmal kuriosen Situationen: Wie viele Fotos gelungener und misslungener Behandlungen müssen gezeigt werden? In Schwarz-Weiß oder in Farbe? Ist der Zahnarzt schuld, wenn die Karriere einer POP-Sängerin nicht so verläuft, wie von ihr erhofft (s. Meldung auf www.tmz.com vom 14.02.2013)?

Aufklärungsdokumentation
(§ 630e Abs. 2 Satz 2 BGB)

Text des § 630e Abs. 2 Satz 2 BGB:
„Dem Patienten sind Abschriften von Unterlagen, die er im Zusammenhang mit der Aufklärung oder Einwilligung unterzeichnet hat, auszuhändigen."

Kommentierung:

Heutzutage erfolgen Aufklärungsgespräche selten ohne schriftliche Unterlagen. Nach § 630e Abs. 2 Satz 2 BGB muss der Patient, der im Zusammenhang mit der Aufklärung oder Einwilligung Unterlagen unterzeichnet hat, davon Abschriften (z.B. in Form einer Durchschrift oder Kopie) ausgehändigt erhalten. Dies betrifft alles, was er unterzeichnet hat, also u.U. sehr umfangreiche Unterlagen, wenn etwa die Unterschrift in einer Hersteller-Aufklärungsbroschüre zu Implantaten vorgenommen wird.

Teils sehr umfangreiche Unterlagen

Ausnahmen von der Aufklärungspflicht (§ 630e Abs. 3 BGB)

Text des § 630e Abs. 3 BGB:

„Der Aufklärung des Patienten bedarf es nicht, soweit diese ausnahmsweise auf Grund besonderer Umstände entbehrlich ist, insbesondere wenn die Maßnahme unaufschiebbar ist oder der Patient auf die Aufklärung ausdrücklich verzichtet hat."

Kommentierung:

Kein Aufschub der Maßnahme

Nach § 630e Abs. 3 BGB bedarf es – in Anlehnung an die ähnliche Regelung in § 630c Abs. 4 BGB zu den Informationspflichten und weitgehend parallel zu der Regelung in § 630d Abs. 2 BGB – dann ausnahmsweise keiner Aufklärung, wenn diese aufgrund besonderer Umstände entbehrlich ist, etwa weil die medizinische Maßnahme keinen Aufschub duldet, da andernfalls erhebliche Gefahren für die Gesundheit des Patienten drohten. Ein Patient, bei dem ein fulminanter Logenabszess nach Weisheitszahnextraktion entdeckt wird, muss schleunigst behandelt werden. Wenn man hier die ausführliche Aufklärung verlangte, könnte es auch schon zu spät sein. In der Geburtshilfe ist eine solche Situation bei der Notsectio fast ausnahmslos gegeben. Die Anforderungen an die Aufklärung sind dann reduziert und gehen ggf. auch gegen null bzw. sind null. § 630e Abs. 3 BGB ist für die Aufklärung das Pendant zu § 630d Abs. 2 BGB für die Einwilligung.

Verzicht auf die Aufklärung

Recht auf Nichtwissen

Aufklärung ist keine Tortur, die der Patient über sich ergehen lassen muss. Das wird erfreulicherweise in § 630e Abs. 3, letzter Hs. BGB klargestellt. Der Patient muss nicht wissen, was er nicht wissen will. Insoweit gelten die zu § 630c Abs. 4 BGB bereits dargestellten Maßstäbe.

Therapeutisches Privileg

Die Gesetzesbegründung bezeichnet die Aufzählung in § 630e Abs. 3 BGB – im Gleichlauf zu § 630c Abs. 4 BGB – als nicht abschließend. Die Aufklärung könne z.B. entbehrlich sein, soweit ihr erhebliche therapeutische Gründe entgegenstehen. Da das Selbstbestimmungsrecht des Patienten aber nur unter engen Voraussetzungen eingeschränkt werden dürfe, seien die Anforderungen an diese therapeutischen Gründe sehr streng. Dem Gebot einer schonenden Aufklärung entsprechend sei dem Patienten primär eine möglichst ausgewogene Entscheidungsgrundlage zu eröffnen. Von dieser Aufklärung sei in Ausnahmefällen allerdings dann abzusehen, soweit die Aufklärung das Leben oder die Gesundheit des Patienten ernstlich gefährdete (BGH, 07.02.1984 – VI ZR 174/82). Berge die Aufklärung eines Patienten das Risiko einer erheblichen (Selbst)Gefährdung in sich, so könne bzw. müsse der Behandelnde aus therapeutischen Gründen ausnahmsweise von der Aufklärung Abstand nehmen bzw. den Umfang der Aufklärung einschränken. Allerdings rechtfertige allein der Umstand, dass der Patient nach der Aufklärung vielleicht eine medizinisch unvernünftige Entscheidung treffen könnte, noch keine Einschränkung oder gar den Wegfall der Aufklärungspflicht (BGH, 22.01.1980 – VI ZR 263/78).

Anforderungen an therapeutische Gründe sehr streng

Das sind Erweiterungen, welche die Rechtsprechung bisher in der Regel nicht oder nur ausnahmsweise zugelassen hat. Insbesondere das sog. therapeutische Privileg wurde bisher abgelehnt (vgl. BGH, 09.12.1958 – VI ZR 203/57; BGH, 07.02.1984 – VI ZR 174/82).

Informierter Patient

Nach Ansicht des Gesetzgebers kann die Aufklärungspflicht im Einzelfall auch dann entfallen, wenn der Patient über eigene Sachkenntnisse verfügt, die eine gesonderte Aufklärung entbehrlich machen, also insbesondere selber Arzt oder Zahnarzt ist. Insoweit sollen die zu § 630c Abs. 4 BGB dargestellten Maßstäbe hier ebenso gelten.

Eigene Sachkenntnis des Patienten

Einwilligungsunfähiger Patient (§ 630e Abs. 4 BGB)

Text des § 630e Abs. 4 BGB:
„Ist nach § 630d Absatz 1 Satz 2 die Einwilligung eines hierzu Berechtigten einzuholen, ist dieser nach Maßgabe der Absätze 1 bis 3 aufzuklären."

Kommentierung:

Zur Einwilligung Berechtigter ist aufzuklären

§ 630e Abs. 4 BGB regelt die Aufklärungspflichten des Behandelnden für den Fall, dass der Patient einwilligungsunfähig und an seiner Stelle eine andere Person nach § 630d Abs. 1 Satz 2 BGB (s. dazu oben) zur Einwilligung berechtigt ist. In diesem Fall ist diese Person nach Maßgabe des § 630e Abs. 1 und 2 BGB aufzuklären. Die Ausnahmetatbestände des § 630e Abs. 3 BGB dürften nach Ansicht der Gesetzesbegründung im Regelfall nur eingreifen, soweit die Behandlung unaufschiebbar ist oder der zur Einwilligung Berechtigte aufgrund seiner eigenen Fachkenntnisse keiner Aufklärung bedarf.

Therapeutische Gründe des Patienten irrelevant

Demgegenüber dürften therapeutische Gründe, die in der Person des Patienten liegen, für die Aufklärung eines zur Einwilligung Berechtigten regelmäßig irrelevant sein. Einem zur Einwilligung Berechtigten sollte es ferner nicht möglich sein, gemäß § 630e Abs. 3 BGB auf die Aufklärung über den Eingriff in die Rechtsgüter des Patienten zu verzichten.

Inhalt der Aufklärung bei einwilligungsunfähigen Patienten (§ 630e Abs. 5 BGB)

> **Text des § 630e Abs. 5 BGB:**
>
> „Im Fall des § 630d Absatz 1 Satz 2 sind die wesentlichen Umstände nach Absatz 1 auch dem Patienten entsprechend seinem Verständnis zu erläutern, soweit dieser auf Grund seines Entwicklungsstandes und seiner Verständnismöglichkeiten in der Lage ist, die Erläuterung aufzunehmen, und soweit dies seinem Wohl nicht zuwider läuft. Absatz 3 gilt entsprechend."

Kommentierung:

§ 630e Abs. 5 BGB wurde erst durch den Gesundheitsausschuss des Bundestages in seiner Sitzung vom 28.11.2012 in das Gesetz eingefügt. Zur Begründung heißt es im Ausschussprotokoll (BT-Drs. 17/11710, S. 39): *„Minderjährige Patienten, die noch nicht oder nicht alleine in eine medizinische Behandlung einwilligen können, sowie einwilligungsunfähige volljährige Patienten sollen stärker in das Behandlungsgeschehen einbezogen werden. Daher sollen auch sie im Regelfall über wesentliche Umstände der vorgesehenen Maßnahme in Kenntnis gesetzt werden. Mit der Einführung dieser neuen Pflicht trägt die Regelung der jüngsten Rechtsprechung des Bundesverfassungsgerichts Rechnung, nach der auch ein Einwilligungsunfähiger über das Ob und Wie einer Behandlung, der er unterzogen wird, grundsätzlich nicht im Unklaren gelassen werden darf (vgl. BVerfG, 23.03.2011 – 2 BvR 882/09, Rz. 59). Art und Umfang der Erläuterung hängen von den Umständen im Einzelfall ab und richten sich insbesondere nach dem Entwicklungsstand und den Verständnismöglichkeiten des Patienten. Der Erläuterung bedarf es außer in den Fällen des Absatzes 3 dann nicht, wenn es bei einem Patienten aufgrund seines Entwick-*

lungsstandes bzw. seiner Verständnismöglichkeiten im Einzelfall ausgeschlossen ist, dass er die Erläuterungen zumindest in den wesentlichen Zügen aufnehmen kann. Dies ist etwa bei Säuglingen oder bei einem im Koma liegenden Patienten anzunehmen. Ferner dürfen die Erläuterungen dem Wohl des Patienten nicht zuwider laufen. Dies wird allerdings bei einwilligungsunfähigen volljährigen Patienten nur in Ausnahmefällen der Fall sein.

Absatz 5 hat keinen Einfluss auf die nach Absatz 4 bestehende Pflicht zur Aufklärung des gesetzlichen Vertreters und die Wirksamkeit seiner Einwilligung (vgl. Beschluss des BVerfG, ebd.). Weder kann sie diese ersetzen noch hängt die Wirksamkeit der Einwilligung des gesetzlichen Vertreters von ihr ab. Es bleibt vielmehr dabei, dass bei einem einwilligungsunfähigen Patienten nur der gesetzliche Vertreter zur Einwilligung befugt ist. Für die Wirksamkeit seiner Einwilligung in die vorgesehene Maßnahme kommt es allein darauf an, dass er nach Maßgabe von § 630e Absatz 1 bis 4 ordnungsgemäß aufgeklärt worden ist, vgl. § 630d Absatz 2 zweite Alternative."

Damit wird im Gesetz die Pflicht zur verständnisvollen Aufklärung Minderjähriger und Einwilligungsunfähiger aus der Rechtsprechung übernommen.

Rechtsprechung zu Aufklärungsfehlern in der Zahnheilkunde

Nachstehend sind Beispiele aus der Rechtsprechung zum uferlosen Bereich der Aufklärungsrechtsprechung in der Zahnheilkunde zusammengestellt.

Aufklärungspflicht wurde bejaht

- OLG Hamm, 11.02.1980 – 3 U 289/79: Risiko einer Nervus-mandibularis-Schädigung nach Weisheitszahnextraktion.

- LG Frankfurt/M., 17.11.1980 – 2/21 O 57/79: Allgemeine Komplikationen bei einer Weisheitszahnextraktion (im konkreten Fall nahm das Gericht eine hypothetische Einwilligung an).

- LG München I, 26.04.1985 – 12 O 6980/83: Der Patient muss vor einer Extraktion eines unteren Weisheitszahnes auf die Möglichkeit einer gänzlichen oder teilweisen Durchtrennung des Nervus lingualis und die Folgen dieser Nervenverletzung hingewiesen werden.

- OLG Oldenburg, 21.02.1986 – 6 U 201/85: Mentalisverletzung bei Extraktion des horizontal verlagerten 35.

- OLG Frankfurt/M., 14.04.1986 – 3 U 39/85: Alveolaris-inferior-Verletzung bei Extraktion eines unteren Weisheitszahns, wenn nach dem Röntgenbild ein Verlauf des Nervus alveolaris inferior sehr dicht an der Zahnwurzel zu erwarten ist.

- OLG Hamm, 19.10.1987 – 3 U 35/87: Risiko der Nervus-lingualis-Schädigung vor der prophylaktischen Entfernung eines retinierten Weisheitszahnes.

- OLG Köln, 04.02.1988 – 7 U 17/87: Risiko einer Schilddrüsenerkrankung durch Jodoformpaste (im konkreten Fall für das Frühjahr 1982 aber verneint).
- OLG Düsseldorf, 20.10.1988 – 8 U 261/87: Risiko der Schädigung des Nervus alveolaris inferior bei Weisheitszahnextraktion.
- OLG Frankfurt/M., 12.01.1989 – 12 U 85/88: Risiken einer Amalgamversorgung.
- OLG Karlsruhe, 28.06.1989 – 7 U 6/88: Nervverletzung als Folge einer Leitungsanästhesie im Oberkiefer.
- OLG Karlsruhe, 07.03.1990 – 7 U 61/89: Nervverletzung als Folge jeder Leitungsanästhesie.
- OLG Karlsruhe, 23.05.1990 – 7 U 179/88: Vor der Extraktion von vier Weisheitszahnkeimen ist der Patient darüber aufzuklären, dass es zu Schwellungen und Hautverletzungen kommen kann und dass diese Gefahr bei der Extraktion unter Narkose in einer Sitzung erheblich größer ist als bei Extraktion jeweils nur eines Zahnes in getrennten Sitzungen unter örtlicher Betäubung.
- LG Stuttgart, 05.02.1992 – 27 O 143/89: Lingualisläsion nach Entfernung einer Zahnwurzel.
- OLG Köln, 17.06.1992 – 27 U 158/91: Risiko von Sensibilitätsstörungen nach Schlotterkammexzision.
- OLG Köln, 17.06.1992 – 27 U 161/91: Risiken einer Gesamtverblockung aller Pfeilerzähne zu einer 14-gliedrigen Brücke im Ober- und Unterkiefer.
- OLG Karlsruhe, 02.12.1992 – 7 U 202/91: Stimmt die gesetzliche Krankenkasse dem Behandlungsplan des Zahnarztes nicht zu, sondern fordert sie eine andere Lösung, die ein sehr hohes Misserfolgsrisiko hat, ist der Zahnarzt verpflichtet, den Patienten darüber aufzuklären, damit dieser sich entscheiden kann, ob er die kostenfreie Behandlung mit dem hohen Risiko oder die mit hoher Wahrscheinlichkeit erfolgreiche Behandlung nach dem ursprünglichen Plan mit Übernahme eines Teils der Kosten wählen will.

- OLG Hamm, 19.05.1993 – 3 U 97/92: Mentalisschädigung nach Entfernung von Zahnwurzelresten.
- BGH, 09.11.1993 – VI ZR 248/92: Jedenfalls dann, wenn sich aus der Stellung und Lage des zu entfernenden Weisheitszahns ergibt, dass der Eingriff in der Nähe verlaufende Nerven (etwa Nervus mandibularis oder Nervus alveolaris) in Mitleidenschaft ziehen kann, ist eine Aufklärung über die hiermit verbundenen Risiken geboten.
- OLG Hamm, 16.02.1994 – 3 U 119/93: Einbau einer festsitzenden Brücke bei stark zerstörten Zahnstümpfen.
- OLG München, 23.06.1994 – 24 U 961/92: Lingualisdurchtrennung nach Weisheitszahnextraktion.
- OLG Stuttgart, 28.07.1994 – 14 U 4/94: Risiko von Wundheilungsstörungen mit Nekrosebildung und von Zahnwurzelverletzungen bei Umstellungsosteotomie.
- OLG Hamm, 10.01.1995 – 3 U 84/94: Risiken der Nervverletzung, Schädigung des Nachbarzahns und der Abstoßung durch Implantatversorgung.
- OLG München, 30.03.1995 – 1 U 3458/94: Kieferfraktur vor operativer Entfernung tief verlagerter Weisheitszähne.
- OLG München, 16.11.1995 – 1 U 4895/93: Risiko von Nerv-, Knochen- und Weichgewebsverletzungen durch Weisheitszahnextraktion.
- OLG Karlsruhe, 06.12.1995 – 13 U 209/94: Risiko von Implantatverlust als Folge von osteolytischen Prozessen an allen Implantaten.
- OLG Hamm, 13.12.1995 – 3 U 88/95: Vor der Extraktion einer erheblichen Anzahl von Milchzähnen muss der Zahnarzt über die hierdurch drohenden Gesundheitsrisiken im Hinblick auf die Beeinträchtigung der Kaufähigkeit und weitreichende Kieferveränderungen trotz möglicher prothetischer Versorgung aufklären.
- OLG Düsseldorf, 21.03.1996 – 8 U 153/95: Kieferfraktur durch Weisheitszahnextraktion.

- OLG Saarbrücken, 05.06.1996 – 1 U 900/95: Nervverletzung durch **Leitungsanästhesie** vor Kürettage.

- OLG Stuttgart, 02.01.1997 – 14 U 10/96: Gestaltungsalternativen einer **Oberkieferprothese**, die zu unterschiedlichen Missempfindungen und Gewöhnungsproblemen führen können.

- OLG Bamberg, 03.03.1997 – 4 U 167/96: Ist ein als **Pfeiler für eine Brücke** vorgesehener Zahn zu Beginn der Behandlung zeitweilig nicht schmerzfrei, so muss der Zahnarzt über die hiermit verbundenen Risiken und über eine mögliche Behandlung durch Teilprothesen aufklären.

- OLG Hamm, 21.04.1997 – 3 U 175/96: Risiken einer Wurzelentzündung und einer Fistelbildung vor **Überkronung**.

- OLG Braunschweig, 24.04.1997 – 1 U 56/96: Kieferfraktur und Lingualisläsion bei **Weisheitszahnextraktion**.

- OLG Frankfurt/M., 29.04.1997 – 8 U 184/96: Gefahr einer **Distraktion** mit nachfolgender Myoarthropathie vor dem Beschleifen von Zähnen zum Zwecke einer prothetischen Neuversorgung.

- OLG Frankfurt/M., 29.04.1997 – 8 U 184/96: Je weniger dringend ein Eingriff ist, desto größere Anforderungen sind an die Aufklärung zu stellen. Dies gilt z.B. für die **Komplettsanierung** des Gebisses ohne entsprechende Indikation.

- OLG Jena, 14.05.1997 – 4 U 1271/96: Gefahr einer Reizung der Pulpa mit Schmerzempfindlichkeit vor dem **Beschleifen** oder der **Präparation** von Zähnen.

- OLG Karlsruhe, 10.09.1997 – 7 U 136/96: Risiko von Sensibilitätsstörungen und einer Anaesthesia dolorosa im Hüftbereich vor einer **Knochenspanentnahme** aus dem Becken zur Durchführung einer Kieferoperation.

- OLG Hamm, 18.10.1997 – 3 U 61/97: Risiko von bleibenden Nervschädigungen durch **Leitungsanästhesie**. Dass der Patient bei früheren Behandlungen über das Risiko aufgeklärt wurde, muss der Zahnarzt beweisen.

- OLG Hamburg, 27.02.1998 – 1 U 131/97: Lingualisschädigung durch Weisheitszahnextraktion.

- OLG Bamberg, 06.04.1998 – 4 U 226/97: Nervverletzungen bei Wurzelspitzenresektion.

- OLG Köln, 22.04.1998 – 5 U 232/96: Lingualisschädigung bei Weisheitszahnextraktion.

- OLG Köln, 30.09.1998 – 5 U 122/97: Gleichermaßen indizierte Behandlungsalternativen zur prothetischen Versorgung (hier: Alternativen zur Gaumenplatte).

- OLG Saarbrücken, 04.11.1998 – 1 U 72/98-13: Vor einer Zahnüberkronung muss der Patient über das Risiko aufgeklärt werden, dass durch die Überkronung seine Schmerzen nicht mit Sicherheit beseitigt werden.

- OLG Schleswig, 13.10.1999 – 4 U 153/98: Prothetische Maßnahmen setzen grundsätzlich eine Aufklärung über Verlauf, Chancen und Risiken der Behandlung im Großen und Ganzen voraus. Sind sie mit einem besonderen Misserfolgsrisiko behaftet, so muss der Patient darüber aufgeklärt werden. Wenn ein Patient eine Zahnprothetik unter Einbindung nicht erhaltungswürdiger Zähne wünscht, hat der Zahnarzt ihn über die damit verbundenen besonderen Risiken aufzuklären.

- OLG Düsseldorf, 11.11.1999 – 8 U 131/98: Risiko einer Lingualisverletzung durch Weisheitszahnextraktion.

- OLG Hamburg, 30.12.1999 – 1 U 11/99: Vor einer umfassenden zahnprothetischen Versorgung des Ober- und Unterkiefers mit Bissanhebung ist der Patient auf die damit verbundenen zahnmedizinischen Risiken im Hinblick auf mögliche Beschwerden und Beeinträchtigungen im Bereich der Kaumuskulatur und des Gelenkapparates hinzuweisen.

- OLG Koblenz, 04.04.2000 – 1 U 1295/98: Trepanation und Wurzelbehandlung als Alternative zur Wurzelspitzenresektion.

- OLG Karlsruhe, 26.05.2000 – 7 U 193/97: Mandibularisverletzung bzw. Nervus-alveolaris-inferior-Verletzung mit der Folge einer länger andauernden Gefühlsbeeinträchtigung durch Leitungsanästhesie.

- OLG Schleswig, 22.09.2000 – 4 U 96/98: Erforderlichkeit einer Nervverpflanzung bei einem Eingriff zur Revision des N. lingualis.

- OLG Düsseldorf, 16.11.2000 – 8 U 196/99: Misserfolgsquote vor Implantatbehandlung.

- OLG Stuttgart, 26.06.2001 – 14 U 81/00: Risiko der Erblindung bei Le-Fort-I-Osteotomie (kieferorthopädische Progenie-Korrektur).

- OLG Köln, 06.05.2002 – 5 U 60/99: Risiko des Fehlschlagens einer Implantatbehandlung.

- OLG Köln, 12.03.2003 – 5 U 52/02: Risiko einer Osteomyelitis nach Weisheitszahnextraktion.

- OLG Hamm, 10.03.2004 – 3 U 203/03: Risiko einer Schädigung des Nervus lingualis mit der Folge einer möglicherweise dauerhaften Geschmacks- und Gefühllosigkeit eines größeren Zungenbereichs bei Weisheitszahnextraktion.

- OLG Naumburg, 05.04.2004 – 1 U 105/03: Kommen zur zahnärztlichen Versorgung einer Zahnlücke mehrere Alternativen des Zahnersatzes (viergliedrige, bogenförmige Brücke; implantatgetragene Einzelbrücken oder herausnehmbare Prothese) in Betracht, die aus Ex-ante-Sicht des Zahnarztes eine gleichwertige Versorgungschance bieten, aber insbesondere eine deutlich unterschiedliche Beanspruchung des Patienten durch die Behandlung zur Folge haben, so hat der Zahnarzt seinen Patienten über die Behandlungsalternativen aufzuklären und die Therapiewahl unter Berücksichtigung der subjektiven Gründe des Patienten vorzunehmen.

- OLG Koblenz, 13.05.2004 – 5 U 41/03: Lingualisschädigung bei Weisheitszahnextraktion.

- OLG Oldenburg, 28.07.2004 – 5 U 102/03: Rät der Zahnarzt dem Patienten zu einer implantatgestützten Brückenversorgung im Ober- und Unterkiefer, so muss er auch über besondere Risiken aufklären, die sich aus einer anlagebedingten Zahnsteinbildung und einem schlechten Mundhygienezustand des Patienten ergeben.

- OLG Hamm, 05.02.2005 – 3 U 245/04: Der Zahnarzt muss den Patienten darüber aufklären, dass eine Verfüllung mit Knochenersatzmaterial optische Nachteile haben kann und dass anstelle einer Implantatversorgung auch die Möglichkeit einer Brückenlösung besteht.

- OLG Düsseldorf, 20.10.2005 – 8 U 109/03: Der Versuch, einen parodontal stark beeinträchtigten, jedoch seit langer Zeit beschwerdefreien Zahn zu erhalten und in eine neue prothetische Versorgung einzubeziehen, ist zahnmedizinisch vertretbar, wenn die Vor- und Nachteile dieses Vorgehens und die Alternativen mit dem Patienten besprochen werden und dieser bereit ist, das Risiko einzugehen, dass zu einem späteren Zeitpunkt Beschwerden an diesem Zahn auftreten.

- OLG Düsseldorf, 26.01.2006 – 8 U 86/05: Möglichkeit einer Nervverletzung bei Weisheitszahnextraktion.

- OLG Jena, 26.04.2006 – 4 U 416/05: Risiko einer Lingualisverletzung durch Leitungsanästhesie.

- OLG Frankfurt/M., 13.06.2006 – 8 U 251/05: Mandibularisschädigung nach Leistungsanästhesie.

- LG Dortmund, 31.01.2008 – 4 O 126/07: Behandlungsalternative Teleskopprothetik zu einer Brückenkonstruktion.

- OLG Stuttgart, 20.05.2008 – 1 U 122/07: Auf ein erhöhtes Kariesrisiko bei einer kieferorthopädischen Behandlung mit einer festen Zahnspange ist nicht im Rahmen der Risikoaufklärung, sondern im Rahmen der therapeutischen Sicherheitsaufklärung hinzuweisen.

- OLG Brandenburg, 29.05.2008 – 12 U 241/07: Risiko der **Implantatabstoßung**.

- OLG Koblenz, 15.01.2009 – 5 U 674/08: Wünscht der Patient die zahnmedizinisch nicht erforderliche Neuversorgung einer erst 19 Monate zuvor eingebrachten **Zahnprothetik**, muss der Zahnarzt deutlich und nachdrücklich darüber aufklären, dass die Behandlung der noch langfristig sachgemäß versorgten Zähne nicht notwendig ist.

- OLG Hamm, 30.10.2009 – 26 U 149/05: Gefahr von Zungen- und Weichteilverletzungen vor der Behandlung (4 Implantate im Bereich 34–37 mit aufgesetzten Teleskopkronen) wegen der jahrzehntelangen **Zahnlosigkeit** im linken Unterkiefer.

- OLG Dresden, 24.09.2009 – 4 U 1744/08: Kieferfraktur bei **Distraktion**.

- OLG Düsseldorf, 03.12.2009 – I-8 U 6/08: Risiko des **Implantatverlusts** und der Resorption des aufgebauten Knochens (Beckenkammaugmentate).

- OLG Hamm, 29.09.2010 – I-3 U 169/09: Das Gericht neigt dazu, eine Aufklärungspflicht über das Risiko der dauerhaften Schädigung des Nervus lingualis über die Fälle der **Extraktion** von Zähnen hinaus auch dann anzunehmen, wenn eine Leitungsanästhesie appliziert werden soll.

- OLG Hamm, 30.05.2011 – I-3 U 205/10: Risiko einer chronischen Pulpitis bei Versorgung mit **Veneers**.

- OLG Koblenz, 06.07.2012 – 5 U 496/12: Nervschädigung nach **Implantation**.

Aufklärungspflicht wurde verneint

- BGH, 19.03.1985 – VI ZR 227/83: Keine Aufklärungspflicht über Risiken, die nur durch eine fehlerhafte Behandlung entstehen können.
- OLG Karlsruhe, 16.10.1985 – 7 U 97/84: Risiko einer Lingualisläsion nach Weisheitszahnextraktion, weil nach Ansicht des Gerichts in aller Regel ein Behandlungsfehler vorliege.
- OLG Schleswig, 12.02.1986 – 4 U 324/83: Risiko einer Lingualisläsion nach Leitungsanästhesie.
- OLG Schleswig, 12.02.1986 – 4 U 324/83: Keine Aufklärungspflicht über die Alternative Lokalanästhesie zur Leitungsanästhesie vor Extraktion 35.
- OLG Stuttgart, 29.04.1986 – 10 U 238/84: Präparationstrauma.
- OLG München, 20.11.1986 – 1 U 5924/85: Schädigung des Nervus alveolaris inferior durch Leitungsanästhesie.
- OLG Karlsruhe, 06.05.1987 – 7 U 88/86: Schädigung des Nervus mandibularis durch Leitungsanästhesie; eine Verweigerung der Einwilligung sei nicht plausibel.
- OLG Schleswig, 06.05.1987 – 4 U 86/86: Nervus-mentalis-Läsion durch Leitungsanästhesie.
- OLG Koblenz, 22.09.1987 – 3 U 1632/86: Das Gericht nahm eine hypothetische Einwilligung in Leitungsanästhesie bei Patienten an, der früher schon – wenn auch ohne Aufklärung – mehrfach komplikationslos Leistungsanästhesien erhalten hatte.
- OLG Köln, 25.01.1989 – 27 U 136/88: Aufklärung darüber, dass die Wurzel bei der Implantation des Zahnstiftes frakturieren kann.
- OLG Frankfurt/M., 20.04.1989 – 1 U 119/88: Risiko einer Lingualisverletzung durch Weisheitszahnextraktion (hier: 48).
- OLG Karlsruhe, 21.02.1990 – 7 U 66/88: Erhöhte Temperaturempfindlichkeit nach zahnprothetischer Behandlung.

- OLG Hamm, 16.03.1994 – 3 U 149/93: Schädigung des Nervus alveolaris inferior bei der Entfernung von 36.
- LG Augsburg, 08.07.1994 – 9 O 310/93: Risiken der Amalgamverwendung (jedenfalls nicht im Sommer 1988).
- OLG Stuttgart, 28.07.1994 – 14 U 4/94: Gefahr eines Zahnverlustes durch Umstellungsosteotomie.
- OLG Stuttgart, 01.09.1994 – 14 U 9/88: Risiko einer indirekten Pulpaverletzung bei Füllungstherapie mittels Kompositen.
- OLG München, 16.11.1995 – 1 U 4895/93: Ganz außergewöhnliche Folgen einer Nachblutung wie Aspiration mit Kreislaufproblemen und Hirnschaden bei Weisheitszahnextraktion.
- OLG Stuttgart, 12.09.1996 – 14 U 1/96: Gefahr des Ausschwemmens von Bakterien in die Blutbahn oder die Verursachung einer Infektion in Organen und Gelenken vor Wurzelkanalbehandlung.
- OLG Frankfurt/M. (Darmstadt), 12.08.1998 – 13 U 82/91: Risiko eines retromaxillären Abszesses bei Weisheitszahnextraktion.
- OLG Frankfurt/M., 14.10.1998 – 4 U 89/95: (Im Jahre 1988) Risiken der Amalgamfüllungen.
- OLG Stuttgart, 17.11.1998 – 14 U 69/97: Lingualisläsion als Folge einer Leitungsanästhesie.
- OLG Hamburg, 30.12.1999 – 1 U 11/99: Vor einer umfassenden zahnprothetischen Versorgung des Ober- und Unterkiefers mit Bissanhebung ist der Patient nicht darauf hinzuweisen, dass die Zahnbehandlung in seltenen Fällen möglicherweise gravierende psychosomatische Folgeerscheinungen (etwa bei larvierten Depressionen) auszulösen vermag.
- OLG Karlsruhe, 26.05.2000 – 7 U 193/97: Risiko einer sich nicht wieder zurückbildenden Nervschädigung mit bleibender Parästhesie durch Leitungsanästhesie.
- OLG Schleswig, 22.09.2000 – 4 U 96/98: Lingualisschädigung durch operative Vorverlagerung des Unterkiefers.

- OLG Düsseldorf, 19.10.2000 – 8 U 23/00: Lingualisläsion als Folge einer Leitungsanästhesie.
- OLG Düsseldorf, 06.12.2001 – 8 U 178/00: Bei der Anwendung des Antibiotikums Sobelin® 300 in der Zahn-, Mund- und Kieferheilkunde ist der Hinweis auf eine seltene Komplikation entbehrlich, wenn sich der Zahnarzt ein eigenes Bild von der Verträglichkeit des Medikaments bei seinem Patienten macht.
- LG Rottweil, 18.04.2002 – 2 O 263/01: Lingualisläsion als Folge einer Leitungsanästhesie.
- LG Osnabrück, 17.09.2003 – 2 O 379/02: Allgemeine Operationsrisiken wie Wundinfektion, Embolien.
- OLG Koblenz, 02.10.2003 – 5 U 23/03: Erfordernis regelmäßiger Mundhygiene im Rahmen der kieferorthopädischen Behandlung eines Kindes.
- AG Braunschweig, 18.02.2004 – 114 C 1204/03: Risiko des Abbruchs des Wurzelkanalinstruments.
- OLG Hamm, 11.10.2004 – 3 U 141/04: Risiko eines Wundabszesses.
- OLG Köln, 11.01.2006 – 5 U 27/05: Risiko einer Diskusverlagerung als Folge einer Kiefergelenksluxation.
- OLG Naumburg, 04.10.2007 – 1 U 11/07: Erweiterung eines zahnärztlichen Eingriffs (hier: Wurzelspitzenresektion) bei intraoperativer Entdeckung einer Knochenzyste im Bereich der Zahnwurzel.
- OLG Düsseldorf, 13.12.2007 – 8 U 19/07: Extraktion des benachbarten Weisheitszahns zwei Monate nach Extraktion eines Molaren, wenn dabei über das Risiko einer Nervverletzung aufgeklärt wurde.
- OLG Hamm, 16.06.2008 – 3 U 148/07: Risiko einer MRSA-Infektion.
- OLG Naumburg, 08.07.2008 – 1 U 33/08: Im statistischen Durchschnitt bei Rauchern häufiger als bei Nichtrauchern auftretende Wundheilungsstörungen.

- OLG Köln, 06.10.2008 – 5 U 84/08: Risiko einer Lingualisverletzung durch Weisheitszahnextraktion.

- OLG Köln, 06.10.2008 – 5 U 84/08: Alternative intraligamentäre Anästhesie: *„Dieses Anästhesieverfahren ist nie gleichberechtigte Methode neben der Terminal- und Leitungsanästhesie geworden."*

- OLG Hamm, 29.09.2010 – I-3 U 169/09: Hat eine Aufklärung vor der ersten Behandlung des Patienten stattgefunden und folgen in kurzen Abständen noch mehrere gleichartige Behandlungen mit Leitungsanästhesie, werden dem Patienten die einmal erklärten Risiken immer wieder bewusst und eine erneute Aufklärung ist nicht geboten.

- AG Darmstadt, 05.01.2011 – 301 C 123/09: Psychisch dominierte Prothesenintoleranz bei einer Unterkiefertotalprothese, die dazu führt, dass die Prothese überhaupt nicht mehr getragen werden kann.

- LG Dortmund, 06.04.2011 – 4 O 90/09: Pulpaeröffnung bei Kariesexkavation.

Spezialthema Vollnarkose

- OLG Köln, 02.07.1997 – 5 U 67/96: Die Aufklärung über die Risiken der Behandlung unter Vollnarkose und deren Risiken obliegt angesichts der zwischen Zahnarzt und dem Anästhesisten bestehenden sog. horizontalen Arbeitsteilung dem Anästhesisten.

7
§ 630f BGB Dokumentation der Behandlung

Dokumentation als Schlüssel zur Behandlung

Dokumentation und Einsicht reziprok

Die §§ 630f und 630g BGB beschreiben die Dokumentation der gesamten Behandlung und das Einsichtsrecht des Patienten in die gesamte Dokumentation als reziproke Elemente.

Mit dieser gesetzlichen Fixierung erreicht eine Entwicklung ihren vorläufigen Abschluss, die der Bundesgerichtshof (BGH) in einer Vielzahl von Entscheidungen, beginnend mit einem Urteil vom 06.03.1956 – VI ZR 2/55, angestoßen hatte. Zwar bezeichnete er noch im Urteil vom 04.12.1962 – VI ZR 101/62 – das Krankenblatt als *„eine Gedächtnisstütze des Arztes, ein von ihm oder für ihn gefertigtes Hilfsmittel, das ihm den jederzeitigen raschen Überblick über den Verlauf der Krankheit und ihrer Behandlung ermöglichen und ihn damit bei der Durchführung der Therapie entlasten soll, dagegen keine schriftliche Festlegung der Krankengeschichte, die sorgfältig und vollständig zu führen der Arzt im Verhältnis zum Kranken verpflichtet wäre. Lückenhafte Führung des Krankenblattes während einer Zeit, in der lediglich eine interne Hilfsfunktion der Aufzeichnungen in Betracht kommt, schafft dem Kranken daher grundsätzlich keine Beweiserleichterungen"*. Aber mit dem Urteil vom 16.05.1972 – VI ZR 7/71 – begann der BGH, von diesen Grundsätzen abzurücken, und seit den Entscheidungen vom 14.03.1978 – VI ZR 213/76 – und vom 26.07.1978 – VI ZR 183/76 – ist

Rechtspflicht gegenüber dem Patienten

diese zurückhaltende Rechtsprechung komplett aufgegeben. Die Führung von Behandlungsunterlagen ist seitdem für den Zahnarzt nicht mehr nur eine berufsrechtliche Pflicht (s. § 12 Abs. 1 Satz 1 MBO-Z), sondern Rechtspflicht gegenüber dem Patienten. Durch die Aufnahme des § 630f BGB in das neue BGB-Kapitel „Behandlungsvertrag" wird diese Pflicht gesetzlich fixiert.

Schutz gegen Haftungsansprüche

Die Dokumentation kann von sehr großem Nutzen sein. Eine ordnungsgemäße Dokumentation bietet dem Zahnarzt optimalen Schutz gegen Haftungsansprüche von Patienten wie auch in sonstigen Verfahren, z.B. der Wirtschaftlichkeitsprüfung. Der BGH hat in der Entscheidung vom 14.03.1978 – VI ZR 213/76 – mit der Einführung der Pflicht zur Dokumentation zugleich weitreichende Rechte der (Zahn)Arztseite postuliert:

„Im Arzthaftungsprozess genügt der Arzt seiner Beweispflicht weithin durch Vorlage einer ordnungsmäßigen Dokumentation im Operationsbericht, Krankenblatt oder in der Patientenkarte, wenn gleichzeitig in zumutbarem Umfange Umstände für die Vertrauenswürdigkeit der Aufzeichnungen dargelegt und unter Beweis gestellt werden."

Einer ordnungsgemäßen, vertrauenswürdigen Dokumentation im Operationsbericht, Krankenblatt oder der Patientenkartei kann und soll das Gericht bis zu einem durch den Patienten zu führenden Beweis der Unrichtigkeit Glauben schenken (ständige Rechtsprechung, s. z.B. BGH, 10.03.1981 – VI ZR 202/79; OLG Schleswig, 24.04.1985 – 4 U 84/82; OLG Köln, 07.02.1994 – 5 U 66/94; OLG Bremen, 28.03.2000 – 3 U 41/99). In allen patientenbezogenen Fällen entscheidet die Qualität der Behandlungsdokumentation ganz maßgeblich über den Prozesserfolg des Zahnarztes. Oft kann man sich des Eindrucks nicht erwehren, dass zwischen der Qualität der Behandlung und der Qualität der Dokumentation ein Zusammenhang besteht.

<mark>Qualität der Dokumentation entscheidet über den Prozesserfolg</mark>

Umgekehrt folgt aus **Mängeln in der Dokumentation**, dass diese sich beweismäßig grundsätzlich **zum Nachteil der Behandlerseite** auswirken, vor allem in Form der Vermutung, dass nicht dokumentierte (zahn)medizinisch notwendige Maßnahmen auch nicht durchgeführt wurden (vgl. z.B. BGH, 14.02.1995 – VI ZR 272/93). Mängel in der Dokumentation beweisen zwar keinen Behandlungsfehler und stellen auch keine eigenstände Haftungsgrundlage dar (BGH, 03.02.1987 – VI ZR 56/86; BGH, 28.06.1988 – VI ZR 217/87), bilden aber ein gewichtiges **Indiz für einen Behandlungsfehler** (BGH, 29.03.1988 – VI ZR 193/87; OLG Saarbrücken, 10.06.1987 – 1 U 103/85). Diese Indizwirkung wird nunmehr durch § 630h Abs. 3 BGB auch im Gesetz verankert. Wenn eine zahnmedizinisch notwendige Maßnahme nicht durchgeführt wurde (weil wegen fehlender Dokumentation vermutet wird, sie sei nicht durchgeführt worden), liegt die Annahme eines Behandlungsfehlers zumindest nahe.

<mark>Vermutung, dass nicht dokumentierte Maßnahmen durchgeführt wurden</mark>

Leistungen im Vertragszahnarztrecht Generell gilt dies auch im Vertragszahnarztrecht. Sind von einem Zahnarzt abgerechnete Leistungen aus den Krankenblättern nicht ersichtlich, so ist zunächst davon auszugehen, dass er diese Leistungen tatsächlich nicht erbracht hat (s. z.B. LSG Baden-Württemberg, 21.12.1993 – L 5 Ka 2141/93 eA; LSG Bayern, 07.07.2004 – L 3 KA 510/02; SG Stuttgart, 19.06.2002 – S 10 KA 2453/00; SG Marburg, 07.07.2010 – S 12 KA 325/09).

Einsichtnahme in die Dokumentation als Schlüssel zur Haftung

In diese Behandlungsunterlagen darf der Patient seit den Entscheidungen des BGH vom 23.11.1982 – VI ZR 222/79 und VI ZR 177/81 – Einsicht nehmen, jedenfalls soweit darin sog. objektive Befunde enthalten sind. Der BGH hat damit die zu diesem Zeitpunkt schon ziemlich einhellige Instanzrechtsprechung (z.B. OLG Hamm, 31.07.1979 – 1 U 47/79 [b]; LG Göttingen, 16.01.1978 – 2 O 152/78; LG Limburg, 17.01.1979 – 3 S 244/78; LG Köln, 05.03.1981 – 2 O 525/80) aufgegriffen und bestätigt. Dieses Einsichtsrecht wird nun in § 630g BGB verankert, in Teilen präzisiert und für den Erbfall sogar über den gegenwärtigen Rechtszustand hinaus erweitert.

Einsicht in objektive Befunde

§ 630f BGB
Dokumentation der Behandlung

Text:

„(1) Der Behandelnde ist verpflichtet, zum Zweck der Dokumentation in unmittelbarem zeitlichen Zusammenhang mit der Behandlung eine Patientenakte in Papierform oder elektronisch zu führen. Berichtigungen und Änderungen von Eintragungen in der Patientenakte sind nur zulässig, wenn neben dem ursprünglichen Inhalt erkennbar bleibt, wann sie vorgenommen worden sind. Dies ist auch für elektronisch geführte Patientenakten sicherzustellen.

(2) Der Behandelnde ist verpflichtet, in der Patientenakte sämtliche aus fachlicher Sicht für die derzeitige und künftige Behandlung wesentlichen Maßnahmen und deren Ergebnisse aufzuzeichnen, insbesondere die Anamnese, Diagnosen, Untersuchungen, Untersuchungsergebnisse, Befunde, Therapien und ihre Wirkungen, Eingriffe und ihre Wirkungen, Einwilligungen und Aufklärungen. Arztbriefe sind in die Patientenakte aufzunehmen.

(3) Der Behandelnde hat die Patientenakte für die Dauer von zehn Jahren nach Abschluss der Behandlung aufzubewahren, soweit nicht nach anderen Vorschriften andere Aufbewahrungsfristen bestehen."

Änderungswünsche des Bundesrates:

Der Bundesrat wollte in § 630f Abs. 1 BGB folgenden Satz anfügen:

„Auch solche Veränderungen dürfen nicht vorgenommen werden, deren Beschaffenheit es ungewiss lässt, ob sie ursprünglich oder erst später gemacht worden sind.

§ 630f BGB Dokumentation der Behandlung

> *Begründung:*
>
> *Die Formulierung übernimmt den Wortlaut des § 239 Absatz 3 Satz 2 HGB und des § 146 Absatz 4 Satz 2 AO. Bei elektronischer Dokumentation muss eine Software verwendet werden, die nachträgliche Änderungen als solche automatisch kenntlich macht."*

Diese Anregung (BR-Drs. 312/12 [B]), S. 14) wurde im endgültigen Gesetzestext aufgegriffen.

Der Bundesrat wollte in § 630f Abs. 3 BGB die Wörter „nach anderen Vorschriften andere Aufbewahrungsfristen bestehen" durch die Wörter „abweichende Regelungen bestehen oder eine längere Aufbewahrung aus anderen Gründen geboten ist" ersetzen.

> *„Begründung:*
>
> *Die Änderung dient der Klarstellung. Die Aufbewahrungspflicht kann weit über zehn Jahre hinausgehen, soweit es der Zweck der Dokumentation, etwa der gesundheitliche Zustand des Patienten, oder die Umstände im Einzelfall, insbesondere unter Berücksichtigung der Verjährungsfristen von zivilrechtlichen Ansprüchen, etwa der Höchstverjährungsfrist von 30 Jahren nach § 199 Absatz 2 BGB, erfordern (vgl. die Einzelbegründung in BR-Drs. 312/12, S. 37 f.).*
>
> *Das sollte ein Behandler aus Gründen der Rechtsklarheit und -sicherheit auch dem Gesetzestext entnehmen können. Denn eine fehlende, weil vorzeitig vernichtete Dokumentation zieht für ihn beweisrechtliche Nachteile nach sich (vgl. § 630h Absatz 3 BGB-E)."*

Diese Anregung wurde im endgültigen Gesetzestext teilweise aufgegriffen.

Dokumentationspflicht (§ 630f Abs. 1 Satz 1 BGB)

Text des § 630f Abs. 1 Satz 1 BGB:

„Der Behandelnde ist verpflichtet, zum Zweck der Dokumentation in unmittelbarem zeitlichen Zusammenhang mit der Behandlung eine Patientenakte in Papierform oder elektronisch zu führen."

Kommentierung:

Gesetzliche statt vertragliche Pflicht

§ 630f Abs. 1 BGB enthält die gesetzliche – bisher: vertragliche – Pflicht, für jeden Patienten eine Patientenakte zur Dokumentation des Behandlungsgeschehens zu führen. Der Zahnarzt hat nur die Wahl, ob die Behandlungsakte

- in **Papier**form (Karteikarte etc.), also auf klassische Weise, oder
- in **elektronischer** Form geführt wird.

Beide Varianten wurden bisher schon als zulässig angesehen.

Audio- oder Videodokumentation zulässig

Da es bei der elektronischen Variante nur auf die Speicherung in elektronischer Form ankommt, ist eine Audiodokumentation (z.B. von Aufklärungsgesprächen) oder Videodokumentation (z.B. von Operationen) zulässig. Sie muss nur entsprechend abgespeichert werden (BT-Drs. 17/10488, S. 26).

Zweck: sachgerechte therapeutische Behandlung

Nach der Gesetzesbegründung soll die Dokumentation auch künftig in erster Linie dem Zweck dienen, durch die Aufzeichnung des Behandlungsgeschehens eine sachgerechte therapeutische Behandlung und Weiterbehandlung zu gewährleisten. Das entspricht der Rechtsprechung, allerdings kommt dies in der im Regierungsentwurf als Beleg dafür zitierten Entscheidung des BGH vom 02.06.1987 – VI ZR 174/87 – gerade nicht zum Ausdruck.

Dokumentationspflicht (§ 630f Abs. 1 Satz 1 BGB)

Das OLG München hat in einem Urteil vom 17.03.2011 – 1 U 5245/10 – die Aufgaben der Dokumentation wie folgt zusammengefasst:

„Die ärztliche Dokumentation dient primär dem therapeutischen Interesse des Patienten und der Sicherstellung einer ordnungsgemäßen Behandlung bzw. Behandlungsfortführung hinsichtlich der Diagnose und Therapie. Sie bezweckt die Information sowohl des behandelnden Arztes als auch dessen Vertreters im Verhinderungsfall, ebenso sonstiger Ärzte oder des Pflegepersonals. Für alle kann die Kenntnis vom Zustand des Patienten, der erstellten Diagnose, dem Verlauf der Behandlung und den durchgeführten oder anstehenden Maßnahmen und Medikation relevant sein, um eine fachgerechte Behandlung des Patienten sicherzustellen. Zu dokumentieren sind deshalb die Umstände, die für die Diagnose und Therapie nach medizinischem Standard wesentlich sind und deren Aufzeichnung und Aufbewahrung für die weitere Behandlung des Patienten medizinisch erforderlich sind. Die ärztliche Dokumentation hat nicht die Funktion, dem Patienten Beweise für Schadensersatzansprüche in einem späteren Arzthaftungsprozess zu verschaffen.

Ungeachtet der medizinischen Funktion der ärztlichen Pflicht zur Dokumentation des Behandlungsgeschehens knüpft die Rechtsprechung jedoch an festgestellte Mängel oder Lücken der Behandlungsunterlagen im Arzthaftungsprozess auch beweisrechtliche Folgen. Zum einen gilt eine nicht dokumentierte, aber dokumentationsbedürftige Maßnahme bis zum Beweis des Gegenteils durch den Behandler als nicht durchgeführt. Zum anderen kann eine fehlende oder mangelhafte Dokumentation den Patienten in derartige Beweisnot bringen, dass eine Beweislastumkehr gerechtfertigt ist. Zum Dritten gilt auch im Arzthaftungsprozess das Verbot der schuldhaften Beweisvereitelung mit der Folge, dass der Beweis für die benachteiligte Partei als geführt anzusehen ist."

Diese Grundsätze greift der Gesetzgeber auf und formuliert in der Gesetzesbegründung (s. BT-Drs. 17/10488, S. 25 f.):

„Im Verlaufe einer Therapie werden regelmäßig verschiedene Untersuchungen vorgenommen und Ergebnisse erzielt, deren Kenntnis für die weitere Behandlung unverzichtbar sein kann. Ohne eine Dokumentation bestünde die Gefahr, dass wichtige Informationen, etwa Ergebnisse von Untersuchungen, in Vergessenheit geraten und damit verloren gehen könnten. Weiterhin sichert die Dokumentation die Möglichkeit, einen anderen Behandelnden zu konsultieren und diesem die Anamnese umfassend und vollständig vorzutragen. Dadurch können unnötige Doppeluntersuchungen vermieden und sowohl die körperlichen Belastungen für den Patienten als auch die Behandlungskosten gering gehalten werden. Weiterer Zweck der Dokumentation ist die Wahrung der Persönlichkeitsrechte des Patienten, die durch die Pflicht des Behandelnden, Rechenschaft über den Gang der Behandlung zu geben, erreicht wird. Medizinische Behandlungen finden in Bereichen statt, die sich dem Verständnis des Patienten als medizinischem Laien regelmäßig entziehen oder dem Patienten tatsächlich entzogen sind; Letzteres ist bei einem operativen Eingriff der Fall, bei dem der narkotisierte Patient den Geschehensablauf nicht mitbekommt. Schließlich spielt eine letzte Funktion der Dokumentation, die faktische Beweissicherung, für den Fall eines etwaigen Behandlungsfehlers eine maßgebliche Rolle. Unterlässt der Behandelnde die Dokumentation einer medizinisch wesentlichen Information oder Maßnahme, so greift zu seinen Lasten die besondere Beweislastregelung des § 630h Absatz 3 ein."

Zeitpunkt der Dokumentation (§ 630f Abs. 1 Satz 1 BGB)

Die Eintragungen in die Patientenakte sind nach § 630f Abs. 1 Satz 1 BGB in unmittelbarem zeitlichen Zusammenhang mit der Behandlung vorzunehmen. Es zeichnet sich jetzt schon Streit darüber ab, wann eine Dokumentation „in unmittelbarem zeitlichen Zusammenhang mit der Behandlung" vorgenommen wurde. Primär wird diese Vorgabe durch die sofortige Dokumentation – parallel oder im Anschluss an die jeweilige Patientenbehandlung – erfüllt. Aber es hieße die Augen vor der Praxisrealität zu verschließen, wenn man das ausnahmslos fordern wollte. Die Aufzeichnung der Behandlungsdokumentation ist ein Prozessgeschehen, das durch den Zahnarzt selbst (händisch) durchgeführt werden kann, vielfach aber auch durch Praxismitarbeiter erfolgt, sei es nach Diktat des Zahnarztes z.B. bei der Befunderhebung („46 mesial okklusal"), sei es nach deren eigenem Wissen als entsprechend aus- oder fortgebildete Kräfte. Darum muss es in jedem Fall ausreichen, wenn Aufzeichnungen abends durch den Zahnarzt abgeglichen werden.

Unmittelbarer zeitlicher Zusammenhang mit der Behandlung

Da aber auch das in der Tageshektik oft schlicht nicht möglich ist (auch Zahnärzte haben keine unbeschränkten Arbeitskapazitäten), reicht es m.E. aus, wenn die Dokumentation jedenfalls innerhalb von längstens 14 Tagen nach dem jeweiligen Behandlungsschritt abgeschlossen, d.h. zu Papier gebracht oder in die EDV eingegeben ist – mit der entsprechenden „Absegnung" bzw. Freigabe durch den Behandler. Das OLG Oldenburg, 30.04.1991 – 5 U 120/90 – billigte, wie sich aus dem Sachverhalt der Entscheidung ergibt, eine solche Frist von 14 Tagen für nach Kenntnis von der Schnittentbindung vorgenommene nachträgliche Eintragungen in den Mutterpass. Ein Zeitraum von sieben Monaten ist jedenfalls für die Anfertigung der Behandlungsdokumentation viel zu spät (LG Bonn, 02.09.2009 – 5 S 19/09), aber als Gedächtnisprotokoll kann das dennoch nützen (s. OLG Oldenburg, 12.04.1994 – 5 U 150/93).

Dokumentation innerhalb von 14 Tagen nach dem Behandlungsschritt

Nachträgliche Eintragungen nicht beweiskräftig

Das OLG München, 18.05.2006 – 1 U 1719/06 – verneint den Beweiswert einer zeitnahen Dokumentation, wenn der Zahnarzt handschriftliche Eintragungen auf der Rückseite des Anamnesebogens erst nachträglich bei Beginn der rechtlichen Auseinandersetzungen mit dem Patienten vorgenommen hat.

Zeitpunkt der Freigabe vermerken

Es empfiehlt sich also, den Zeitpunkt der Freigabe mit Rücksicht auf den nachstehend behandelten Punkt in der Dokumentation zu vermerken.

Nachträgliche Änderungen der Dokumentation (§ 630f Abs. 1 Sätze 2 und 3 BGB)

Text des § 630f Abs. 1 Satz 2 BGB:
„Berichtigungen und Änderungen von Eintragungen in der Patientenakte sind nur zulässig, wenn neben dem ursprünglichen Inhalt erkennbar bleibt, wann sie vorgenommen worden sind. Dies ist auch für elektronisch geführte Patientenakten sicherzustellen."

Kommentierung:

Die Frage, ob man in der Dokumentation überhaupt nachträglich Änderungen vornehmen darf, war lange Zeit umstritten. Hier steht die Integrität der Behandlungsakte als Urkunde i.S. des § 267 StGB und damit die strafbare Urkundenfälschung (OLG Köln, 19.09.1994 – 2 Ss. 123/94) bzw. – bei elektronischer Aufzeichnung – der Straftatbestand des § 269 StGB im Raum.

Nachträgliche Veränderungen der Dokumentation sind als solche zulässig. Sie müssen aber inhaltlich wahrheitsgemäß und natürlich transparent, also als Veränderungen erkennbar sein (vgl. OLG Köln, 08.09.2009 – 5 U 40/09; LBG für Ärzte in Stuttgart, 30.06.1984 – 4/83).

Transparente nachträgliche Veränderungen sind zulässig

Der BGH hat in einer Entscheidung vom 10.01.1984 – VI ZR 122/82 – schon früh die Auffassung vertreten, dass es einem (Zahn)Arzt, *„der seiner Dokumentationspflicht nicht vollständig nachgekommen ist und deswegen den Patienten in für diesen unlösbare Schwierigkeiten einer Aufklärung des Sachverhalts gebracht hat, unbenommen [sei], die fehlenden schriftlichen Angaben nachträglich zu ergänzen. Kann er das und vermag er diesen seinen Vortrag zu beweisen, dann stellt ein etwaiger Dokumentationsmangel kein Aufklärungshindernis mehr dar."*

Nachträglicher Ausgleich von Mängeln

Das OLG Oldenburg, 30.04.1991 – 5 U 120/90 – hielt es für zulässig, Mängel bei den Aufzeichnungen in den Krankenunterlagen durch eine nachträglich aus dem Gedächtnis gefertigte Eigendokumentation auszugleichen. Vorhandene Dokumentationslücken können auch durch Zeugenvernehmung geschlossen werden (OLG München, 12.12.1991 – 1 U 3075/91; OLG München, 25.07.2002 – 1 U 4499/01), auch wenn dies ein Weg ist, der in der Gerichtspraxis oft eher dornenreich verläuft.

Pflicht zur Kennzeichnung von Änderungen

§ 630f Abs. 1 Satz 2 BGB macht es nun explizit zur Pflicht, nachträgliche Änderungen, Berichtigungen oder Ergänzungen der Dokumentation kenntlich zu machen. Ziel des Gesetzes ist es, *„eine fälschungssichere Organisation der Dokumentation in Anlehnung an die Grundsätze ordnungsgemäßer Buchführung, wie sie bereits im Handelsgesetzbuch sowie in der Abgabenordnung geregelt sind, sicherzustellen"* (BT-Drs. 17/10488, S. 26). Nach dem Vorbild der §§ 239 Abs. 3, 146 Abs. 4 AO (Abgabenordnung) soll die Beweissicherungsfunktion der Patientenakte dadurch gewährleistet werden, dass die Dokumentation nur in der Weise geändert oder berichtigt werden darf, dass der ursprüngliche Inhalt weiterhin erkennbar bleibt.

Eine Neuerung enthält § 630f Abs. 1 Satz 2 BGB hinsichtlich der nachträglichen Änderung insoweit, als

- sie als solche erkennbar bleiben und
- das Datum, unter dem die Änderungen vorgenommen wurden, erkennbar sein muss.

Das gilt nach § 630f Abs. 1 Satz 3 BGB explizit auch für die elektronisch geführte Patientenakte. Das OLG Hamm, 26.01.2005 – 3 U 161/04 – hatte dazu bisher die Auffassung vertreten, der Beweiswert einer ärztlichen Behandlungsdokumentation werde nicht dadurch gemindert, dass ein EDV-Programm verwendet wird, das nicht gegen nachträgliche Veränderbarkeit gesichert ist, wenn der beklagte Arzt plausibel darlegen könne, dass seine Eintragung richtig ist, und dies aus medizinischen Gesichtspunkten schlüssig erscheine.

Künftig muss die dafür eingesetzte Software gewährleisten, dass nachträgliche Änderungen erkennbar sind. Diese Erkennbarkeit muss sich sowohl aus dem elektronischen Datenstream als auch auf entsprechenden Ausdrucken ergeben.

Änderungen elektronisch erkennbar

In Microsoft Word gibt es dafür z.B. die sog. Überarbeitungsfunktion. Diese hält nicht nur die Änderungen (Einfügungen oder Löschungen) durch entsprechende Textgestaltung grafisch leicht erkennbar fest, sondern auch das Datum und die Uhrzeit der Änderung, wobei es für letzteres auf die Systemzeit des Rechners zurückgreift. Vergleichbares muss die zur Dokumentation eingesetzte Praxissoftware auch leisten können, wenn sie ab Inkrafttreten des Patientenrechtegesetzes noch weiter verwendet werden soll. Praxissoftware, die das nicht leistet, muss umgehend upgegradet werden – oder die Behandlungsdokumentation muss ab Inkrafttreten des Patientenrechtegesetzes in Papierform erfolgen.

Upgrade der Praxissoftware

Eine Dokumentation, die den Anforderungen des § 630f Abs. 1 Sätze 2 und 3 BGB nicht genügt, wird allerdings nicht unmittelbar auffallen. Fällt sie aber auf, was sich in der Praxis i.d.R. an Inkongruenzen zeigt, die sich bei der Veränderung in die Behandlungsabläufe einschleichen, sind nicht nur Straftatbestände im Bereich der Urkundsdelikte nach §§ 267 ff. StGB verwirklicht, sondern im Zweifel liegt dann auch Betrug (§ 263 StGB) vor, nämlich dann, wenn die Veränderungen nachweisbar erfolgt sind, um mögliche Schadensersatzansprüche abzuwehren. Zugleich ist dann der Beweiswert der Dokumentation zerstört.

Urkundsdelikte, im Zweifel auch Betrug

Inhalte der Dokumentation (§ 630f Abs. 2 BGB)

> **Text des § 630f Abs. 2 BGB:**
>
> „Der Behandelnde ist verpflichtet, in der Patientenakte sämtliche aus fachlicher Sicht für die derzeitige und künftige Behandlung wesentlichen Maßnahmen und deren Ergebnisse aufzuzeichnen, insbesondere die Anamnese, Diagnosen, Untersuchungen, Untersuchungsergebnisse, Befunde, Therapien und ihre Wirkungen, Eingriffe und ihre Wirkungen, Einwilligungen und Aufklärungen. Arztbriefe sind in die Patientenakte aufzunehmen."

Kommentierung:

Nachvollziehbarkeit der Behandlung

§ 630f Abs. 2 Satz 1 BGB umschreibt die wichtigsten Inhalte der Patientendokumentation. Aufzuzeichnen ist alles, was für die derzeitige oder eine künftige Behandlung wesentlich ist. Diese Zielrichtung hat der BGH bereits mit seinem Urteil vom 27.06.1978 – VI ZR 183/76 – vorgegeben, indem er verlangte, die Dokumentation müsse so vollständig sein, dass ein fachkundiger Dritter aus ihr ohne Rücksprache mit dem Behandler die durchgeführte Behandlung nachvollziehen und den Patienten sachgerecht weiterbehandeln könne. Der Umfang der Dokumentation bestimmt sich daher nicht primär anhand der weiterbestehenden Funktion einer Gedächtnisstütze für den behandelnden Zahnarzt, sondern primär an den erforderlichen Informationen für einen noch nicht über den Patienten informierten Fachkollegen. Das ist ein sehr großer Unterschied. Dennoch dient die Dokumentation nicht der Abwehr bzw. Erleichterung von (Zahn)Arzthaftungsprozessen (OLG Koblenz, 27.07.2006 – 5 U 212/05; OLG Jena, 27.02.2008 – 4 U 2/04; OLG München, 17.03.2011 – 1 U 5245/10). Das muss auch künftig bei den Anforderungen an die Ordnungsgemäßheit einer Dokumentation stets beachtet werden.

Mit dem Gesetzestext wird eine schon früh von der Rechtsprechung postulierte Forderung durch den Gesetzgeber aufgegriffen, dass die Krankenblätter möglichst umfassend und genau den Krankheitsverlauf, die erhobenen Befunde und die im Zusammenhang mit der Behandlung stehenden Maßnahmen und Erklärungen des behandelnden Arztes sowie des Patienten wiederzugeben haben (OLG Saarbrücken, 04.07.1984 – 1 U 109/82 – mit nachfolgend bestätigender Entscheidung des BGH vom 23.04.1985 – VI ZR 167/84).

Krankheitsverlauf und Befunde möglichst umfassend

Der Umfang der Dokumentation wird im Einzelnen wesentlich durch die *„ärztlichen Gepflogenheiten"* bestimmt (s. insbesondere BGH, 16.05.1972 – VI ZR 7/71). Aufzuzeichnen sind nur die für die zahnärztliche Diagnose und die Therapie wesentlichen zahnmedizinischen Fakten in einer für den Fachkollegen hinreichend klaren Form (BGH, 24.01.1989 – VI ZR 170/88; OLG Stuttgart, 15.03.1990 – 14 U 38/87), abhängig vom Behandlungsauftrag und der medizinischen Relevanz der einzelnen Maßnahmen und Eingriffe (OLG Düsseldorf, 31.01.1985 – 8 U 286/81).

Ärztliche Gepflogenheiten

Zu dokumentierende Maßnahmen (§ 630f Abs. 2 Satz 1 BGB)

§ 630f Abs. 2 Satz 1 BGB listet beispielhaft, also nicht abschließend (*„insbesondere"*), als Bestandteile der Dokumentation auf:

- Anamnese
- Diagnosen
- Untersuchungen
- Untersuchungsergebnisse
- Befunde
- Therapien
- Wirkungen der Therapien
- Eingriffe
- Wirkungen der Eingriffe
- Einwilligungen
- Aufklärungen

Aus der Rechtsprechung (s. z.B. OLG Saarbrücken, 04.07.1984 – 1 U 109/82) ist insbesondere zu ergänzen:

- Krankheitsverlauf
- Erklärungen des Patienten
- Erklärungen des behandelnden Zahnarztes

Mit Rücksicht auf § 630d Abs. 1 Satz 2 BGB ist dringend zu empfehlen, ggf. auch zu dokumentieren (insbesondere bei der Behandlung von Jugendlichen ab etwa 14 Jahren),

- warum eine Einwilligungsfähigkeit des Patienten angenommen wurde.

Im Bereich der Zahnheilkunde kommen u.a. hinzu:

- Abdrucke
- Modelle (für beides verneint OLG München, 12.09.2007 – 1 U 2945/07 – mangels gesetzlicher Vorgaben eine Aufbewahrungspflicht, der Fall spielte allerdings vor Inkrafttreten des § 12 Abs. 1 Satz 2 Berufsordnung LZK Bayern)
- Fotos
- Röntgenaufnahmen (konventionell, CT, DVT, ggf. MRT),
- Aufklärungsformulare
- Gebührenvereinbarungen
- Mehrkostenvereinbarungen
- Zahnstatus vor Parodontalbehandlung (OLG Karlsruhe, 14.12.1988 – 7 U 29/88)
- Zahnstatus für Prothetik (OLG Koblenz, 18.06.2009 – 5 U 319/09),
- Behandlungsplanung (OLG Koblenz, 18.06.2009 – 5 U 319/09)
- Zustand des extrahierten Zahnes (insbesondere, ob vollständig extrahiert – OLG Oldenburg, 29.10.1991 – 5 U 50/91)
- Kontrolle der Wurzelfüllung auf Überstopfung (OLG Brandenburg, 08.11.2000 – 1 U 6/99)

sowie Aufzeichnungen über:

- Gründe für das Beschleifen der Zähne (OLG Oldenburg, 26.01.1999 – 5 U 160/98)
- Schmelzdefekte (OLG Köln, 19.01.2005 – 5 U 81/04)
- einen erheblichen Lockerungsgrad der Zähne (OLG Köln, 19.01.2005 – 5 U 81/04)
- Wiedervorstellungstermine (OLG Stuttgart, 21.06.1990 – 14 U 3/90)

Arztbriefe (§ 630f Abs. 2 Satz 2 BGB)

Gemäß § 630f Abs. 2 Satz 2 BGB sollen Arztbriefe als *„Transferdokumente, die der Kommunikation zwischen zwei Ärzten dienen und Auskunft über den Gesundheitszustand des Patienten geben, in die Patientenakte aufgenommen werden"* (BT-Drs. 17/10488, S. 26). Gleiches gilt für etwaige elektronische Befundergebnisse wie elektronische Röntgenaufnahmen oder Videoaufnahmen.

Arztbriefe als Transferdokumente

Nicht zu dokumentierende Maßnahmen

Nicht zu dokumentieren sind nach der Rechtsprechung – und daran ändert sich auch durch § 630f BGB nichts –, vorbehaltlich abweichender Gutachteraussagen im Prozess:

- Kontrolluntersuchungen, sofern es medizinisch nicht üblich ist, sie aufzuzeichnen (BGH, 23.03.1993 – VI ZR 26/92),
- Fehlen besonderer Vorkommnisse (BGH, 24.01.1984 – VI ZR 203/82),
- negative Tatsachen, d.h. alles, was der Behandler nicht beobachtet, nicht gehört und nicht gemacht hat (OLG München, 09.06.2005 – 1 U 2214/05),
- Routinemaßnahmen (BGH, 24.01.1995 – VI ZR 60/94),
- Dokumentation von Normalwerten, sofern nicht aus zahnmedizinischer Sicht doch erforderlich (BGH, 14.02.1995 – VI ZR 272/93),
- Grund der Pulpaeröffnung (LG Dortmund, 06.04.2011 – 4 O 90/09),
- medizinische Selbstverständlichkeiten wie z.B. eine spannungsfreie Verknotung der Nähte (OLG Oldenburg, 30.01.2008 – 5 U 92/06).

Methoden der Dokumentation

Aufzuzeichnen sind nur die für die ärztliche Diagnose und die Therapie wesentlichen medizinischen Fakten in einer für den Fachmann hinreichend klaren Form (BGH, 24.01.1989 – VI ZR 170/88).

Klare Fakten

Die Dokumentation kann im Volltext stattfinden, aber auch Kürzel sind erlaubt, sofern sie entweder für Fachkollegen nachvollziehbar sind (OLG Frankfurt/M., 03.11.1989 – 10 U 231/88; OLG Saarbrücken, 10.11.1993 – 1 U 354/93), z.B. die in den Gebührenordnungen verwendeten Abkürzungen, oder sich aus anderen Unterlagen eindeutig ergibt, was geschehen ist, z.B. im Rahmen von Qualitätssicherungsunterlagen. Allerdings reicht die bloße Eintragung der entsprechenden Abrechnungsziffer in die Dokumentation nicht aus (LG Köln, 05.03.2008 – 25 S 6/06; SG Marburg, 21.11.2012 – S 12 KA 8/12). Das Beispiel aus Abbildung 1 ist hierfür ebenso unzureichend wie ein aktueller Fall, der in Abbildung 2 wiedergegeben ist.

Volltext oder nachvollziehbare Abkürzungen

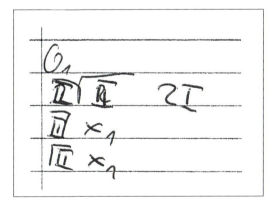

Abb. 1
Vollständig wiedergegebene Behandlungsdokumentation zur Extraktion (X1 = Nr. 43 BEMA) zweier Milchzähne (82 und 72) nach eingehender Untersuchung (Nr. 01 BEMA) unter Infiltrationsanästhesie (I = Nr. 40 BEMA) für jeden Zahn. Das Entscheidende, nämlich was die Untersuchung ergab und warum die Zahnärzte gezogen wurden, ist nicht dokumentiert.

```
--------------------------------------------------
KONS.    :29.10.2012    ZE  :           Mu :
01-BEFUND:29.10.2012    Ä1  :           Zst:
--------------------------------------------------
AKTUELLER BEFUND

         f  f  k  k  k  k  k  k ! k  k  k  k  k  f  f
         18 17 16 15 14 13 12 11 ! 21 22 23 24 25 26 27 28
         --------------------------+-------------------------
         48 47 46 45 44 43 42 41 ! 31 32 33 34 35 36 37 38
         f  k  k                 !              k  b  k  f


--------------------------------------------------
              L E I S T U N G S A N G A B E N
--------------------------------------------------
=============== 4/2012
29.10.2012
              u       1              Unters. Zahn-, Mund-, Kiefererkr.        ( 1/1 )

         f  f  k  k  k  k  k  k ! k  k  k  k  k  f  f
         18 17 16 15 14 13 12 11 ! 21 22 23 24 25 26 27 28
         --------------------------+-------------------------
         48 47 46 45 44 43 42 41 ! 31 32 33 34 35 36 37 38
         f  k  k                 !              k  b  k  f

              zst     1              Entfernen harter Zahnbeläge, je    ( 1/1 )
                                     Sitzung
              04      1              Erhebung des PSI-Code               ( 1/1 )
         34   2100    odl  1  3.7095 Füllung dreiflächig: Präparieren    ( 1/1 )
                                     einer Kavität u. Restauration mit
                                     Kompositmaterialien /
                                     Adhäsivtechnik /
                                     Mehrschichttechnik / Inserts
                                     Tetric                              ( 1/1 )
                                     Konstruktionsbedingter              ( 1/1 )
                                     Mehraufwand Konstruktionsbed.
         34   f3      odl  1         Mehrfl. Füllung                     ( 1/1 )
                                     34 fllg bb              jr          ( 1/1 )
```

Abb. 2
Vollständige Behandlungsdokumentation. Warum Zahn 34 überhaupt behandelt wurde, warum Zahnstein (Zst) entfernt wurde, was der Befund nach Nr. 04 BEMA ergab, ist nicht festgehalten.

Ausreichend verständliche Stichworte

Eine stichwortartige Dokumentation wird im Regelfall genügen, sofern sie für Fachkollegen noch ausreichend verständlich ist (OLG Oldenburg, 30.01.2008 – 5 U 92/06).

Die Patientenakten müssen nicht durchnummeriert werden (OLG München, 18.09.2008 – 1 U 4837/07, insoweit bestätigt durch BGH, 09.06.2009 – VI ZR 261/08).

10 Jahre Aufbewahrungspflicht (§ 630f Abs. 3 BGB)

Text des § 630f Abs. 3 BGB:

„Der Behandelnde hat die Patientenakte für die Dauer von zehn Jahren nach Abschluss der Behandlung aufzubewahren, soweit nicht nach anderen Vorschriften andere Aufbewahrungsfristen bestehen."

Kommentierung:

§ 630f Abs. 3 BGB sieht in Übereinstimmung mit § 10 Abs. 3 MBO-Ä bzw. § 12 Abs. 1 Satz 1 MBO-Z vor, dass die Patientenakte im Regelfall für die Dauer von zehn Jahren nach Abschluss der Behandlung aufzubewahren ist. Soweit andere Vorschriften eine längere oder kürzere Aufbewahrungsfrist vorsehen, bleiben diese bestehen. Solche gesetzliche Vorschriften finden sich etwa in § 28 Abs. 3 Satz 1 RöV oder § 42 Abs. 1 der StrlSchV, die z.B. eine Aufbewahrung von Aufzeichnungen über Behandlungen mit Röntgenstrahlen von 30 Jahren vorschreiben.

Andere Vorschriften bleiben bestehen

Zumindest die meisten zahnärztlichen Berufsordnungen haben mittlerweile § 12 Abs. 1 Sätze 2 und 3 MBO-Z übernommen, was im Zusammenhang mit § 630f Abs. 3 BGB ein Problem darstellen wird, wenn das Berufsrecht nicht rasch geändert wird. Danach sind zahnärztliche Modelle, die zur zahnärztlichen Dokumentation notwendig sind, mindestens zwei Jahre nach Abschluss der Behandlung aufzubewahren, „soweit nicht nach gesetzlichen oder anderweitigen Vorschriften längere Aufbewahrungsfristen bestehen". Man mag sich im Einzelfall darüber streiten, ob ein Modell ein Hilfsmittel ist oder Bestandteil der zahnärztlichen Dokumentation (s. dazu schon OLG München, 12.09.2007 – 1 U 2945/07); aber halten die Modelle denn ohne weiteres 10 Jahre durch, ganz abgesehen vom Platzbedarf z.B. in der Kieferorthopädie?

Konflikte mit zahnärztlichen Berufsordnungen

Die Zeitspanne des § 630f Abs. 3 BGB entspricht den von der Rechtsprechung der oberinstanzlichen Gerichte für den Regelfall vorgesehenen Aufbewahrungsfristen von zehn Jahren (OLG Hamm, 12.12.2001 – 3 U 119/00; OLG Hamm, 29.01.2003 – 3 U 91/02). Soweit es der Zweck der Dokumentation, etwa der gesundheitliche Zustand des Patienten oder die Gegebenheiten im Einzelfall, erfordern, kann die Aufbewahrungsfrist des § 630f Abs. 3 BGB auch über zehn Jahre hinausgehen. Dies soll nach den Vorstellungen des Gesetzgebers insbesondere unter Berücksichtigung der Verjährung von zivilrechtlichen Ansprüchen des Patienten gelten, die nach der Höchstverjährungsfrist des § 199 Abs. 2 BGB erst nach 30 Jahren verjähren können (BT-Drs. 17/10488, S. 26). Allerdings ist hier klar zu betonen, dass der Zahnarzt mangels Kenntnis oder bei doch auf erheblicher Fahrlässigkeit beruhender Unkenntnis (Nichtwissenwollen) nicht gehindert ist, die Akten 10 Jahre nach Abschluss der Behandlung auszusortieren. Das sollte er aber nicht in Fällen machen, in denen es innerhalb der Behandlung oder des 10-Jahres-Aufbewahrungszeitraums schon zu Problemen mit dem Patienten gekommen ist. Denn dann gibt es kein Vertrauen, dass die Unterlagen nicht mehr gebraucht werden.

Aufbewahrung im Einzelfall auch über zehn Jahre

Unter Abschluss der Behandlung ist dabei nicht unbedingt ein bestimmtes, zeitlich genau fixiertes Datum in der Vergangenheit zu verstehen. Die Behandlung ist bei festsitzendem Zahnersatz abgeschlossen, wenn er eingegliedert und vom Patienten als beschwerdefrei akzeptiert worden ist (OLG Düsseldorf, 20.03.1992 – 22 U 146/91; OLG Frankfurt/M., 17.02.2005 – 26 U 56/04). Kommt es zu Anpassungsmaßnahmen (Einschleifen und dgl.), verzögert sich der Abschluss. Kommt der Patient einfach irgendwann nicht mehr wieder und hört man auch sonst nichts mehr von ihm, kann man die zehn Jahre ab dem letzten Behandlungstermin rechnen.

Definition: Abschluss der Behandlung

Abzustellen ist allerdings auf die konkrete Behandlung. Das 2002 gesetzte Implantat regio 46 ist ein anderer Behandlungsfall als der 2003 eingegliederte herausnehmbare Zahnersatz im OK. Die Zehnjahresfristen laufen hier getrennt.

Fristen je nach konkreter Behandlung

Dokumentation und Beweislast (§ 630h Abs. 3 BGB)

Text des § 630h Abs. 3 BGB:

„Hat der Behandelnde eine medizinisch gebotene wesentliche Maßnahme und ihr Ergebnis entgegen § 630f Absatz 1 oder Absatz 2 nicht in der Patientenakte aufgezeichnet oder hat er die Patientenakte entgegen § 630f Absatz 3 nicht aufbewahrt, wird vermutet, dass er diese Maßnahme nicht getroffen hat."

Kommentierung:

§ 630h Abs. 3 BGB knüpft an Fehler in der Dokumentation sowie an die Verletzung der Aufbewahrungspflicht unmittelbare beweisrechtliche Konsequenzen.

Mit dem ersten Teil dieser Norm (Nichtaufzeichnung) knüpft der Gesetzgeber an die bestehende Rechtsprechung an. Danach indiziert das Nichtaufzeichnen einer aufzeichnungspflichtigen Maßnahme, dass sie unterblieben ist (BGH, 24.01.1989 – VI ZR 170/88). Im zweiten Teil der Norm (Aufbewahrungsfrist) geht der Gesetzgeber über die bisherige Rechtsprechungspraxis hinaus. Diese machte den Behandler nur dann für das Vorhandensein der Behandlungsdokumentation haftbar, wenn er deren Verschwinden nicht erklären konnte (BGH, 21.11.1995 – VI ZR 341/94; OLG Köln, 18.01.1988 – 7 U 126/87: voll beherrschbarer Gefahrenkreis, also Anwendungsbereich des § 630h Abs. 1 BGB) oder gar selbst verursacht hat (OLG Hamm, 12.12.2001 – 3 U 119/00), nicht aber dann, wenn der Patient die Unterlagen erhalten hatte und streitig ist, ob sie je wieder zurückgekommen sind.

Nichtaufzeichnung indiziert Unterbleiben

Haftung für das Vorhandensein der Dokumentation

Nach § 630f Abs. 3 BGB soll, wie es in der Gesetzesbegründung heißt, „*vermutet werden, dass medizinisch gebotene wesentliche Maßnahmen, die entgegen § 630f BGB nicht in der Patientenakte aufgezeich-*

net wurden, nicht getroffen wurden. Aus § 630f folgt die Pflicht des Behandelnden, sämtliche für die Behandlung wesentliche Maßnahmen und Ergebnisse zu dokumentieren. Die Dokumentation soll nicht nur die Therapie des Patienten sichern, sondern auch Rechenschaft über die Maßnahmen des Behandelnden ablegen, um einen Ausgleich zu dem Wissensvorsprung des Behandelnden gegenüber dem Patienten herzustellen. Hat der Behandelnde gegen seine Befunderhebungs- oder Befundsicherungspflicht verstoßen, bleibt unklar, ob der Behandelnde einen Befund überhaupt erhoben oder einen erhobenen Befund tatsächlich richtig gedeutet hat. Diese Unsicherheit erschwert dem Patienten die Beweisführung hinsichtlich eines Behandlungsfehlers und brächte ihn in Beweisnöte. Da diese Unsicherheit aber aus der Sphäre des Behandelnden stammt, wäre es unbillig, dem Patienten die erschwerte Beweisführung aufzuerlegen. Mithin ist es in Anknüpfung an die Rechtsprechung sachgerecht, den Behandelnden mit der Vermutung des Absatzes 3 zu belasten.

Verstößt der Behandelnde gegen die Dokumentationspflicht aus § 630f, führt die Vermutung in Absatz 3 in Anknüpfung an die bisherige Rechtsprechung dazu, dass die dokumentationspflichtigen Maßnahmen als unterblieben und von dem Behandelnden nicht getroffen anzusehen sind. Allerdings soll der Patient durch diese Vermutung nicht besser stehen, als er im Falle der ordnungsgemäßen Befunderhebung und Befundsicherung stünde. Mithin reicht die Beweiserleichterung in der Regel nur bis zu der Vermutung, dass der Befund ein für den Behandelnden reaktionspflichtiges Ergebnis erbracht hätte. Dem Behandelnden verbleibt die Möglichkeit, gegen die Vermutung gemäß § 292 ZPO das Gegenteil zu beweisen.

Auf der Basis des Absatzes 3 soll im Übrigen auch die Rechtsprechung des Bundesgerichtshofs zu den sogenannten Anfängerfehlern im Bereich der Dokumentation fortgesetzt werden. Bei Behandlungen eines Berufsanfängers handelt es sich stets um wesentliche Maßnahmen im Sinne des Absatzes 3, die auch bei bloßen Routineeingriffen exakt dokumentiert werden müssen. Der Verstoß gegen diese Dokumentationspflicht bei Behandlungen durch Berufsanfänger führt zum Schutze des Patienten zu der Vermutung des Absatzes 3. Der unterlassenen Aufzeichnung der Dokumentation steht die Vernichtung der

Dokumentation bei Berufsanfängern

Dokumentation vor Ablauf der Aufbewahrungsfrist des § 630f Absatz 3 gleich. Die Norm, die den Patienten vor einer unvollständigen Dokumentation schützt, gilt erst recht, wenn die Dokumentation vollständig fehlt.

Die Vermutung des Absatzes 3 greift in zeitlicher Hinsicht allerdings nur so lange ein, wie den Behandelnden auch eine Befunderhebungs- und Befundsicherungspflicht trifft. Hingegen erwachsen dem Behandelnden oder einem Krankenhausträger nach Ablauf der Aufbewahrungsfrist keine beweisrechtlichen Nachteile aus der Vernichtung oder dem Verlust der Dokumentation. Daher führt auch eine lückenhafte oder vollständig vernichtete Dokumentation nach dem Ablauf der Aufbewahrungsfrist nicht mehr zu einer Beweislastumkehr" (BT-Drs. 17/10488, S. 29 f.).

Letzteres entspricht der bisherigen Rechtslage (s. OLG Hamm, 29.01.2003 – 3 U 91/02).

8 Exkurs: Datenschutz und Röntgenaufnahmen

Stefan Liepe

Das Patientenrechtegesetz räumt dem Patienten ein umfassendes Recht auf Einsicht und Überlassung einer Kopie seiner Behandlungskarteikarte ein. Dieses schließt die vorhandenen digitalen Unterlagen sowie Röntgenbilder des Patienten ein. Der Gesetzgeber hat dieses in seiner Begründung zum Gesetz wie folgt ausgeführt: *„Der Patient hat ein berechtigtes Interesse an der Kenntnis des Inhalts der Akte. Die Abschriften können sowohl von einer in Textform erstellten Dokumentation als auch von elektronischen Dokumenten und gegebenenfalls auch in Form maschinenlesbarer Datenkopien oder Dateien in elektronischer Form angefertigt werden. Mithin kann ein Behandelnder auch verpflichtet sein, dem Patienten die Kopie einer Videoaufnahme auszuhändigen"* (BT-Drs. 17/10488, S. 27).

Zunehmendes Patienteninteresse an Dokumenten

Der Behandler wird sich daher zukünftig einem zunehmenden Interesses seiner Patienten an der Überlassung der Behandlungsdokumentation gegenüber sehen. Gefördert wird dieses Auskunftsbegehren auch durch die steigende Häufigkeit von Anforderungen seitens der Kostenerstatter. Besonders die wachsende Zahl von Zusatzversicherungen unterstützt diesen Trend.

Form der Kopien

Liegt die Behandlungsdokumentation in einer handschriftlich geführten Form auf Papier vor, wird die Überlassung der Aufzeichnungen in Form von Fotokopien der einfachste und praktikabelste Weg sein. Wird die Behandlungsdokumentation elektronisch geführt, kann ein Ausdruck derselben auf Papier erfolgen. Zu beachten ist, dass Berichtigungen und Änderungen von Eintragungen in der Patientenakte nur zulässig sind, wenn der ursprüngliche Inhalt erkennbar bleibt. Dieses betrifft auch die elektronisch geführte Patientenkartei. Der Behandler tut also gut daran, die eingesetzten Softwareprogramme auf diese Funktionalität hin zu überprüfen.

Änderungen müssen erkennbar sein

Wem gehört das Röntgenbild?

Ist der Zahnarzt Eigentümer der Röntgenaufnahme oder hat der Patient ein Recht auf das eigene Bild? Die Antwort auf beide Fragen ist eindeutig: „JEIN!".

Der Patient hat keinen Anspruch auf Herausgabe von Original-Röntgenaufnahmen zum dauerhaften Verbleib bei ihm. Im Rahmen eines Behandlungsvertrages gefertigte Röntgenaufnahmen gehören dem Urheber; sie sind also Eigentum des Zahnarztes, der sie angefertigt hat (BGH, 02.10.1984 – VI ZR 311/82). Daran ändert auch der Umstand nichts, dass der Zahnarzt für die Herstellung der Röntgenaufnahmen vom Patienten oder dessen Kostenträger eine Vergütung erhält.

Röntgenaufnahmen gehören dem Urheber

Der Patient hat aus dem Behandlungsvertrag grundsätzlich lediglich ein Recht zur Einsicht in die ihn betreffenden subjektiven Behandlungsunterlagen.

Patient hat nur Einsichtsrecht

Handelt es sich dabei um Aufzeichnungen über eine Untersuchung mit Röntgenstrahlung, muss für Aufzeichnungen und Röntgenaufnahmen zusätzlich § 28 RöV beachtet werden. Danach hat der Zahnarzt dem Patienten auf dessen Wunsch Aufzeichnungen und Röntgenaufnahmen lediglich in Kopie zu überlassen. Die Kosten dafür trägt der Patient (§ 630g Abs. 2 Satz 2 BGB).

RöV zusätzlich gültig

Weitergabe an einen Zahnarzt

Vermeidung weiterer Röntgenuntersuchungen

Dem Patienten müssen die Röntgenaufnahmen zur Weiterleitung an einen weiterbehandelnden Zahnarzt allerdings im Original überlassen werden, wenn zu erwarten ist, dass nur dadurch eine weitere Untersuchung mit Röntgenstrahlung vermieden werden kann. Das Gleiche gilt für die Anforderung der Röntgenaufnahme/n durch einen mit- oder weiterbehandelnden Zahnarzt.

Vollmacht und Befreiung von der Schweigepflicht

Hat der Patient einen Dritten beauftragt, die Aufzeichnungen und/oder Röntgenbilder in der Praxis abzuholen und an den Nachbehandler weiterzuleiten? Dann ist die Herausgabe der Unterlagen an den Dritten nur zulässig, wenn dieser vom Patienten zur Entgegennahme der Unterlagen bevollmächtigt ist und der Patient den Zahnarzt – soweit es um die Aushändigung der Unterlagen an den Dritten geht – von der zahnärztlichen Schweigepflicht befreit hat.

Die Aushändigung der Original-Röntgenaufnahmen an den Patienten oder an Dritte sollte vom Empfänger quittiert werden.

Überlassung der Originalaufnahmen nur vorübergehend

Die Überlassung der Original-Röntgenaufnahmen erfolgt immer nur vorübergehend, da nach § 28 RöV derjenige aufbewahrungspflichtig ist, der die Aufnahmen angefertigt hat. Gemäß § 28 Abs. 8 Satz 4 RöV hat der Aufbewahrungspflichtige bei Weitergabe der Röntgenaufnahmen auf die Pflicht zur Rückgabe der Aufnahmen (möglichst schriftlich) hinzuweisen.

Folgender Text hat sich in diesem Zusammenhang bewährt:

> !
>
> „Röntgenaufnahmen und die zugehörigen Aufzeichnungen werden in der Verantwortung des Strahlenschutzverantwortlichen und der untersuchenden Einrichtung aufbewahrt. Die Ausgabe der beiliegenden Unterlagen erfolgt nur vorübergehend zur Einsicht; unverzügliche Rückgabe wird erwartet."

Die Aufnahmen sind deshalb nach der Einsichtnahme unverzüglich an den Aufbewahrungspflichtigen zurückzusenden.

Herausgabe bzw. Weitergabe an gesetzliche oder private Krankenversicherungen

Es kommt immer wieder vor, dass Krankenkassen Röntgenaufnahmen anfordern. Für die Überlassung von Röntgenaufnahmen und anderen Patientenunterlagen ist eine gesetzliche Grundlage erforderlich. Diese Grundlage besteht aber nur für den Medizinischen Dienst der Krankenkassen (MDK) und nicht für die Krankenkassen selbst oder deren Beratungszahnärzte. Die Herausgabe an Krankenversicherungen kann nur erfolgen, wenn der Patient dies ausdrücklich wünscht und wenn der Zahnarzt für den Einzelfall schriftlich von der Schweigepflicht entbunden wird. In diesem Fall sollten möglichst keine Original-Unterlagen herausgegeben werden.

Gesetzliche Überlassung nur für den MDK

Schweigepflichtentbindung bei Krankenkassen

Röntgenaufnahmen auf elektronischem Datenträger

Empfänger bestimmt die Form

Digital erstellte Röntgenaufnahmen, die auf elektronischen Datenträgern aufbewahrt werden, müssen einem mit- oder weiterbehandelnden Zahnarzt oder einer zahnärztlichen Stelle in einer für diese geeigneten Form zugänglich gemacht werden. Das heißt, der Empfänger bestimmt die Form.

Übereinstimmung der Daten

Es muss sichergestellt sein, dass die Daten mit den Ursprungsdaten übereinstimmen und die daraus erstellten Bilder zur Befundung geeignet sind. Nicht-transparente Dokumentationsmedien sind nur in Verbindung mit dem schriftlichen Befund erlaubt.

Digitale Archivierung nur verlustfrei

Die digitale Archivierung hat grundsätzlich nur verlustfrei zu erfolgen; eine Kompression darf nicht zu einer Reduktion der diagnostischen Information führen. Das Basisbild muss unverändert bleiben und die bei einer Nachbearbeitung für die Befundung verwendeten Bearbeitungsparameter müssen zusätzlich archiviert werden.

Versandkosten

Werden Röntgenaufnahmen an einen mit- bzw. weiterbehandelnden Zahnarzt geschickt, können die tatsächlichen Versandkosten als „bare Auslagen" bei gesetzlichen und privaten Kostenträgern berechnet werden.

Versandkosten als Barauslagen

Verlangt der Patient Kopien der Röntgenaufnahmen und/oder der Behandlungsunterlagen zur eigenen Verwendung, hat der Patient die Kosten zu übernehmen.

Kopien für den Patienten

Der Zahnarzt kann die Versendung der Röntgenaufnahmen verweigern, solange ihm der Patient die Kosten nicht im Voraus gezahlt hat, (§ 811 Abs. 2 Satz 2 BGB).

Dokumentation

Quittung und Rückgabehinweis

Wird die Aushändigung von Original-Unterlagen vom Empfänger quittiert und wird schriftlich auf die Rückgabe wegen der Aufbewahrungspflicht nach RöV hingewiesen, können dem Zahnarzt keine Nachteile entstehen. Weder ist eine Verletzung der Aufbewahrungspflicht nach der RöV vorwerfbar noch ist er im Falle des späteren Verlustes der Röntgenaufnahmen verantwortlich, sodass ihm insoweit keine Beweisschwierigkeiten im Rahmen eines etwaigen Kunstfehlerverfahrens drohen sollten. Im Einzelfall empfiehlt es sich allerdings aus Gründen der Beweissicherung, eine Kopie der Röntgenaufnahmen (auf eigene Kosten) an den Patienten herauszugeben oder die Original-Röntgenaufnahmen direkt dem weiterbehandelnden Zahnarzt zu übergeben mit dem Hinweis auf die Pflicht zur Rückgabe nach der Einsichtnahme.

Aufbewahrungsfrist

Gemäß § 28 Abs. 3 RöV müssen die Aufzeichnungen über Röntgenuntersuchungen zehn Jahre aufbewahrt werden. Aufzeichnungen von Untersuchungen an Personen, die das 18. Lebensjahr noch nicht vollendet haben, müssen bis zur Vollendung des 28. Lebensjahres aufbewahrt werden.

Aufzeichnungen

Aufgezeichnet werden müssen Angaben zum Patienten und zur Untersuchung (s. § 28 Abs. 1 RöV). Zu den Aufzeichnungen gehören auch die Röntgenaufnahmen. Fehlaufnahmen sind ebenfalls mit ihren Daten zu erfassen und zu kennzeichnen; eine Archivierung ist aber nicht erforderlich.

Datensicherheit

Digitale Röntgenaufnahmen und die dazugehörenden Aufzeichnungen müssen – wie die konventionellen – nach der Röntgenverordnung für bestimmte Zeiträume archiviert werden. Dies stellt den Zahnarzt vor vielfältige Probleme. Er muss dafür Sorge tragen, dass die archivierten Daten vor Veränderung, Verfälschung und Verlust geschützt sind, die Aufbewahrungsfristen eingehalten werden und die Nutzung nur durch Berechtigte sichergestellt ist.

Schutz der archivierten Daten

Datenaustausch über das Internet oder Datenträger (CD, DVD oder USB-Stick)

Versand über das Internet ist problematisch

Wenn entsprechende Daten zwischen Praxen oder zwischen einem Dritten und der Praxis ausgetauscht werden, birgt dies immense Gefahren. Ein Versand oder Empfang über das Internet ist problematisch.

Anforderungen an Schweigepflicht und Datenschutz

Bei der Übersendung der Röntgenbilder via Internet müssen die involvierten Ärzte neben den Anforderungen an die ärztliche Schweigepflicht auch datenschutzrechtliche Bestimmungen beachten. Grundsätzlich sind Zahnärzte in Fällen der Mit- und Nachbehandlung gegenüber den involvierten Ärzten von der ärztlichen Schweigepflicht befreit, denn hier ist regelmäßig eine stillschweigende Einwilligung des Patienten anzunehmen. Werden Röntgenbilder per elektronischer Datenübertragung übermittelt, sind der Datenschutz und die Datensicherheit sicherzustellen. Ziel dieser Pflichten ist die Gewährleistung von Vertraulichkeit und Unversehrtheit der Daten. Die Maßnahmen zu Datenschutz und Datensicherheit müssen dem jeweiligen Stand der Technik entsprechen.

Nachlassen der Sensibilität für den Datenschutz

In der allgemeinen Praxis ist ein Nachlassen der Sensibilität für den Datenschutz im täglichen Umgang mit Daten zu verzeichnen. Hier ist so etwas wie ein Gewöhnungseffekt zu beobachten. Immer mehr User geben in Internetforen und Social Networks in erheblichen Umfängen persönliche Informationen von sich und auch anderen preis. Dadurch, dass es im persönlichen Bereich zur Normalität wird, Informationen auszutauschen, ist auch die Hemmschwelle im beruflichen Alltag gesunken.

Verschlüsselung wird nicht genutzt

So passiert es heute durchaus, dass Röntgenbildern oder Behandlungsunterlagen in einer unverschlüsselten und unsignierten Mail verschickt werden. Es sind zwar durchaus geeignete Verschlüsselungsmethoden (z.B. PGP oder X.509) vorhanden, Tatsache ist jedoch, dass sich keines der Verfahren bislang ausreichend durchsetzen konnte.

Der Weg einer E-Mail durch das Internet bis zu seinem Empfänger ist darüber hinaus nicht vorhersehbar. Es ist also nicht sichergestellt, dass eine Mail auf ihrem Weg zum Empfänger nicht mitgelesen oder gar verändert wird.

Oder es werden die Daten auf einen praxisfremden Server überspielt, ohne Wissen, wer auf die Daten Zugriff hat. Auch die Datensicherung auf Speichersystemen im Internet (Cloud-Lösungen und Ähnliches) ist inzwischen üblich, aber es wird nicht überprüft, ob die einschlägigen Vorschriften erfüllt werden können.

Daten auf praxisfremdem Server

Es sollte genau definiert sein, wer welche Daten eingeben oder ändern darf. Das unberechtigte Weitergeben oder Löschen von Daten muss prinzipiell unterbunden werden. Zudem sollte jede Datenbewegung dokumentiert und nachvollzogen werden können. Werden aus gutem Grund Daten weitergegeben, müssen diese verschlüsselt werden, wobei lediglich der rechtmäßige Empfänger über den entsprechenden Schlüssel verfügen sollte. Nur wenn sichergestellt werden kann, dass die richtige Person der Datenempfänger ist, ist eine Datenübertragung über das Internet zulässig. Die genauen Arbeitsabläufe zur Datenweitergabe sollten im einrichtungsinternen Qualitätsmanagement dokumentiert sein.

Wer darf welche Daten eingeben oder ändern?

Dokumentation und Verschlüsselung bei Weitergabe

Wenn digitale Röntgenbilder an einen mit- oder nachbehandelnden oder begutachtenden Zahnarzt bzw. an eine Zahnärztliche Stelle Röntgen (Qualitätssicherung) weitergeleitet werden, so muss dies in einer für den Empfänger les- und befundbaren Form geschehen. Komprimierungen sind zu vermeiden, da sie zu Datenverlust führen. Das Basisbild ist zu versenden. Als Medium für die Weitergabe kommen insbesondere CD-R, DVD oder USB-Sticks in Frage. Gegebenenfalls sollte ein entsprechender Viewer mit exportiert werden.

Datenverlust vermeiden

Ausdrucke sind möglich, es muss jedoch sichergestellt werden, dass diese Befundungsqualität erreichen.

Gesetze und Verordnungen beachten

Sobald in der Praxis mittels elektronischer Datenverarbeitung Patientendaten aufgenommen und verarbeitet werden bzw. digitale Röntgenbilder vorliegen oder erstellt werden, gilt es eine Reihe von Gesetzen und Verordnungen zu beachten.

Die Infrastrukturen für die gesicherte, verschlüsselte Datenübertragung und externe Datenspeicherung befinden sich in der Planung bzw. im Aufbau.

Datenschutz und Telemedizin

Die Konferenz der Datenschutzbeauftragten des Bundes und der Länder haben in dem Arbeitspapier „Datenschutz und Telemedizin" (Stand 10/02) die folgenden neun Anforderungen an Medizinnetze definiert:

Anforderungen an Medizinnetze

1. Vertraulichkeit

Der Arzt muss die Vertraulichkeit der erhobenen, gespeicherten, übermittelten oder sonst verarbeiteten Daten gewährleisten. Anders ausgedrückt: Nur befugte Personen dürfen die personenbezogenen Daten einsehen. Dies ist durch eine Verschlüsselungsmethode zu gewährleisten, die dem jeweiligen Stand der Technik entspricht.

2. Authentizität (Zurechenbarkeit)

Die Authentizität der Daten muss gewährleistet sein. Dies kann durch eine elektronische Signatur und die Nutzung eines Zeitstempels geschehen.

3. Integrität

Mit der elektronischen Signatur wird gleichzeitig die Echtheit, Korrektheit und Vollständigkeit des Dokumenteninhalts bescheinigt, da der Signaturvorgang eine bewusste Handlung vom Signierenden erfordert.

4. Verfügbarkeit

Die Verfügbarkeit der Daten muss gewährleistet sein. Konkret heißt das, dass die Daten zeitgerecht zur Verfügung stehen müssen und ordnungsgemäß verarbeitet werden können. Dafür müssen selbstverständlich alle Beteiligten über die jeweils nötigen technischen Voraussetzungen verfügen.

5. Revisionsfähigkeit

Die Revisionsfähigkeit der Daten muss gewährleistet sein. Das heißt, dass man die Verarbeitungsprozesse lückenlos nachvollziehen und auch feststellen kann, wer wann welche patientenbezogenen Daten auf welche Weise verarbeitet hat. Grundvoraussetzung ist hier ebenfalls die elektronische Signatur. Denn der Inhalt eines elektronisch signierten Dokuments lässt sich nicht ohne Verletzung der elektronischen Signatur verändern.

6. Validität

Die Validität der Daten muss zudem gewährleistet sein. Diese Forderung betrifft insbesondere die Bilddaten, bei denen es auf Qualitätsmerkmale wie Bildauflösung und Farbechtheit ankommt. Die Validität wird von der Integrität nicht umfasst. Daten können zwar integer im Sinne von vollständig und unversehrt sein, gleichzeitig können sie jedoch unzureichend für medizinische Nutzungszwecke sein, weil es ihnen an Darstellungsqualität und Aktualität mangelt.

7. Rechtssicherheit

Für jeden Verarbeitungsvorgang und dessen Ergebnisse ist der Verursachende bzw. Verantwortliche beweiskräftig nachweispflichtig. Die Voraussetzung für die Rechtssicherheit ist die Revisionsfähigkeit und damit auch das elektronische Signieren eines jeden patientenbezogenen Dokuments. Damit eine elektronische Signatur rechtsverbindlich einer verantwortlichen Person zugeordnet werden kann, bedarf es einer sogenannten qualifizierten Signatur – eine gewöhnliche elektronische Signatur reicht hierzu nicht aus.

8. Nicht-Abstreitbarkeit von Datenübermittlungen

Die Nicht-Abstreitbarkeit des Sendens und Empfangens von patientenbezogenen Dokumenten muss gewährleistet sein. Und zwar in beide denkbaren Richtungen: Einerseits muss der Sender eines patientenbezogenen Dokuments sicher sein können, dass das Dokument seinen Empfänger auch wirklich erreicht hat. Dabei darf der Sender nicht abstreiten können, genau dieses Dokument an genau den Empfänger gesendet zu haben. Andererseits muss der Empfänger eines patientenbezogenen Dokuments sicher sein können, genau dieses von einem bestimmten Sender empfangen zu haben. Auch er darf nicht abstreiten können, genau das Dokument von einem bestimmten Sender empfangen zu haben. Hier kommt das sogenannte Quittungsverfahren zum Einsatz. Hierbei bestätigen sich Sender und Empfänger auf qualifizierte Weise, dass das empfangene Dokument vom Sender stammt und der Empfänger genau dieses Dokument empfangen hat.

9. Nutzungsfestlegung

Medizinische Datenverarbeitungssysteme müssen einen differenzierten Nutzerzugang ermöglichen. Im Einzelnen heißt das: Das System lässt für jedes patientenbezogene Dokument die Definition des Nutzerkreises sowie die Festlegung von abgestuften Nutzungsrechten und Nutzungsausschlüssen zu.

9
§ 630g BGB
Einsichtnahme in die Patientenakte

Einführung

Einsichtnahme ist der Schlüssel zur Haftung

Das Recht zur Einsichtnahme in die Behandlungsunterlagen ist das Pendant zur Pflicht zur Dokumentation der Behandlung. Die Einsichtnahme in die Behandlungsdokumentation ist zugleich der entscheidende Schlüssel zur Haftung, auch wenn die Dokumentation nicht nach haftungsrechtlichen Maßstäben geführt werden soll (OLG Koblenz, 27.07.2006 – 5 U 212/05; OLG Jena, 27.02.2008 – 4 U 2/04; OLG München, 17.03.2011 – 1 U 5245/10).

In die Behandlungsunterlagen darf der Patient seit den beiden Entscheidungen des BGH vom 23.11.1982 – VI ZR 222/79 und VI ZR 177/81 – Einsicht nehmen, jedenfalls soweit darin sog. objektive Befunde enthalten sind. Der BGH hat damit die zu diesem Zeitpunkt schon ziemlich einhellige Instanzrechtsprechung (z.B. OLG Hamm, 31.07.1979 – 1 U 47/79 [b]; LG Göttingen, 16.01.1978 – 2 O 152/78; LG Limburg, 17.01.1979 – 3 S 244/78; LG Köln, 05.03.1981 – 2 O 525/80) aufgegriffen und bestätigt. Dieses Einsichtsrecht wird nun in § 630g BGB verankert, in Teilen präzisiert und für den Erbfall sogar über dem gegenwärtigen Rechtszustand hinaus erweitert. Begründet wird das Recht auf Einsichtnahme in die Behandlungsunterlagen mit dem Recht auf Selbstbestimmung und der personalen Würde des Patienten (so schon BVerfG, 08.03.1972 – 2 BvR 28/71; BVerfG, 17.11.1992 – 1 BvR 162/89; BVerfG, 16.09.1998 – 1 BvR 1130/98). Zur Begründung für die gesetzliche Regelung bezieht sich der Bundesgesetzgeber aber nicht auf diese das Einsichtsrecht begründenden Entscheidungen, sondern auf die Entscheidung des BVerfG vom 09.01.2006 – 2 BvR 443/02, in der es um das Einsichtsrecht eines Strafgefangenen in die über ihn geführten Krankenunterlagen ging. Die Situation eines Patienten in einem Krankenhaus oder in ambulanter Behandlung ist mit der Behandlung innerhalb des Strafvollzugs nicht zu vergleichen, sodass man sich ob der Rechtsprechungsauswahl in der Begründung zum Gesetzentwurf schon wundern muss.

Recht des Patienten auf Selbstbestimmung

§ 630g BGB dient auch der Umsetzung der Richtlinie 2011/24/EU vom 09.03.2011 über die Ausübung der Patientenrechte in der grenzüberschreitenden Gesundheitsversorgung (BT-Drs. 17/10488, S. 13).

Text:

„(1) Dem Patienten ist auf Verlangen unverzüglich Einsicht in die vollständige, ihn betreffende Patientenakte zu gewähren, soweit der Einsichtnahme nicht erhebliche therapeutische Gründe oder sonstige erhebliche Rechte Dritter entgegenstehen. Die Ablehnung der Einsichtnahme ist zu begründen. § 811 ist entsprechend anzuwenden.

(2) Der Patient kann auch elektronische Abschriften von der Patientenakte verlangen. Er hat dem Behandelnden die entstandenen Kosten zu erstatten.

(3) Im Fall des Todes des Patienten stehen die Rechte aus den Absätzen 1 und 2 zur Wahrnehmung der vermögensrechtlichen Interessen seinen Erben zu. Gleiches gilt für die nächsten Angehörigen des Patienten, soweit sie immaterielle Interessen geltend machen. Die Rechte sind ausgeschlossen, soweit der Einsichtnahme der ausdrückliche oder mutmaßliche Wille des Patienten entgegensteht."

Änderungswünsche des Bundesrates:

Der Bundesrat empfahl, § 630g Abs. 1 Satz 1 BGB wie folgt zu fassen (BR-Drs. 312/12[B], S. 15):

„Dem Patienten ist auf Verlangen unverzüglich Einsicht in die ihn betreffende Patientenakte zu gewähren, soweit der Einsichtnahme nicht erhebliche therapeutische Gründe entgegenstehen und nicht die begründete Sorge besteht, dass der Patient infolge der Einsichtnahme seine Gesundheit erheblich gefährden würde."

Begründung des Bundesrates:

Recht der Patienten auf Wissen

„*Patientinnen oder Patienten haben ein schutzwürdiges Recht zu wissen, wie mit ihrer Gesundheit umgegangen wurde, welche Informationen sich darüber ergeben haben und wie die weitere Entwicklung eingeschätzt wird. Einen Verdacht auf einen Behandlungsfehler müssen sie zeitnah überprüfen können. Nur so kann das Selbstbestimmungsrecht angemessen ausgeübt werden. Die Ausnahmen vom Einsichtsrecht sind eng zu fassen, um Missbrauch, der in der Vergangenheit häufiger vorgekommen ist, zu erschweren. Daher genügt es nicht, dass erhebliche therapeutische Gründe gegen die Einsichtnahme sprechen, es muss zudem die begründete Sorge bestehen, dass der Patient durch die Einsichtnahme zu Handlungen hingerissen wird, welche seine Gesundheit erheblich gefährden. ‚Sonstige erhebliche Gründe' als Verweigerungsgründe zuzulassen, würde zu Missbrauch der Ausnahme vom Einsichtsrecht ermuntern und darüber hinaus die Patienten gegenüber der derzeit bestehenden Rechtslage benachteiligen.*"

Therapeutisches Privileg

Der Bundesrat wollte das Einsichtsrecht nur dann ausschließen, wenn „erhebliche therapeutische Gründe" dagegen sprechen und zugleich „die begründete Sorge besteht, dass der Patient infolge der Einsichtnahme seine Gesundheit erheblich gefährden würde", also nur bei Verdacht auf Suizid, falls der Patient seine wahre Krankheitsdiagnose erfährt. Das ist der Sache allerdings nichts anderes, als auch jetzt schon als Voraussetzung für das Recht des (Zahn)Arztes, dem Patienten die wahre Diagnose zu verschweigen (sog. therapeutisches Privileg – s. die Kommentierung zu § 630e BGB, S. 125) verlangt wird. Sofern ein therapeutisches Privileg zu bejahen ist, muss dieses natürlich auch zu einer Begrenzung des Einsichtsrechts des Patienten führen.

Recht auf vollständige Einsicht (§ 630g Abs. 1 Satz 1, 1. Hs. BGB)

> **Text** des § 630g Abs. 1 Satz 1, 1. Hs. BGB:
> „Dem Patienten ist auf Verlangen unverzüglich Einsicht in die vollständige, ihn betreffende Patientenakte zu gewähren, ..."

Kommentierung:

§ 630g Abs. 1 Satz 1, 1. Hs. BGB regelt zunächst das Recht des Patienten auf die „vollständige" Einsicht in die ihn betreffenden Patientenunterlagen. Das Wort *„vollständig"* ist erst durch den Gesundheitsausschuss in der Sitzung vom 28.11.2012 in das Gesetz eingefügt worden. Damit soll festlegt werden, dass dem Patienten *„keine Teile der Akte vorenthalten werden dürfen"*. Als Ausnahme wird neben dem therapeutischen Privileg ergänzend festgelegt, dass dem Einsichtsrecht Rechte Dritter entgegenstehen können (BT-Drs. 17/11710, S. 39).

Keine Teile der Akte dürfen vorenthalten werden

Einsicht in objektive und subjektive Befunde?

Mit der durch das Wort *„vollständig"* eingefügten kleinen Änderung stellt sich die Frage, ob damit eine Änderung des bisherigen Rechts verbunden sein soll. Nach ständiger Rechtsprechung – auch des Bundesverfassungsgerichts, s. BVerfG, 09.01.2006 – 2 BvR 443/02 – erstreckt sich das Einsichtsrecht des Patienten in die Behandlungsunterlagen nur auf die sog. objektiven Befunde.

Einsicht nur in objektive Befunde

Objektive Befunde sind nach der Rechtsprechung des BGH

Objektive Befunde
- die naturwissenschaftlich objektivierbaren Befunde, insbesondere über seine „körperliche Befindlichkeit", also Anamnese und klinische Befunde,

- die Aufzeichnungen über Diagnosemaßnahmen und deren Ergebnisse,

- die Aufzeichnungen über Behandlungsmaßnahmen, insbesondere Angaben über Medikation und Operationsberichte (vgl. BGH, 23.11.1982 – VI ZR 222/79; BGH, 06.12.1988 – VI ZR 76/88);

Nicht als objektive, sondern als **subjektive Befunde** gelten

Subjektive Befunde
- diejenigen Dokumentationen, die bewertungsabhängige und insofern subjektive Beurteilungen des Krankheitsbildes durch die behandelnden (Zahn)Ärzte betreffen (BGH, 23.11.1982 – VI ZR 222/79; BGH, 06.12.1988 – VI ZR 76/88).

Ungefilterte Einschätzung des Patienten in den Befunden
Bestandteile der Behandlungsunterlagen sind beide. Die Begrenzung auf die objektiven Befunde sollte es erleichtern, die Wahrnehmung des Patienten durch den (Zahn)Arzt ungefiltert in den Befunden wiederzugeben. Wenn ein Zahnarzt – was ich selbst in Karteikarten schon gelesen habe – den Mundgesundheitszustand des Patienten als „*orales Schwein*" bezeichnet, dann ist das zwar politisch nicht korrekt, aber jeder andere Zahnarzt weiß sofort, welcher Zustand damit gemeint ist (im Internet findet man dazu Bilder, wenn man z.B. „Zahnstein des Grauens" in die Suchmaschine eingibt).

Anspruch auf Einsicht in die vollständige Akte
Andererseits hat das Bundesverfassungsgericht bereits in seiner Entscheidung vom 16.09.1998 – 1 BvR 1130/98 – darauf hingewiesen, dass die Beschränkung des Einsichtsanspruchs in die Krankenunterlagen auf physikalisch objektivierte Befunde und Berichte über Behandlungsmaßnahmen, ohne mögliche Ausnahmen zu erwägen, nicht unproblematisch sei. Der Gesundheitsausschuss hat in seiner Sitzung vom 28.11.2012 ausgeführt, dass durch die Änderung festgeschrieben werden solle, dass Patientinnen und Patienten grundsätzlich Anspruch auf Einsichtnahme in die vollständige Patientenakte haben und ihnen <u>keine</u> Teile der Akte vorenthalten werden dürfen

(BT-Drs. 17/11710 vom 28.11.2012, S. 32, 39). Damit ist die Unterscheidung in objektive und subjektive Befunde künftig gegenstandslos.

Das entspricht auch für den Regelfall der Intention des Gesetzgebers:

„Niederschriften über persönliche Eindrücke oder subjektive Wahrnehmungen des Behandelnden betreffend die Person des Patienten sind dem Patienten grundsätzlich offen zu legen. Ein begründetes Interesse des Behandelnden an der Nichtoffenbarung solcher Aufzeichnungen ist, in Abwägung zu dem Persönlichkeitsrecht des Patienten, im Regelfall nicht gegeben. Auch hier kommt es aber auf die Umstände im Einzelfall an." (BT-Drs. 17/10488, S. 27)

Das ist für den Regelfall auch zu akzeptieren, weil es im Fall in der Zahnheilkunde keine sehr stark subjektiv gefärbten Bemerkungen gibt (in der Psychotherapie ist das anders, man denke nur an die Problematik Übertragung – Gegenübertragung). Aber wenn der Patient im Gespräch sich völlig uneinsichtig gibt, ständig dieselben Fragen wiederholt, keiner Antwort zuhört, ersichtlich nur will, dass man etwas Bestimmtes bescheinigt, im Klartext nur „nervt", dann ist das eine Bemerkung, die auch künftig nicht zu offenbaren ist, ebenso wie der vorstehend zitierte Begriff des „oralen Schweins", den es in der Praxis auch noch in anderen prägnant die Tatsachen umschreibenden Varianten gibt. Solche Patienten sind kaum motivierbar, weisen eine geringe Einsicht in Behandlungsnotwendigkeiten auf, achten wenig auf sich und ihre Gesundheit und stellen für den behandelnden Zahnarzt ein nicht einfach – und oft gar nicht – zu lösendes Problem dar, weil die Erwartung an die Compliance bei dieser Klientel gering sein muss. All das wird durch einen prägnant gewählten subjektiven, für den Außenstehenden vielleicht als respekt- und distanzlos zu verstehenden Begriff umschrieben. Solche subjektiven Befunde sind *„von der Art, dass sie Einblick in die Persönlichkeit des Behandelnden geben und ihre Offenlegung daher dessen Persönlichkeitsrecht berühren könnte"* (BVerfG, 09.01.2006 – 2 BvR 443/02). Sie müssen nicht offengelegt werden – bei verfassungskonformer Auslegung weder nach altem noch nach neuem Recht.

In der Zahnheilkunde weniger stark subjektiv gefärbte Bemerkungen

Prägnante subjektive Begriffe müssen nicht offengelegt werden

Allerdings macht man es sich als Behandler deutlich leichter, wenn man weniger prägnante Begrifflichkeiten wählt.

Eine Einschränkung des Einsichtsrechts hinsichtlich subjektiver Befunde des behandelnden Zahnarztes über den in § 630g Abs. 1 BGB auch erwähnten Begriff der „erheblichen Rechte Dritter" kommt nicht in Betracht, da der behandelnde Zahnarzt nicht Dritter ist.

Grenzen des Einsichtsrechts (§ 630g Abs. 1 Satz 1, 2. Hs. BGB)

> **Text** des § 630g Abs. 1 Satz 1, 2. Hs. BGB:
> „Dem Patienten ist auf Verlangen unverzüglich Einsicht in die vollständige, ihn betreffende Patientenakte zu gewähren, **soweit der Einsichtnahme nicht erhebliche therapeutische Gründe oder sonstige erhebliche Rechte Dritter entgegenstehen."**

Kommentierung:

Das Einsichtsrecht des Patienten in die Behandlungsunterlagen war schon nach geltendem Recht nicht grenzenlos. § 630g Abs. 1, 2. Hs. BGB beschränkt das Einsichtsrecht, sofern ihm

- erhebliche therapeutische Gründe oder
- sonstige erhebliche Rechte Dritter

entgegenstehen.

Mit den „erheblichen therapeutischen Gründen" ist das sog. therapeutische Privileg gemeint, welches auch schon die Aufklärungspflicht nach § 630e Abs. 3 BGB einschränken kann (s. die Kommentierung S. 125). Wenn dem Patienten im Einzelfall die genaue Diagnose oder die Risiken der anstehenden Behandlung verschwiegen werden dürfen, dann muss dazu passend das Einsichtsrecht in die Behandlungsunterlagen begrenzt werden. Allerdings ist die Rechtsprechung in der Anerkennung eines therapeutischen Privilegs äußerst zurückhaltend und stellt *„strenge Anforderungen: Fälle, in denen eine Aufklärung unterbleiben kann, weil sie den Patienten einer therapeutisch nicht zu verantwortenden Belastung aussetzen würde, müssen die Ausnahme bleiben, damit das durch die Aufklärung zu wahrende Selbstbestim-*

Einsichtsrecht nicht grenzenlos

Therapeutisches Privileg

Strenge Anforderungen an das therapeutische Privileg

mungsrecht des Patienten nicht unterlaufen wird" (BGH, 07.02.1984 – VI ZR 174/82).

Die Rechtsprechung lässt es in solchen Fällen bisher auch zu, zum Schutz des Patienten die Informationen nicht diesem selbst, sondern einem anderen Fachkollegen zu überlassen, der dann in eigener Verantwortung entscheiden soll, ob der Patient entsprechende Informationen über die Behandlung bei dem Vorbehandler erhält (s. LG Münster, 16.08.2007 – 11 S 1/07).

Schutzzweck der Einschränkung

Die Frage, ob die Einsichtnahme dem Patienten schadet, ist vom Behandelnden zu entscheiden und – wenn er die Frage bejaht – auch gegenüber dem Patienten zu begründen (§ 630g Abs. 1 Satz 2 BGB). Dabei ist der Schutzzweck der Einschränkung zu beachten, den die Gesetzesbegründung zu Recht wie folgt umschreibt (BT-Drs. 17/10488, S. 26 f.):

„Ziel dieser Einschränkung ist der Schutz des Patienten vor Informationen über seine Person, die ihm erheblich schaden könnten. Dies dürfte insbesondere für Fälle relevant sein, bei denen die uneingeschränkte Einsichtnahme in die Dokumentation mit der Gefahr einer erheblichen gesundheitlichen (Selbst-)Schädigung des Patienten verbunden sein kann. Ist der Gesundheitszustand des Patienten allerdings stabil und ist mit der Einsichtnahme in die Dokumentation keine erhebliche gesundheitliche Schädigung des Patienten zu befürchten, darf der Behandelnde die Einsichtnahme nicht verwehren. Insoweit ist dem mündigen Patienten das Recht zuzugestehen, eigenverantwortlich über die Frage entscheiden zu dürfen, wie viel er wissen möchte und wo die Grenzen seines Informationsbedürfnisses erreicht sind. Es ist nicht die Aufgabe des Behandelnden, diese Frage an Stelle des Patienten zu entscheiden und diesen im Ergebnis zu bevormunden.

Entscheidung im Einzelfall

Bestehen hingegen Zweifel daran, ob der gesundheitliche Zustand des Patienten die Einsichtnahme seiner Patientenakte zulässt, ohne dass eine erhebliche gesundheitliche Gefährdung des Patienten zu befürchten ist, so darf der Behandelnde die Einsichtnahme nicht per se verweigern. Erforderlich ist vielmehr eine Entscheidung im Einzelfall unter Abwägung sämtlicher für und gegen die Einsichtnahme sprechenden Umständen im Hinblick auf die Gesundheit des Patienten. Möglicherweise kommt eine durch den Behandelnden unterstützende oder auch begleitende Einsichtnahme in Betracht; auch könnte eine dritte Person dem Patienten vermittelnd für die Einsichtnahme zur Verfügung gestellt werden. Maßgebend sind die Umstände im Einzelfall."

Das ist in der Praxis möglicherweise eine sehr schwierige Gratwanderung, vor der allerdings die Zahnärzte i.d.R. verschont bleiben. Onkologisch sensible, mit wenig Hoffnung machenden Therapieoptionen versehene Diagnosen sind in der Zahnarztpraxis die absolute Ausnahme. Diagnosen wie beginnende Demenz oder Alzheimer, was manchen in den Suizid treibt, stellen Zahnärzte nicht.

Noch schwieriger ist der zweite Fall zu beurteilen, den erst der Gesundheitsausschuss im Gesetzentwurf präzisiert hat: die Begrenzung des Einsichtsrechts durch die *„erheblichen Rechte Dritter"*. Als Intention dieser Regelung findet sich dazu in den Gesetzesmaterialien folgendes (BT-Drs. 17/11710, S. 39):

Begrenzung durch Rechte Dritter

„Die Grenze des Einsichtsrechts ist erreicht, soweit in die Aufzeichnungen Informationen über die Persönlichkeit dritter Personen eingeflossen sind, die ihrerseits schutzwürdig sind. Dies kann z.B. für den Fall eines minderjährigen Patienten gelten, der eine Behandlung unter Einbeziehung seiner sorgeberechtigten Eltern durchführt, soweit sensible Informationen über die Eltern des Patienten in die Dokumentation eingeflossen sind."

Relevant wird das möglicherweise in kieferorthopädischen Behandlungen, wenn – z.B. im Hinblick auf mögliche Verlängerungsanträge – sinnvollerweise vollständig dokumentiert wird, was der Patient alles an Begründungen für seine mangelnde Mitarbeit an- und damit ggf. über die Zustände in seiner Familie preisgibt. Auch ein Zahntrauma kann Hintergründe haben, die unbedingt in der Behandlungsakte dokumentiert werden müssen, aber nicht gegenüber jedermann preisgegeben werden dürfen.

Umfang der Beschränkung des Einsichtsrechts

Einsichtsrecht ist in der Regel nur beschränkt

Stellt sich die Frage, ob im Einzelfall das Einsichtsrecht nicht uneingeschränkt gewährt werden kann, dann lautet die Entscheidung nicht „volles oder gar kein Einsichtsrecht", sondern das Einsichtsrecht ist dann im Regelfall nur beschränkt. Im zahnärztlichen Bereich werden solche Beschränkungen des Einsichtsrechts auch künftig die Ausnahme bleiben. Es hat sich mir in den mittlerweile mehr als 31 Jahren meiner Anwaltstätigkeit auf diesem Gebiet so gut wie nie die Frage gestellt, ob bei zahnärztlichen Behandlungsunterlagen eine Begrenzung des Einsichtsrechts gerechtfertigt wäre.

Information des Patienten über die Beschränkung

Wird dem Einsichtsbegehren des Patienten nur beschränkt stattgegeben, dann muss ihm das mitgeteilt werden. Es kann stets sein, dass die kompletten Behandlungsunterlagen im Prozess eine Rolle spielen werden. Dann wird es schwierig, Unterlagen zum Behandlungsverlauf vorzulegen, deren Vorhandensein dem Patienten zuvor verheimlicht worden war.

Ablehnung des Einsichtsrechts (§ 630g Abs. 1 Satz 2 BGB)

> **Text** des § 630g Abs. 1 Satz 2 BGB:
> „Die Ablehnung der Einsichtnahme ist zu begründen."

Kommentierung:

Wird das Einsichtsrecht abgelehnt, ist diese Ablehnung nach § 630g Abs. 1 Satz 2 BGB zu begründen. Diese Begründungspflicht wurde vom BGH, 06.12.1988 – VI ZR 76/88 – für einen psychiatrischen Behandlungsfall entwickelt und wurde von der Rechtsprechung insbesondere betont, wenn es um das Einsichtsrecht der Erben in die Behandlungsunterlagen geht (BGH, 31.05.1983 – VI ZR 259/81; BayVerfGH, 26.05.2011 – Vf. 45-VI-10).

Begründung besonders bei Einsicht der Erben

Wird die Einsichtnahme abgelehnt, ist diese Entscheidung – auch ohne ausdrückliches Verlangen des Patienten – schriftlich zu begründen. Das muss sinngemäß auch gelten, wenn das Einsichtsrecht nur beschränkt erfüllt werden soll; denn die Begründung soll für den Patienten Transparenz herstellen.

Schriftliche Begründung

Ort der Einsichtnahme (§ 630g Abs. 1 Satz 3 BGB)

Text des § 630g Abs. 1 Satz 3 BGB:

„§ 811 ist entsprechend anzuwenden."

Kommentierung:

Einsichtnahme am Ort der Dokumente

Die Einsichtnahme in die Behandlungsunterlagen erfolgt grundsätzlich an dem Ort, an welchem sich die einzusehenden Unterlagen oder Dokumente befinden, also in aller Regel in der Praxis des Behandlers. Das stellt nunmehr die in § 630g Abs. 1 Satz 3 BGB enthaltene Verweisung auf § 811 BGB klar. § 811 BGB hat folgenden Wortlaut:

„§ 811 BGB Vorlegungsort, Gefahr und Kosten

(1) Die Vorlegung hat in den Fällen der §§ 809, 810 an dem Orte zu erfolgen, an welchem sich die vorzulegende Sache befindet. Jeder Teil kann die Vorlegung an einem anderen Orte verlangen, wenn ein wichtiger Grund vorliegt.

(2) Die Gefahr und die Kosten hat derjenige zu tragen, welcher die Vorlegung verlangt. Der Besitzer kann die Vorlegung verweigern, bis ihm der andere Teil die Kosten vorschießt und wegen der Gefahr Sicherheit leistet."

Einsichtnahme an anderem Ort aus wichtigem Grund

Nach § 811 Abs. 1 Satz 2 BGB kann der Patient nur im Falle eines „wichtigen Grundes" die Einsichtnahme an einem anderen Ort verlangen. Dies soll nach Ansicht des Gesetzgebers z.B. bei einer nicht unerheblichen Erkrankung des Patienten oder aufgrund eines Umzuges des Behandelnden der Fall sein (BT-Drs. 17/10488, S. 27). Wegen der Sensibilität der Übersendung von Patientenunterlagen sowie der damit verbundenen Beschädigungs- oder gar Verlustgefahr für die Unterlagen sollte man von der Übersendung von Originalen stets absehen. Es kommt regelmäßig vor, dass kieferorthopädische oder prothetische Modelle bei der Versendung durch unachtsames Handling auf dem Transportweg so stark beschädigt werden, dass sie als Beweismittel bzw. Grundlage für eine Begutachtung unbrauchbar sind. Es kommt – leider – auch nicht so selten vor, dass Röntgenaufnahmen in Anwaltskanzleien „verloren" gehen.

Keine Übersendung von Originalen

Gehen die dem Patienten übergebenen Unterlagen verloren, dann wird das beweisrechtlich allein das Problem des Patienten. Er trägt nach § 811 Abs. 2 Satz 1 BGB die Gefahr des Verlusts und des Beweismitteluntergangs und kann damit im Prozess jedenfalls mit diesen Unterlagen nicht mehr beweisen, dass der Zahnarzt einen Fehler begangen hat, während der Zahnarzt umgekehrt Beweiserleichterungen hat, wenn er sich nicht mehr auf dokumentierte Umstände – z.B. entlastende Röntgenaufnahmen – berufen kann, weil diese beim Patienten bzw. diesem zuzuordnenden Personen (z.B. seinem Rechtsanwalt) verloren gingen.

Verlust der Unterlagen beim Patienten

Verlangt der Patient die Versendung der Unterlagen per Post und gehen sie auf dem Postweg verloren, ist das beweisrechtlich ebenfalls allein das Problem des Patienten. Der Zahnarzt muss nur beweisen können, dass er sie ordnungsgemäß auf den Postweg gebracht hat.

Verlust beim Postversand

Praktische Umsetzung des Einsichtsrechts (§ 630g Abs. 2 Satz 1 BGB)

> **Text** des § 630g Abs. 2 Satz 1 BGB:
> „Der Patient kann auch elektronische Abschriften von der Patientenakte verlangen."

Kommentierung:

§ 630g Abs. 2 Satz 1 BGB sieht vor, dass der Patient – auch elektronische – Abschriften, also Kopien der Patientenakte verlangen kann. Die Besonderheiten der zahnärztlichen Behandlung mit den Modellen finden sich im Gesetzestext nicht berücksichtigt. Auch hier gilt: Kopien sind zu übergeben, nicht die Originale.

Keine Originale

Röntgenaufnahmen

Bei Röntgenaufnahmen gilt dergleichen, was bei digitalen Aufnahmen kein Problem darstellt, bei klassischen Röntgenaufnahmen aber schon. Bei den klassischen Aufnahmen ist die Bestimmung in § 28 Abs. 8 RöV zu beachten (s. dazu auch den Exkurs: Datenschutz und Röntgenaufnahmen, oben S. 165 ff.):

„[1]*Wer eine Person mit Röntgenstrahlung untersucht oder behandelt, hat einem diese Person später untersuchenden oder behandelnden Arzt oder Zahnarzt auf dessen Verlangen Auskünfte über die Aufzeichnungen nach Absatz 1 Satz 2 zu erteilen und ihm die Aufzeichnungen und Röntgenbilder vorübergehend zu überlassen.* [2]*Auch ohne dieses Verlangen sind die Aufzeichnungen und Röntgenbilder der untersuchten oder behandelten Person zur Weiterleitung an einen später untersuchenden oder behandelnden Arzt oder Zahnarzt vorübergehend zu überlassen, wenn zu erwarten ist, dass dadurch eine weitere Untersuchung mit Röntgenstrahlung vermieden werden kann.* [3]*Sofern die Auf-*

zeichnungen und Röntgenbilder einem beauftragten Dritten zur Weiterleitung an einen später untersuchenden oder behandelnden Arzt oder Zahnarzt überlassen werden, sind geeignete Maßnahmen zur Wahrung der ärztlichen Schweigepflicht zu treffen. ⁴Auf die Pflicht zur Rückgabe der Aufzeichnungen und Röntgenbilder an den Aufbewahrungspflichtigen ist in geeigneter Weise hinzuweisen."

Nach § 28 Abs. 8 Satz 2 RöV kann der Patient die Herausgabe der Originalröntgenbilder „an einen später untersuchenden oder behandelnden Arzt oder Zahnarzt vorübergehend" verlangen, also auch zur Prüfung von Behandlungsfehlern, allerdings nur, wenn zu erwarten ist, „dass dadurch eine weitere Untersuchung mit Röntgenstrahlung vermieden werden kann." Das muss der Patient darlegen – und das dürfte in der Regel nicht der Fall sein. Den Ausgangsbefund kann man durch nachträgliche Röntgenbilder nicht feststellen. Für die Prüfung und ggf. Verfolgung von zahnärztlichen Behandlungsfehlern reichen Kopien der Röntgenbilder in aller Regel aus.

Herausgabe zur Prüfung von Behandlungsfehlern

Die Rechtsprechung hat bisher aus § 811 Abs. 1 Satz 2 BGB das Recht des Patienten hergeleitet, die Vorlegung der Röntgenaufnahmen zur Einsichtnahme bei seinem Anwalt, der im Hinblick auf seine Stellung als unabhängiges Organ der Rechtspflege (§ 1 BRAO) eine besondere Zuverlässigkeitsgewähr biete, zu verlangen. Dass dieser die Aufnahmen seinerseits einem medizinischen Sachverständigen zur Begutachtung weitergebe, sei Zweck des Einsichtsverlangens (OLG München, 19.04.2001 – 1 U 6107/00; OLG Köln, 11.11.2009 – I-5 U 77/09; LG Kiel, 30.03.2007 – 8 O 59/06; LG Flensburg, 16.08.2007 – 1 S 16/07; LG Essen, 15.04.2010 – 10 S 501/09).

Einsichtnahme beim Anwalt

Kostentragung
(§ 630g Abs. 2 Satz 2 BGB)

Text des § 630g Abs. 2 Satz 2 BGB:

„Er hat dem Behandelnden die entstandenen Kosten zu erstatten."

Höhe der abrechenbaren Kosten

Kommentierung:

Die mit der Übersendung von Abschriften der Behandlungsunterlagen verbundenen Kosten trägt der Patient (§ 630g Abs. 2 Satz 2 BGB). Hier herrscht in der Praxis oft Unsicherheit über die Höhe der abrechenbaren Kosten. Unstreitig ist, dass Kopierkosten anfallen (pro Blatt 1 Euro ist vielfach nach wie vor üblich; zu denken ist auch an eine Abrechnung der Kopierkosten in Anlehnung an die Nr. 7000 RVG: 50 Cent für die ersten 50 Seiten, danach 15 Cent für jede weitere Seite). Das LG München I, 19.11.2008 – 9 O 5324/08 – führte dazu sehr einleuchtend und lehrreich aus:

„Weder gibt es gesetzliche oder untergesetzliche Vorschriften noch eine gefestigte Rechtsprechung dazu, welche Kosten für die Fertigung der Kopien von Krankenunterlagen als angemessen anzusehen sind. Soweit die Klagepartei auf Vorschriften des RVG oder des GKG abstellt, ist dies für den vorliegenden Fall nicht unmittelbar zielführend. Zwar vermögen diese Vorschriften einen Anhaltspunkt dafür zu geben, welche Kosten für die Kopien von Gerichts- und Anwaltsakten als angemessen angesehen werden. Daraus lassen sich jedoch keine unmittelbaren Rückschlüsse auf die Angemessenheit der Kostenerstattung für die Fertigung von Kopien einer Krankenakte ziehen. In ihrer Eigenschaft als Arzthaftungskammer ist das Gericht jährlich mit der Durchsicht mehrerer 100 verschiedener Krankenakten und Behandlungsunterlagen befasst. Daher ist gerichtsbekannt, dass sich das Ablichten einer Krankenakte nicht darin erschöpft, einen Stapel

DIN-A4-Papier auf ein Kopiergerät mit Selbsteinzug zu legen und wenige Minuten später das Ergebnis aus dem Auswurffach zu holen; vielmehr setzen sich Behandlungsunterlagen, insbesondere Krankenakten aus Krankenhäusern, regelmäßig aus Blättern unterschiedlicher Größe zusammen, die durch Trennblätter voneinander getrennt werden. Diese Blätter sind häufig mehrfach gefaltet und können – wie etwa die Verlaufskurven eines Wehenschreibers – zwar schmal, dafür aber mehrere Meter lang sein. Die Einsichtnahme in die den Kläger betreffende Behandlungsdokumentation hat ergeben, dass diese von ebensolcher Beschaffenheit ist. Es erschließt sich ohne Weiteres, dass der Aufwand zur Vervielfältigung einer solchen Krankendokumentation beträchtlich ist. Die Kammer hält dafür, dass dieser Aufwand durch eine Erstattung von 50 Cent für die ersten 50 Blatt und 15 Cent für jedes weitere Blatt nicht annähernd angemessen ausgeglichen werden kann."

Der Krankenhausträger hatte pro Seite 50 Cent verlangt (ohne Seitenbegrenzung). Dieser Betrag wurde ihm zugesprochen, mehr nicht, weil er nicht mehr verlangt hatte. Das LG München I wies aber zu Recht darauf hin, dass der Aufwand deutlich höher liegt, sodass ein Betrag von 1 Euro pro Seite sachgerecht erscheint. Damit ist auch der Arbeitsaufwand der Mitarbeiter abgegolten.

Dazu kommen Portokosten, ggf. Schreibgebühren analog Nr. 95 GOÄ, Vervielfältigungskosten für Röntgen und Modelle, ggf. CD-/DVD-Kosten etc.

Einsichtsrecht bei verstorbenen Patienten (§ 630g Abs. 3 BGB)

> **Text** des § 630g Abs. 3 BGB:
> „Im Fall des Todes des Patienten stehen die Rechte aus den Absätzen 1 und 2 zur Wahrnehmung der vermögensrechtlichen Interessen seinen Erben zu. Gleiches gilt für die nächsten Angehörigen des Patienten, soweit sie immaterielle Interessen geltend machen. Die Rechte sind ausgeschlossen, soweit der Einsichtnahme der ausdrückliche oder mutmaßliche Wille des Patienten entgegensteht."

Kommentierung:

Einsichtsrecht enthält auch vermögensrechtliche Komponente

Es entspricht schon bisher ständiger Rechtsprechung, dass der Anspruch auf Einsicht in die Patientenunterlagen nach § 1922 BGB auf die Erben übergeht, da das Einsichtsrecht des Patienten nicht in vollem Umfang ein höchstpersönlicher Anspruch ist, sondern auch eine vermögensrechtliche Komponente enthalte. Der vermögensrechtliche Einschlag ergebe sich daraus, dass die Kenntnis der Krankenunterlagen der Klärung von vermögensrechtlichen Ansprüchen dienstbar gemacht werden könne. Solche vermögensrechtlichen Ansprüche liegen vor, wenn Erben Einsicht in die Patientenunterlagen begehren, um Schadensersatzansprüche wegen möglicher Behandlungsfehler überprüfen zu können (BGH, 31.05.1983 – VI ZR 259/81; OLG München, 09.10.2008 – 1 U 2500/08; OLG München, 06.12.2012 – 1 U 4005/12).

Geltendmachung von immateriellen Interessen

Diese bestehende Rechtslage greift § 630g BGB auf und entwickelt sie zugleich weiter. Die Rechte aus den Absätzen 1 und 2 stehen nach § 630g Abs. 3 Satz 2 neben den Erben auch den nächsten Angehörigen des Patienten wie etwa dem Ehegatten, Lebenspartner, Kindern, Eltern, Geschwistern und Enkeln zu, soweit es um die Geltendmachung von immateriellen Interessen geht, auch wenn diese nicht Erben des verstorbenen Patienten sind. Zur Begründung dieser Erweiterung findet sich in der Gesetzesbegründung der Vermerk, dies stehe im Einklang mit der bisherigen Rechtsprechung des Bundesgerichtshofs. Die dafür in Bezug genommene Entscheidung BGH, 14.05.2002 – VI ZR 220/01 – betrifft allerdings keinen Haftungsfall, sondern die Frage nach der zulässigen Werbung mit einem Foto von Marlene Dietrich für eine herausnehmbare Sonderbeilage der Bild-Zeitung unter der Überschrift „50 Jahre Deutschland" und trägt diese Erweiterung nicht.

Man muss sich ohnehin die Frage stellen, wie Nichterben Ansprüche geltend machen sollen. Immaterielle Interessen des verstorbenen Patienten, also insbesondere der Anspruch auf Schmerzensgeld, können nur von den Erben geltend gemacht werden. Eigene immaterielle Ansprüche kommen allenfalls in Betracht, wenn Ansprüche wegen sog. Schockschäden geltend gemacht werden sollen. Ein solcher eigener Schmerzensgeldanspruch eines Angehörigen wegen eines Schockschadens kommt nach der Arzthaftungsrechtsprechung nur in Ausnahmefällen in Betracht, sofern es zu einer konkreten psychischen Beeinträchtigungen in Form einer pathologisch fassbaren Gesundheitsbeschädigung kam, die nach Art und Schwere über das hinausgeht, was nahe Angehörige in vergleichbaren Fällen erfahrungsgemäß und normalerweise an Beeinträchtigungen erleiden (LG Bochum, 04.07.2012 – 6 O 217/10). Im zahnärztlichen Bereich sollte ein solcher Fall eigentlich nicht eintreten.

Ansprüche von Nichterben fraglich

Das Einsichtsrecht der Erben und der nächsten Angehörigen nach § 630g Abs. 3 Satz 3 BGB unterliegt schließlich der Einschränkung, dass der ausdrückliche oder mutmaßliche Wille des verstorbenen Patienten der Einsichtnahme nicht entgegenstehen darf. Das ist allerdings in der Praxis nur schwer durchzuhalten. So meinte der BGH, 31.05.1983 – VI ZR 259/81 – in einem die ganze Schwierigkeit dieser vom Behandler zu treffenden Entscheidung sehr anschaulich verdeutlichenden Urteil:

Wille des Verstorbenen darf nicht entgegenstehen

„Demnach ist in der Frage des Einsichtsrechts allerdings der darauf in Anspruch genommene Arzt gewissermaßen selbst die letzte Instanz. Die damit verbundene Missbrauchsgefahr muss wegen des hohen Stellenwertes, der dem Vertrauensschutz zukommt, grundsätzlich hingenommen werden. Immerhin aber muss dem Arzt die Darlegung zugemutet werden, dass und unter welchem allgemeinen Gesichtspunkt er sich durch die Schweigepflicht an der Offenlegung der Unterlagen gehindert sieht. Er wird also etwa zu erklären haben, dass bei einem jedenfalls nicht auszuschließenden Geheimhaltungsinteresse des Verstorbenen gegenüber den Hinterbliebenen bzw. Erben der Inhalt der Unterlagen nichts ergeben kann, was dem Anliegen der die Einsicht Begehrenden dienlich wäre, dass die (ggf. volle) Einsicht in die Krankenunterlagen den Hinterbliebenen Erkenntnisse vermitteln müsste, die der Verstorbene ihnen vermutlich vorenthalten wollte, oder dass ein Wille des Verstorbenen zur Geheimhaltung auch gegenüber den Hinterbliebenen positiv geäußert worden ist. Jedenfalls muss der Arzt darlegen, dass sich seine Weigerung auf konkrete oder mutmaßliche Belange des Verstorbenen stützt. Die Substantiierung dieser Verweigerungsgründe durch den Arzt darf allerdings immer nur in diesem allgemeinen Rahmen verlangt werden. Sie ist nie in einem Umfang geschuldet, die die damit zu rechtfertigende Geheimhaltung im Ergebnis gerade doch unterlaufen würde. Dass dies eine haftungsrechtliche Sanktion unbefugter Verweigerung evtl. verhindert, soweit die Sachlage nicht auf andere Weise – etwa im Rahmen eines Ermittlungsverfahrens – offenbart wird, ändert daran nichts."

Auch hier gilt, dass ein solcher das Einsichtsrecht ausschließender Fall im zahnärztlichen Bereich eigentlich nicht eintreten sollte.

10
§ 630h BGB Beweislast bei Haftung für Behandlungs- und Aufklärungsfehler

Einführung

Zentrale Norm des neuen Arzthaftungsrechts

Die zentrale Norm des neuen Arzthaftungsrechts ist § 630h BGB mit seinen Regelungen zur Beweislastverteilung. Darin wird der Versuch unternommen, die von der Rechtsprechung entwickelten Grundsätze zu den Beweiserleichterungen im Arzthaftungsrecht in einer Vorschrift zusammenzufassen und auf sämtliche medizinischen Behandlungsverträge zu erstrecken.

Das Arzthaftungsrecht kennt zwei generelle Anspruchsgrundlagen:

Zwei generelle Anspruchsgrundlagen

- **Vertragliche Haftung:** Schadensersatz wegen Verletzung einer Pflicht aus dem Behandlungsvertrag (§ 280 Abs. 1 BGB) und

- **Deliktische Haftung:** Schadensersatz wegen Verletzung des Lebens, des Körpers oder der Gesundheit des Patienten (§ 823 Abs. 1 BGB).

Die Unterschiede zwischen beiden Anspruchsarten waren bis zur Neufassung des § 253 BGB durch das Zweite Gesetz zur Änderung schadensersatzrechtlicher Vorschriften vom 19.07.2002 (BGBl. I 2002, S. 2674) groß. Schmerzensgeld bekam der Patient nur nach Deliktsrecht (§ 847 BGB a.F.). Seit der am 01.08.2002 in Kraft getretenen Rechtsreform gibt es Schmerzensgeld auch wegen vertraglicher Pflichtverletzungen (§ 253 Abs. 2 BGB). Ansonsten sind die Sorgfaltspflichten im Arzt-Patienten-Verhältnis vertraglich wie deliktisch grundsätzlich identisch (BGH, 20.09.1988 – VI ZR 37/88).

Sorgfaltspflichten identisch

Damit spielt die Unterscheidung zwischen einer Behandlung aufgrund eines Behandlungsvertrages und einer Behandlung, ohne dass mit dem Behandler ein Vertrag abgeschlossen wurde, nur für die Frage eine Rolle, auf welcher Rechtsgrundlage der Patient klagt und wer für wen haftet.

Das Haftungsschema lässt sich am besten am Beispiel einer größeren Praxis mit einem Inhaber und zwei angestellten Zahnärzten erklären:

Einführung

- Begeht der Inhaber einen Behandlungsfehler (Aufklärungsfehler etc.), haftet er dem Patienten allein sowohl nach Vertrag als auch nach Delikt.

- Begeht der Assistenzzahnarzt einen Behandlungsfehler (Aufklärungsfehler etc.), haftet er dem Patienten allein nur nach Delikt, der Inhaber aber vertraglich gemeinsam mit dem Assistenzzahnarzt nach § 278 BGB und ggf. auch deliktisch nach § 831 BGB.

Haftungsschema

Für das rechtliche Ergebnis macht die Haftung nach Vertrag oder nach Delikt nur in Bereichen einen Unterschied, die für das vorliegende Werk irrelevant sind.

Sowohl nach Vertrag wie nach Delikt trifft die Beweislast im Normalfall den Patienten als denjenigen, der einen Anspruch durchsetzen will (§ 280 Abs. 1 BGB).

Beweislast im Normalfall beim Patienten

Der Patient muss bei auf die §§ 630a ff. BGB gestützten Schadensersatzansprüchen im Normalfall darlegen und – soweit von der Behandlerseite bestritten – zur Überzeugung des Gerichts (§ 286 ZPO) beweisen,

1. dass ein Behandlungsvertrag abgeschlossen wurde,
2. dass eine Behandlung stattgefunden hat (oder pflichtwidrig unterlassen wurde),
3. dass ein Schaden entstanden ist,
4. in welcher Höhe der Schaden entstanden ist (wobei es hierfür gewisse prozessuale Erleichterungen durch § 287 ZPO gibt),
5. wie der Schadenshergang war,
6. wer den Schaden verursacht hat,
7. dass der Verursacher dabei eine Pflicht verletzt hat (wenn niemand gegen Pflichten verstoßen hat, ist der Schaden schicksalhaft),
8. dass der Schaden kausal auf dieser Pflichtverletzung beruht, diese also nicht hinweggedacht werden kann, ohne dass der Schaden entfiele,
9. dass der Verursacher schuldhaft gehandelt hat.

Verbleiben bei einem dieser Punkte Zweifel, gibt es keinen Schadensersatz.

Stützt der Patient seine Ansprüche auf § 823 BGB und ggf. § 831 BGB, also auf das Recht der unerlaubten Handlung (Deliktsrecht), entfällt nur der erste Punkt dieser langen Aufzählung. Ansonsten ergeben sich im Beweisrecht keine Unterschiede, auch wenn die §§ 630a–630h BGB – entsprechend ihrer systematischen Stellung im Besonderen Schuldrecht des BGB – für die vertragliche Haftung gelten und nicht für die deliktische.

Vertrags- vs. Deliktsrecht in der medizinischen Behandlungshaftung

Nennenswerte Unterschiede zwischen Vertrags- und Deliktsrecht gibt es im Recht der medizinischen Behandlungshaftung allenfalls noch in den Anwendungsbereichen des § 278 BGB (Haftung für Erfüllungshilfen) und des § 831 BGB (Haftung für Verrichtungsgehilfen). Wer nur nach § 831 BGB haftet, kann sich für den Einsatz des Gehilfen/Mitarbeiters/nachgeordneten Arztes etc. ggf. entlasten; wer nach § 278 BGB haftet, kann das nicht. Das liegt in der Systematik der beiden Zurechnungsnormen begründet. § 831 BGB sanktioniert eigenes Verschulden bei der Auswahl, Anleitung oder Überwachung des Mitarbeiters, § 278 BGB ordnet i.S. einer Garantiehaftung die Haftung für fremdes Verschulden (des Mitarbeiters) an. Dafür erfordert § 278 BGB als Haftungsvoraussetzung das Vorliegen eines wirksamen Behandlungsvertrages, § 831 BGB greift auch ohne vertragliche Absprachen ein.

Zunehmend pseudoinformierte Patienten durch das Internet

Im (Zahn)Arzthaftungsprozess wurde die Beweissituation der Patienten seit langem als sehr unbefriedigend angesehen, zumal im Normalfall – früher unzweifelhaft so, heute muss man das zunehmend differenzierter sehen – ein signifikantes Kenntnisgefälle zwischen Behandler und Patient besteht. Allerdings treten in jüngerer Zeit durch das Internet immer mehr pseudoinformierte Patienten in Praxen auf, die schon genau zu wissen glauben, was ihnen fehlt und was zu tun ist. Zu dieser Entwicklung sei ein prägnanter Beitrag aus einem Forum auf SPIEGEL Online vom 01.02.2013 zitiert:

„Vor mir bei der Sprechstundenhilfe eine Anfang-Vierzigerin im ansprechenden Ökolook. Zur Sprechstundenhilfe: ‚Ich brauche ein Rezept für eine Ergotherapie!' Sprechstundenhilfe: ‚Nun, ich kenne Sie nicht. Sind sie Patientin hier?' – ‚Nein, ich brauche aber das Rezept!' – ‚Nun, da müssen Sie erst Patient sein, sich untersuchen lassen und dann sieht man weiter.' – ‚Ich brauche mich nicht untersuchen zu lassen. Ich weiß,

Einführung

was ich habe. Ich brauche nur eine Ergotherapie verschrieben. Ich weiß, wovon ich rede. Ich habe alles darüber gelesen.' – ‚Dann sagen Sie das dem Doktor doch bei einer Untersuchung.' – ‚Untersuchung brauche ich nicht, ich brauche nur eine Verordnung für eine Ergotherapie.' Doc kommt zufällig hinzu: ‚Was ist denn hier los?' Gleiche Sätze wie vorher ... Schließlich beleidigende Worte von der Dame und deren Abgang ... Tagtäglicher Irrsinn in einer Arztpraxis ..."

Das vorstehende Zitat akzentuiert durchaus treffend das Dilemma, das seit der weiten Verbreitung von medizinischen Informationen oder solchen, die man dafür halten soll, durch das Internet entstanden ist. In Foren, Blogs, auf Webseiten der Pharmaindustrie, in Zeitungsseiten, bei Fachgesellschaften, ärztlichen Berufsverbänden, in medizinischen Online-Datenbanken, auf Wikipedia und vielen anderen mehr wird ein bunter Mix an teils wissenschaftlichen, teils pseudowissenschaftlichen, teils medizinischen Unfug darstellenden Informationen verbreitet. Der Patient kann sich aussuchen, welche Diagnose zu seinem Befinden wohl am besten passt. Dieses Halbwissen kollidiert zwangsläufig mit jeder Information seitens des Behandlers, sofern sich beide nicht zufällig vollständig decken. Es gibt keine in unserem Gesundheitswesen bezahlte Methode, um das Wissensvorverständnis des Patienten abzufragen, den Patienten ggf. von seinen Irrtümern und seinem Pseudowissen zu befreien und ihn dann zu einer medizinisch vernünftigen Sicht der Dinge zu motivieren. Ein Blick in die Gebührenordnungen zeigt, dass sprechende Medizin nicht vergütet wird.

Verbreitung von medizinischen Informationen per Internet

Halbwissen kollidiert mit Behandlerinformation

Die zahnmedizinische Untersuchungsleistung nach Nr. 0010 GOZ darf im Behandlungsfall nur einmal zusammen mit der allgemeinen Beratungsleistung nach Nr. 1 GOÄ abgerechnet werden. Die Nr. 0010 GOZ ist mit 100 Punkten bewertet. Bei einem Stundenumsatz von 200 Euro, also knapp über den 194,38 Euro, die sich als notwendiger zahnärztlicher Mindeststundenhonorarumsatz für das Jahr 2007 aus der Stellungnahme der Bundesregierung vom 05.10.2007 (BT-Drs. 16/6577, S. 5) ergeben, hat der Zahnarzt bei Abrechnung des 2,3-fachen Steigerungsfaktors folgende Behandlungszeit zur Verfügung:

Abrechnung der Beratung

- Nr. 0010 GOZ: 3,9 Minuten.
- Nr. 1 GOÄ: 3,2 Minuten.

- Nr. 3 GOÄ (eingehende Beratung – mindestens 10 Minuten – bewertet mit 150 Punkten, aber nur als einzige Leistung oder im Zusammenhang mit Untersuchungen nach Nrn. 5, 6, 7, 8, 800 und 801 GOÄ): 8,8 Minuten.

Beratung und Aufklärung der Patienten ist wenig wert

Die Situation ist nach EBM und BEMA nicht besser. Davon nimmt die Rechtsprechung bisher leider keine Notiz, obwohl diese Bewertung der sprechenden Medizin durch die staatlichen Gebührenordnungen deutlichst zeigt, wie wenig Wert der staatliche Verordnungsgeber der GOÄ und GOZ bzw. – im Bereich der vertrags(zahn)ärztlichen Versorgung die gesetzlichen Krankenkassen – auf Beratung und Aufklärung der Patienten legen.

Kenntnisgefälle hinsichtlich des Behandlungsablaufs

Aber es bleibt in jedem Fall ein signifikantes Kenntnisgefälle hinsichtlich des Ablaufs der Behandlung als solcher, was sich von selbst versteht, wenn die Behandlung in Vollnarkose erfolgt. Auch der ohne Anästhesie behandelte Zahnarztpatient weiß nur ungefähr, was bei der Behandlung geschehen soll, er sieht die tatsächlichen Behandlungsabläufe im Mund nicht.

Mit der Wissensdiskrepanz zwischen (Zahn)Arzt und Patient befasste sich das BVerfG in einer sich erstmals ausführlich mit der Arzthaftung befassenden Entscheidung vom 25.07.1979 – 2 BvR 878/74 – und führte dazu aus:

„Die Verteilung der <u>Beweislast</u> im Arzthaftungsprozess begegnet <u>besonderen praktischen Schwierigkeiten. Sie entspringen der typischen Situation der Parteien eines solchen Verfahrens.</u> Sie führt von der Sache her insbesondere dazu, dass sich der Patient wegen der tatsächlichen Gegebenheiten einer Heilbehandlung <u>üblicherweise</u> erheblichen Schwierigkeiten in seiner Beweisführung ausgesetzt sieht; dies schlägt <u>typischerweise zum Vorteil des Arztes oder des Krankenhausträgers</u> aus."

Verfassungsrechtliche Erfordernis der Gleichheit

Als Konsequenz forderte das Bundesverfassungsgericht die grundsätzliche „<u>Waffengleichheit</u>" im (Zahn)Arzthaftungsprozess und die gleichmäßige Verteilung des Risikos am Verfahrensausgang als <u>verfassungsrechtlich gebotene Erfordernisse</u> des Gleichheitssatzes wie auch des Rechtsstaatsprinzips.

Einführung

In Konsequenz u.a. dieser Entscheidung hat sich im Laufe der Jahrzehnte, ausgehend vom in der Rechtsprechung in diesem Zusammenhang häufig verwendeten martialischen Begriff der „Waffengleichheit", eine außerordentlich differenzierte Rechtsprechung zur Beweislastverteilung im (Zahn)Arzthaftungsprozess herausgebildet. Als Beispiele sind etwa zu nennen:

Differenzierte Rechtsprechung zur Beweislastverteilung

- BGH, 14.03.1978 – VI ZR 213/76: Begründung für die generelle Dokumentationspflicht;
- BGH, 24.06.1980 – VI ZR 7/79: Begründung für die besonders sorgfältige Befragung des Sachverständigen durch das Gericht;
- OLG München, 25.07.2002 – 1 U 4499/01: Begründung für die Anhörung des Patienten zum Inhalt des Aufklärungsgesprächs;
- OLG München, 18.11.2010 – 1 U 5334/09: Begründung dafür, dass an den vom (Zahn)Arzt zu führenden Nachweis der ordnungsgemäßen Aufklärung im Hinblick auf die Waffengleichheit im Arzthaftungsprozess keine unbilligen oder übertriebenen Anforderungen zu stellen sind.

Die in der Praxis wichtigste Differenzierung ist die zwischen dem einfachen Behandlungsfehler, der durch das Patientenrechtegesetz nicht definiert, sondern dessen Inhalt als bekannt vorausgesetzt wird, und dem groben Behandlungsfehler (§ 630h Abs. 5 BGB). Liegt ein einfacher Behandlungsfehler vor, muss der Patient den Nachweis, dass ohne den Behandlungsfehler der Gesundheitsschaden hätte vermieden werden können, mit der *„für das praktische Leben zu fordernden Sicherheit i.S.v. § 286 ZPO"* führen (OLG München, 12.04.2007 – 1 U 2267/04). Liegt ein grober Behandlungsfehler vor, kehrt sich die Beweislast nach Maßgabe des § 630h BGB um.

Wichtigste Differenzierung: einfacher vs. grober Behandlungsfehler

Diese Rechtsprechungsentwicklung zu Beweiserleichterungen hat sich zwar gefestigt, abgeschlossen ist sie jedoch nicht. Das gilt etwa für die jetzt in § 630h Abs. 5 Satz 2 BGB enthaltene Beweislastumkehr wegen unterlassener Befunderhebung. Diese Rechtsprechung hat schon in der Vergangenheit sehr viel Kritik auf sich gezogen, macht sie doch aus einem einfachen Behandlungsfehler über eine Abfolge von jeweils hypothetischen Annahmen einen groben Behandlungsfehler

Rechtsprechung zu Beweiserleichterungen

Beweislastumkehr als Problem in der Diagnostik

mit der Folge der Beweislastumkehr. Das ist in dem für das Gesundheitswesen besonders kostenträchtigen Bereich der Diagnostik (Radiologie, Labormedizin, Humangenetik) ein großes Problem. In der Zahnheilkunde geht es etwa um die Frage, wann ein DVT sein darf, wann es sein muss. Die Abrechnung von DVTs stößt weder bei Beihilfestellen noch bei der PKV auf besondere Gegenliebe, sofern der Ausgangsbefund nicht eindeutig schwerwiegend ist. Andererseits ist es unzweifelhaft, dass dreidimensionale Aufnahmen – vor allem, wenn man die Qualität der DVT-Aufnahmen bedenkt – ungleich aussagekräftiger sind als zweidimensionale Aufnahmen, wäre da nicht die Thematik der Kosten auf der einen und der Strahlenbelastung auf der anderen Seite. Die von vielen PKVen geforderte Stufendiagnostik – zuerst OPG, dann DVT (s. dazu z.B. AG München, 26.03.2010 – 173 C 31251/08) – ist zwar unter Kostengesichtspunkten nachvollziehbar, aber unter dem Aspekt der zusätzlichen Strahlenbelastung (§ 28 Abs. 1 Satz 2 RöV) zumindest problematisch.

Vermeidung ausufernder Diagnostik

Wo hier zur Vermeidung sinnlos ausufernder Diagnostik mit Rücksicht auf eine sachgerechte Verteilung der Beweislast ein Cut zu machen ist, ist noch lange nicht abschließend geklärt. Die entsprechende gesetzliche Festlegung ist damit verfrüht.

Beweiserleichterungen für Behandler

Auch die Frage, inwieweit die Behandlerseite in den Genuss von Beweiserleichterungen kommen kann, wenn auf Seiten des Patienten ersichtlich gemauert oder die Unwahrheit gesagt wird, ist noch nicht entschieden. Diejenigen Gerichte, die sich routinemäßig die Behandlungsunterlagen des Patienten von anderen Behandlern der letzten Jahre kommen lassen, erleben häufig, welche Diskrepanzen zwischen dem schriftsätzlich vorgetragenen Wohlbefinden vor der inkriminierten Behandlung und dem Bild bestehen, das sich aus den Unterlagen anderer Behandler ergibt – auch und gerade in der Zahnarzthaftung. Im angloamerikanischen Rechtssystem versteht es sich von selbst, dass im Rahmen der sog. pre-trial discovery nicht nur die Patientenseite an alle relevanten Unterlagen und Informationen kommt, sondern auch die Behandlerseite. Das wäre eine durchaus hilfreiche Weiterentwicklung des deutschen (Zahn)Arzthaftungsrechts (s. dazu z.B. Ratajczak, Wissen ist Macht – Auf dem Weg zur pre-trial discovery, in

Einführung

Arbeitsgemeinschaft Rechtsanwälte im Medizinrecht e.V. [Hrsg.], Arzthaftungsrecht – Rechtspraxis und Perspektiven, 2006, S. 27 ff.).

Es ist daher bedauerlich, dass die heiklen Fragen der Beweislastverteilung auf der Basis eines eher eine Momentaufnahme der Rechtsprechung darstellenden Entwicklungszustandes in Gesetzesform gegossen werden, wobei dann allerdings wieder überrascht, dass man sich nicht die Mühe macht, das gesamte von der Rechtsprechung entwickelte Spektrum der Beweislast gesetzlich abzubilden, z.B. nicht die in der Arzthaftung wichtigen Fragen des Anscheinsbeweises.

Wichtige Fragen des Anscheinsbeweises nicht im Gesetz

Als Beispiel für den Anscheinsbeweis in der Zahnheilkunde sei auf die Entscheidung des LG Frankfurt/M., 09.12.1981 – 2/22 O 467/80 – hingewiesen: Es spricht ein Anscheinsbeweis für eine längere und schmerzhaftere Behandlung als üblich, wenn nicht der Zahnarzt, sondern eine nicht beaufsichtigte Hilfskraft dem Zahnarzt vorbehaltene Tätigkeiten ausführt.

Beispiel für Anscheinsbeweis

Ziel des § 630h BGB

Gesetzgeberisches Ziel des § 630h BGB ist es, „die von der Rechtsprechung entwickelten Grundsätze zu den Beweiserleichterungen aus dem Arzthaftungsrecht systematisch in einer Vorschrift zusammenzufassen und auf sämtliche medizinischen Behandlungsverträge zu erstrecken" (BT-Drs. 17/10488, S. 27).

Gesetzestext

„(1) Ein Fehler des Behandelnden wird vermutet, wenn sich ein allgemeines Behandlungsrisiko verwirklicht hat, das für den Behandelnden voll beherrschbar war und das zur Verletzung des Lebens, des Körpers oder der Gesundheit des Patienten geführt hat.

(2) Der Behandelnde hat zu beweisen, dass er eine Einwilligung gemäß § 630d eingeholt und entsprechend den Anforderungen des § 630e aufgeklärt hat. Genügt die Aufklärung nicht den Anforderungen des § 630e, kann der Behandelnde sich darauf berufen, dass der Patient auch im Fall einer ordnungsgemäßen Aufklärung in die Maßnahme eingewilligt hätte.

(3) Hat der Behandelnde eine medizinisch gebotene wesentliche Maßnahme und ihr Ergebnis entgegen § 630f Absatz 1 oder Absatz 2 nicht in der Patientenakte aufgezeichnet oder hat er die Patientenakte entgegen § 630f Absatz 3 nicht aufbewahrt, wird vermutet, dass er diese Maßnahme nicht getroffen hat.

(4) War ein Behandelnder für die von ihm vorgenommene Behandlung nicht befähigt, wird vermutet, dass die mangelnde Befähigung für den Eintritt der Verletzung des Lebens, des Körpers oder der Gesundheit ursächlich war.

(5) Liegt ein grober Behandlungsfehler vor und ist dieser grundsätzlich geeignet, eine Verletzung des Lebens, des Körpers oder der Gesundheit der tatsächlich eingetretenen Art herbeizuführen, wird vermutet, dass der Behandlungsfehler für diese Verletzung ursächlich war. Dies gilt auch dann, wenn es der Behandelnde unterlassen hat, einen medizinisch gebotenen Befund rechtzeitig zu erheben oder zu sichern, soweit der Befund mit hinreichender Wahrscheinlichkeit ein Ergebnis erbracht hätte, das Anlass zu weiteren Maßnahmen gegeben hätte, und wenn das Unterlassen solcher Maßnahmen grob fehlerhaft gewesen wäre."

Änderungswünsche des Bundesrates

Der Bundesrat empfahl, § 630h BGB in einer Reihe von Punkten anders zu fassen und um einen sechsten Absatz zu erweitern (BR-Drs. 312/12[B], S. 15 ff.).

§ 630h Abs. 2 BGB sollte um einen dritten Satz wie folgt ergänzt werden:

> (2) [1]Der Behandelnde hat zu beweisen, dass er eine Einwilligung gemäß § 630d eingeholt und entsprechend den Anforderungen des § 630e aufgeklärt hat. [2]Genügt die Aufklärung nicht den Anforderungen des § 630e, kann der Behandelnde sich darauf berufen, dass der Patient auch im Fall einer ordnungsgemäßen Aufklärung in die Maßnahme eingewilligt hätte. [3]<u>Dies kann nicht angenommen werden, wenn der Patient darlegt, dass er sich im Fall einer ordnungsgemäßen Aufklärung in einem ernsthaften Entscheidungskonflikt über die Vornahme der Maßnahme befunden hätte.</u>

Begründung des Bundesrates:

„§ 630h Absatz 2 BGB-E bildet entgegen der verfolgten Zielsetzung die geltende Rechtslage nicht vollständig ab. Nach ständiger Rechtsprechung hat der Behandelnde darzulegen und zu beweisen, dass er den Patienten ordnungsgemäß aufgeklärt und dessen wirksame Einwilligung eingeholt hat. Ist die Aufklärung mängelbehaftet oder unterblieben, kann der Behandelnde einwenden, dass der Patient auch im Falle einer ordnungsgemäßen Aufklärung eingewilligt hätte.

Dem kann wiederum der Patient entgegenhalten, dass er sich im Falle einer ordnungsgemäßen Aufklärung in einem ernsthaften Entscheidungskonflikt darüber befunden hätte, ob er den tatsächlich durchge-

führten Eingriff durchführen lassen sollte. Dieser dem Patienten zustehende Gegeneinwand findet in § 630h Absatz 2 BGB-E keine Erwähnung (mehr). Daher ist § 630h Absatz 2 BGB-E um einen entsprechenden Satz zu ergänzen."

Der Sache nach sollte hier also noch ergänzend gesetzlich fixiert werden, was die Rechtsprechung im Rahmen der Frage, ob ein aufklärbarer, aber nicht oder nicht zureichend aufgeklärter Patient in die Behandlung bei unterstellter (= hypothetisch gedachter) richtiger Aufklärung in die Behandlung eingewilligt hätte, an Tatsachenvortrag seitens des Patienten verlangt. Der Patient kann den Einwand, er hätte bei richtiger Aufklärung in die Behandlung eingewilligt (hypothetische Einwilligung) dadurch entkräften, dass er dem Gericht plausibel darlegt, er wäre bei richtiger Aufklärung in einen Entscheidungskonflikt geraten (vgl. z.B. OLG Karlsruhe, 06.05.1987 – 7 U 88/86 – bei Mandibularisläsion nach Leitungsanästhesie; OLG Jena, 26.04.2006 – 4 U 416/05 – bei Lingualisläsion nach Leitungsanästhesie; s. dazu unten näher bei der Kommentierung zu § 630h Abs. 2 BGB).

Hypothetische Einwilligung vs. Entscheidungskonflikt

Bedenkt man, dass das Patientenrechtegesetz die (Zahn)Arzthaftung ohnehin als Anleitung zum Haftungsprozess beschreibt, wäre die Aufnahme dieser Ergänzung in den Gesetzestext konsequent gewesen.

§ 630h Abs. 5 Satz 2 BGB sollte nach Auffassung des Bundesrates wie folgt gefasst werden (BR-Drs. 312/12[B], S. 16):

„(5) ¹Liegt ein grober Behandlungsfehler vor und ist dieser grundsätzlich geeignet, eine Verletzung des Lebens, des Körpers oder der Gesundheit der tatsächlich eingetretenen Art herbeizuführen, wird vermutet, dass der Behandlungsfehler für diese Verletzung ursächlich war. ²Dies gilt auch dann, wenn es der Behandelnde unterlassen hat, einen medizinisch gebotenen Befund rechtzeitig zu erheben oder zu sichern, soweit <u>sich</u> mit hinreichender Wahrscheinlichkeit ein <u>so deutlicher und gravierender Befund ergeben</u> hätte, dass <u>dessen Verkennung oder die Nichtreaktion auf ihn</u> grob fehlerhaft gewesen wäre.

Begründung des Bundesrates:

„Der Wortlaut der vorgeschlagenen Neuregelung berücksichtigt nicht die aktuelle Entscheidung des BGH, 07.06.2011 – VI ZR 87/10). Danach tritt die Beweislastumkehr zugunsten des Patienten ein, wenn sich bei der gebotenen Abklärung der Symptome mit hinreichender Wahrscheinlichkeit ein so deutlicher und gravierender Befund ergeben hätte, dass sich dessen Verkennung als fundamental oder die Nichtreaktion auf ihn als grob fehlerhaft darstellen würde und diese Fehler generell geeignet sind, den tatsächlich eingetretenen Gesundheitsschaden herbeizuführen. Diese Entscheidung wird zwar in der Einzelbegründung der Vorschrift (BR-Drs. 312/12, S. 45) dargestellt, jedoch in ihrem Wortlaut nicht umgesetzt."

Gesetzliche Fixierung der Rechtsprechung des BGH

Die Formulierung wäre in der Tat eine weitere gesetzliche Fixierung der Rechtsprechung des Bundesgerichtshofs, die allerdings nicht neu in dem Sinne ist, dass der BGH diese Frage erstmals am 07.06.2011 entschieden hätte. Diese Rechtsprechungslinie verfolgt der BGH vielmehr seit vielen Jahren (grundlegend BGH, 13.02.1996 – VI ZR 402/94).

Schließlich wollte der Bundesrat in § 630h folgenden Absatz 6 anfügen (BR-Drs. 312/12[B], S. 15 f.):

> „(6) Die Vermutung des Absatzes 5 gilt insbesondere nicht, wenn ein haftungsbegründender Ursachenzusammenhang äußerst unwahrscheinlich ist, sich nicht das Risiko verwirklicht hat, dessen Nichtbeachtung den Fehler als grob erscheinen lässt oder wenn der Patient durch sein Verhalten eine selbständige Komponente für den Heilungserfolg vereitelt hat und dadurch in gleicher Weise wie der grobe Behandlungsfehler dazu beigetragen hat, dass der Verlauf des Behandlungsgeschehens nicht mehr aufgeklärt werden kann."

Begründung des Bundesrates:

„§ 630h Abs. 5 BGB-E bildet entgegen der verfolgten Zielsetzung die bisherige Rechtsprechung nicht vollständig ab. Sowohl in Bezug auf den groben Behandlungsfehler als auch den Befunderhebungsfehler *ist nach geltendem Recht die Beweislastumkehr ausnahmsweise ausgeschlossen, wenn ein haftungsbegründender Ursachenzusammenhang äußerst unwahrscheinlich ist, sich nicht das Risiko verwirklicht hat, dessen Nichtbeachtung den Fehler als grob erscheinen lässt, oder wenn der Patient durch sein Verhalten eine selbständige Komponente für den Heilungserfolg vereitelt hat und dadurch in gleicher Weise wie der grobe Behandlungsfehler dazu beigetragen hat, dass der Verlauf des Behandlungsgeschehens nicht mehr aufgeklärt werden kann (zu diesen Einschränkungen vgl. BGH, 27.04.2004 – VI ZR 34/03; BGH; 16.11.2004 – VI ZR 328/03). An diesen bewährten Maßstäben sollte auch weiterhin festgehalten werden. Eine bloße Erwähnung in der Begründung des Gesetzentwurfs genügt allerdings nicht.*

Diese Ausnahmen sind daher gesondert in einem zusätzlichen Absatz 6 aufzunehmen. Sie unterscheiden sich in der Sache von dem Erfordernis der grundsätzlichen Eignung des Fehlers für eine Verursachung des Schadens. Zudem hat die Eignung der Patient, das Vorliegen einer Ausnahmekonstellation hingegen der Behandelnde nachzuweisen. Gleichzeitig sollen die Ausnahmen des Absatzes 6 nicht abschließend sein ('insbesondere'). Die Regelung soll der Entwicklung weiterer Ausnahmetatbestände durch die Rechtsprechung nicht entgegenstehen.

Anders als die Begründung des Gesetzentwurfs annimmt, handelt es sich bei den letzten zwei Ausnahmetatbeständen (anderes Risiko verwirklicht/eigener Verursachungsbeitrag des Patienten) nicht um Unterfälle des ersten Ausnahmetatbestandes (Zusammenhang äußerst unwahrscheinlich), sondern um eigenständige Fallgruppen, die miteinander nichts zu tun haben. Zur Verdeutlichung seien folgende Beispiele genannt:

Beispiel 1 (äußerst unwahrscheinlicher Zusammenhang): Ein grober Diagnosefehler dürfte kaum zur Verschlechterung beigetragen haben, da dem Patienten schon wenige Stunden später von einem anderen Arzt die richtige Diagnose gestellt wird.

Beispiel 2 (anderes Risiko verwirklicht): Die Entlassung des Patienten unmittelbar nach einem Herzkathetereingriff ist grob fehlerhaft, da wegen der Gefahr von Herzrhythmusstörungen und Blutungen ein stationärer Aufenthalt von zwei bis drei Tagen erforderlich ist. Zudem besteht eine gewisse Infektionsgefahr, wobei die Entlassung des Patienten allein in Ansehung dieser Infektionsgefahr lediglich einfach fehlerhaft wäre. Der Patient stirbt infolge einer Infektion (vgl. BGH, 16.06.1981 – VI ZR 38/80).

Beispiel 3 (eigener Verursachungsbeitrag): Entgegen der ärztlichen Anweisung unterlässt es der Patient wiederholt, die operierte Extremität hochzulagern (vgl. KG Berlin, 30.04.1990 – 20 U 1833/89)."

Compliance explizit angesprochen

Die als Absatz 6 vorgesehene Ergänzung wäre durchaus zu begrüßen gewesen, zumal die vorstehend angesprochene Frage der Compliance explizit im Text angesprochen wird. Mit der gesetzlichen Normierung wäre es sicher auch leichter gefallen, die Gerichte davon zu überzeugen, dass Beweisantritten zur Compliance des Patienten unter Beachtung der prozessualen Besonderheiten des Arzthaftungsprozesses, also im Wesentlichen durch das Gericht (OLG Brandenburg, 05.04.2005 – 1 U 34/04) von Amts wegen nachzugehen und der Patient zu dieser Frage auch auskunftspflichtig ist.

Änderungswünsche der Fraktion BÜNDNIS 90/DIE GRÜNEN

Die Fraktion BÜNDNIS 90/DIE GRÜNEN wollte § 630h Abs. 5 BGB wie folgt fassen (Änderungsantrag Nr. 6, Ausschussdrucksache 17[14]350):

> „(5) Liegt ein grober Behandlungsfehler vor und ist dieser grundsätzlich geeignet, eine Verletzung des Lebens, des Körpers oder der Gesundheit der tatsächlich eingetretenen Art herbeizuführen, wird vermutet, dass der Behandlungsfehler für diese Verletzung ursächlich war. Hat der Behandelnde es unterlassen, einen medizinisch gebotenen Befund oder eine andere wesentliche Maßnahme und ihr Ergebnis entgegen § 630f Absatz 1 oder Absatz 2 in der Patientenakte aufzuzeichnen, oder hat er die Patientenakte entgegen § 630f Absatz 3 nicht aufbewahrt, wird vermutet, dass sich ein nicht dokumentierter Umstand so ereignet hat, wie ihn der Patient glaubhaft schildert. Weitergehend wird vermutet, dass ein nicht dokumentierter Befund ein reaktionspflichtiges Ereignis aufgewiesen hätte."

Damit sollte teilweise der Text des § 630h Abs. 3 BGB auch in den Text des § 630h Abs. 5 BGB integriert werden – warum auch immer. Zugleich sollte eine Beweisvermutung zugunsten des Patienten bei dessen glaubhafter Schilderung eingeführt werden. — *Beweisvermutung bei glaubhafter Schilderung*

Sehr viel folgenreicher wäre der Antrag der Fraktion BÜNDNIS 90/DIE GRÜNEN – ebenfalls zu § 630h Abs. 5 BGB – gewesen, in Satz 1 das Wort „grober" zu streichen, womit sie eine generelle Beweislastumkehr zu Lasten der Behandlerseite einführen wollte (Änderungsantrag Nr. 6, Drucksache 17[14]350). Die Begründung für dieses Vorhaben soll zitiert werden (s. BT-Drs. 17/11710 vom 28.11.2012, S. 35): — *Generelle Beweislastumkehr zu Lasten der Behandler*

„Die Einführung einer Beweiserleichterung in Form einer widerlegbaren Vermutung beim Nachweis des Kausalzusammenhangs zwischen

einfachem Behandlungsfehler und Gesundheitsschaden stärkt die Rechte von geschädigten Patientinnen und Patienten vor Gericht. Der Heilbehandler bzw. die Heilbehandlerin muss die Vermutung eines Zusammenhangs zwischen Schaden und Pflichtverletzung erschüttern. Der Behandelte belegt, dass ein gesundheitlicher Schaden eingetreten ist und durch eine Pflichtverletzung des Heilbehandlers verursacht wurde."

Für eine Beweislastumkehr hätte es dann ausgereicht, dass ein Behandlungsfehler vorliegt und dieser grundsätzlich geeignet ist, eine Verletzung des Lebens, des Körpers oder der Gesundheit der tatsächlich eingetretenen Art herbeizuführen.

Verwertbare Informationen zur Compliance fehlen

Das wäre in der Rechtspraxis auf eine generelle Beweislastumkehr bei jedem – auch einem leichten – Behandlungsfehler hinausgelaufen. Den Gegenbeweis zu führen ist in der Praxis schwierig. Es fehlt – um nur einen wichtigen Aspekt herauszugreifen – in der Regel an allen gerichtsverwertbaren Informationen zur Compliance des Patienten, die für den Behandlungserfolg ebenso wesentlich ist wie die Behandlung selbst. Nach dem von der WHO im Jahre 2003 veröffentlichten Bericht „Adherence to Long-Term Therapies" beträgt in entwickelten Ländern die Compliance-Rate selbst bei an chronischen Krankheiten leidenden Patienten nur etwa 50 % in unterentwickelten Ländern ist die Rate deutlich niedriger (S. 7). Etwa die Hälfte der verordneten Tabletten und Tropfen lagern ungenutzt in deutschen Hausapotheken (Jens, Therapietreue: „Auch eine Bringschuld des Versorgungssystems", DÄ 2007, 104[15], S. A-996).

Versorgungsforschung zu den Konsequenzen mangelhafter Compliance gibt es kaum; Informationen, was ein konkreter Patient mit den Therapieratschlägen seiner Ärzte gemacht hat, erst recht nicht. Bei groben Behandlungsfehlern kann man wegen der Schwere des Fehlervorwurfs über diese Problematik hinwegsehen, bei einfachen Behandlungsfehlern hieße das, dem (Zahn)Arzt die Beweislast dafür aufzubürden, dass der Patient nicht gesund wurde oder es ihm nicht besser geht, als er erwartet hatte. Das aber ist im Kern das allgemeine Krankheitsrisiko.

Kommentierung des § 630h BGB

§ 630h Abs. 1 BGB – Beweislastumkehr bei voll beherrschbarem Behandlungsrisiko

Text des § 630h Abs. 1 BGB:

„Ein Fehler des Behandelnden wird vermutet, wenn sich ein allgemeines Behandlungsrisiko verwirklicht hat, das für den Behandelnden voll beherrschbar war und das zur Verletzung des Lebens, des Körpers oder der Gesundheit des Patienten geführt hat."

Kommentierung:

§ 630h Abs. 1 BGB normiert als ersten Aspekt der Beweislastregelung den Sonderfall des von der Rechtsprechung entwickelten Beweisinstituts des sog. „voll beherrschbaren Risikos" (z.B. BGH, 25.06.1991 – VI ZR 320/90: Sturz eines Patienten vom Duschstuhl; BGH, 24.01.1995 – VI ZR 60/94: Armplexusparese nach Schilddrüsenoperation; OLG Naumburg, 12.07.2012 – 1 U 43/12: Sturz eines Patienten während Begleitung durch Pflegekraft). Ein Behandlungsfehler wird vermutet, wenn der Schaden des Patienten aus einer Gefahr herrührt, die dem Organisationsbereich der Behandlerseite zuzuordnen ist, soweit der Behandelnde die Gefahren aus diesem Bereich objektiv voll beherrschen kann. Es handelt sich dabei um eine abstrakte Gefährdungsbetrachtung. Ob das Risiko im Einzelfall konkret vermeidbar war, spielt grundsätzlich keine Rolle, weil solche Fehler nicht passieren dürfen. *Gefahr aus Organisationsbereich des Behandlers*

Als „voll beherrschbar" gelten Risiken, die nach dem Erkennen mit Sicherheit abgestellt und für zukünftige Behandlungen ausgeschlossen werden können. *Voll beherrschbare Risiken*

§ 630h Abs. 1 BGB verlangt vom Patienten, dass er im Haftungsprozess

- behauptet und ggf.

- beweist, dass die Verletzung dadurch verursacht wurde, dass sich ein für den Behandelnden voll beherrschbares Behandlungsrisiko verwirklicht hat.

Beweis durch den Patienten

Dass ein voll beherrschbares Behandlungsrisiko vorliegt, muss also der Patient beweisen. Bestätigt das der Gutachter zur Überzeugung des Gerichts nicht, dann erübrigt sich die Frage. Es gibt insoweit keine Beweiserleichterung für den Patienten.

Bestätigt der Gutachter dagegen zur Überzeugung des Gerichts, dann muss der Behandler beweisen, dass

- der Gesundheitsschaden des Patienten durch dieses Risiko nicht verursacht wurde.

Besondere Schutzbedürftigkeit des Patienten

Als Grund für diese Regelung führt die Gesetzesbegründung die besondere Schutzbedürftigkeit des Patienten an, dem die Vorgänge aus dem Organisations- und Gefahrenbereich des Behandelnden regelmäßig verborgen blieben. Daher müsse sich der Patient darauf verlassen dürfen, dass der Behandelnde alles Erforderliche unternehmen werde, um den Patienten vor den mit der Behandlung verbundenen typischen Gefahren zu schützen (BT-Drs. 17/10488, S. 27 unter Bezugnahme auf Geiß/Greiner, Arzthaftpflichtrecht, 6. Auflage, 2009, Rz. B 214).

§ 630h Abs. 1 BGB soll für sämtliche von der Rechtsprechung unter dem Oberbegriff des voll beherrschbaren Risikos entwickelten Fallgruppen gelten:

1. Einsatz medizinisch-technischer Geräte,

2. Hygienestandards,

3. Zurücklassen von Fremdkörpern nach OP,

4. Sturz eines Patienten während Hilfeleistung durch eine Pflegekraft,

5. Verbleib der Behandlungsdokumentation.

Nicht voll beherrschbares Risiko

Zum Einsatz kommt diese Beweiserleichterung für den Patienten ausschließlich in Bereichen, über welche die Behandlerseite die volle organisatorische Kontrolle hat. Ein voll beherrschbares Risiko im Sinne des § 630h Abs. 1 BGB liegt nicht vor, wenn in dem Gesundheitsschaden des Patienten zugleich eine andere, ggf. unbekannte oder nicht zu erwartende Disposition des Patienten „durchschlägt", die diesen für das verwirklichte Risiko anfällig macht und dem Behandelnden damit die volle Beherrschbarkeit des Risikobereichs entzieht (BGH, 24.01.1995 – VI ZR 60/94) oder wenn etwa die zeitlichen Zusammenhänge so sind, dass sie in Beziehung zur Behandlung stehen, aber auch außerhalb der Behandlung liegende Schadensursachen in Betracht kommen. So hat das OLG München (25.03.2011 – 1 U 4594/08) bei einer sechs Wochen nach einem stationären Klinikaufenthalt diagnostizierten Hepatitis-C-Erkrankung ein voll beherrschbares Risiko verneint, wenn nachgewiesen ist, dass eine Infektionsquelle oder Hygienemängel im Krankenhaus nicht vorlagen, und nach sachverständigen Feststellungen zwar eine hohe statistische Wahrscheinlichkeit dafür spricht, dass die Infektion im Zeitraum des stationären Aufenthalts stattgefunden hat, eine Infektion außerhalb des Klinikbereichs durch einen unbekannten Virusträger, insbesondere im Rahmen von vorangegangenen zeitnahen ärztlichen Eingriffen (hier: Koloskopie) jedoch ernsthaft möglich bleibt. In einer weiteren, auch für den Bereich der Zahnheilkunde bedeutsamen Entscheidung vom 30.06.2011 – 1 U 2414/10 – meinte das OLG München, dass es keinen allgemeinen Grundsatz gebe, dass bei minimalen Eingriffen Handschuhe getragen werden müssten. In diesen Fällen bleibt es bei der allgemeinen Regel, dass der Patient die volle Beweislast für die Pflichtverletzung trägt.

Volle Beweislast beim Patienten

Sind dagegen die in § 630h Abs. 1 BGB enthaltenen Voraussetzungen erfüllt, wird zugunsten des Patienten vermutet, dass der Behandelnde seine (medizinischen) Behandlungspflichten verletzt hat.

Verletzung von Behandlungspflichten

Der Behandler hat dann nur noch die Chance, diese gesetzliche Vermutung durch den Beweis des Gegenteils zu entkräften (§ 292 ZPO). Hierfür stehen ihm zwei Optionen zur Verfügung:

- **Voller Gegenbeweis:** Es liegt kein Behandlungsfehler vor, der für den Schaden verantwortlich ist.
- **Eingeschränkter Gegenbeweis:** Es liegt doch kein voll beherrschbares Behandlungsrisiko vor.

Weitere Beweislasterleichterungen nennt § 630h Abs. 1 BGB nicht. Er ordnet insbesondere – auch insoweit in Einklang mit der Rechtsprechung (s. z.B. OLG Hamm, 05.01.2011 – I-3 U 64/10) – keine Änderung der Beweislast hinsichtlich der haftungsbegründenden Kausalität an.

Als voll beherrschbar wurden z.B. gewertet:

Voll beherrschbare Risiken

- ordnungsgemäßer Zustand eines für die Anästhesie verwendeten Tubus (BGH, 24.06.1975 – VI ZR 72/74),

- Funktionstüchtigkeit des eingesetzten Narkosegeräts (BGH, 11.10.1977 – VI ZR 110/75),

- Reinheit des benutzten Desinfektionsmittels (BGH, 09.05.1978 – VI ZR 81/77),

- Sterilität der verabreichten Infusionsflüssigkeit (BGH, 03.11.1981 – VI ZR 119/80),

- richtige Lagerung des Patienten auf dem Operationstisch (BGH, 24.01.1984 – VI ZR 203/82; OLG Koblenz, 23.12.2010 – 5 U 1199/09),

- Keimübertragung durch eine infizierte Arzthelferin (BGH, 20.03.2007 – VI ZR 158/06),

- Verlust der Krankenakten aus ungeklärten Gründen (OLG Köln, 18.01.1988 – 7 U 126/87),

- Zurücklassen von Fremdkörpern im operierten Bereich (OLG Zweibrücken, 16.09.2008 – 5 U 3/07).

§ 630h Abs. 2 Satz 1 BGB – Beweislastumkehr für Einwilligung und Aufklärung

Text des § 630h Abs. 2 Satz 1 BGB:
„Der Behandelnde hat zu beweisen, dass er eine Einwilligung gemäß § 630d eingeholt und entsprechend den Anforderungen des § 630e aufgeklärt hat."

Kommentierung:

§ 630h Abs. 2 BGB regelt die Beweislast bei Aufklärung und Einwilligung in Übereinstimmung mit der bisherigen Rechtsprechung. Die Regelung wurde vom Gesetzgeber für nötig angesehen, *„um die insoweit bestehende bisherige Beweislastverteilung, die auf dem Deliktsrecht beruht, an das neue vertragliche Regelungskonzept anzupassen. Nach den allgemeinen vertraglichen Haftungsgrundsätzen wäre ansonsten, anders als nach bisher geltendem Recht, der Patient sowohl für seine Behauptung, die Aufklärung sei fehlerhaft oder sei unterblieben, als auch für seine Behauptung, der Behandelnde habe die Einwilligung in den Eingriff nicht eingeholt, beweisbelastet"* geblieben (BT-Drs. 17/10488, S. 28).

Der Behandler musste bisher schon beweisen, dass der Patient wirksam in die Behandlung eingewilligt hat (jetzt § 630d Abs. 1 Satz 1 BGB). Wirksam ist die Einwilligung nur, wenn der Patient über die Behandlung, ihre Risiken und evtl. bestehende Behandlungsalternativen ausreichend aufgeklärt wurde (jetzt § 630d Abs. 2 BGB).

Beweis der Einwilligung

Besteht Streit darüber, was alles zum Umfang der ordnungsgemäßen Aufklärung gehört, muss der Patient vortragen, über welches Risiko er aus seiner Sicht hätte aufgeklärt werden müssen (OLG Saarbrücken, 09.06.2004 – 1 U 500/03-127).

Streit über den Umfang der Aufklärung

Nach bisherigem wie neuem Recht muss der Behandler beweisen, dass er den Patienten (ggf. den zur Einwilligung gemäß § 630d Abs. 1 Satz 2 BGB Berechtigten) ordnungsgemäß nach Maßgabe der in § 630e BGB näher umschriebenen Aufklärungspflichten über alle relevanten Umstände aufgeklärt und die Einwilligung des Patienten eingeholt hat.

Beweis von Aufklärung und Einwilligung

Beides sind grundsätzlich zu dokumentierende Umstände, wobei im zahnärztlichen Bereich anzumerken ist, dass die Tatsache, dass der Patient in die Behandlung eingewilligt hat, bisher nur selten explizit dokumentiert wird. In der Regel erschließt sich die Einwilligung unzweifelhaft aus den Umständen. Man sollte es sich dennoch angewöhnen, nicht nur die Aufklärung, sondern auch die Einwilligung zu dokumentieren. Daran ist insbesondere zu denken, wenn in der Praxis selbstentworfene Aufklärungsformulare Verwendung finden.

Aufklärung und Einwilligung dokumentieren

Die Übernahme der von der Rechtsprechung entwickelten Beweislastverteilung für Einwilligung und Aufklärung zum Nachteil der Behandlerseite begründet der Gesetzgeber wie folgt:

„Sie erklärt sich vor dem Hintergrund, dass dem Patienten der Beweis einer negativen Tatsache, nämlich der Beweis für eine nicht ordnungsgemäße Aufklärung oder für eine nicht erfolgte Einwilligung, in der Regel nicht gelingen wird. Ferner wird es dem Patienten regelmäßig an der erforderlichen Risikokenntnis fehlen, um eine Sachlage medizinisch korrekt einordnen zu können und um sich die Möglichkeit zu eröffnen, gegebenenfalls durch die Einbeziehung eines Zeugen den Beweis für eine nicht erfolgte bzw. nicht ausreichende Aufklärung führen zu können. Demgegenüber ist es für den Behandelnden ein Leichtes, Aufzeichnungen über den Inhalt einer erfolgten Aufklärung und Einwilligung zu erstellen und auf diese Weise nicht nur eine ordnungsgemäße Anamnese zu sichern, sondern auch eine lückenlose Aufklärung des Sachverhaltes zu ermöglichen. So kann sich der Behandelnde z.B. durch etwaige Formulare von dem Patienten bestätigen lassen, dass eine bestimmte Aufklärung in einem bestimmten Umfang erfolgt ist und dass der Patient in eine Maßnahme eingewilligt hat. Zudem kann beziehungsweise muss er diese Unterlagen zur Dokumentation in die Patientenakte aufnehmen. Umgekehrt dürfte dem Patienten diese Möglichkeit in der Regel verwehrt sein, zumal der Behandelnde nicht verpflichtet ist, Gegenäußerungen des Patienten in die Patientenakte aufzunehmen." (BT-Drs. 17/10488, S. 29)

Der Sache nach stecken hinter dieser Rechtsprechung Überlegungen, wie sie auch für den Bereich des voll beherrschbaren Risikos (s. S. 225 ff. zu § 630h Abs. 1 BGB) entwickelt worden sind. Da der Behandler aufklären muss, fällt es ihm – zumindest in der Theorie – ungleich leichter, darzulegen und ggf. zu beweisen, dass und worüber er aufgeklärt hat, als vom Patienten den (negativen) Beweis zu verlangen, dass und worüber er nicht aufgeklärt wurde. Das Problem der Aufklärungsrechtsprechung steckt denn auch in der Rechtspraxis nicht in der Beweislastverteilung, sondern in der Frage, was eigentlich alles ein aufklärungspflichtiger Tatbestand ist. Diese auf jeder einschlägigen Fortbildung gestellte Frage kann von Rechts wegen niemand für keine einzige der medizinischen Behandlungen abschließend

Was ist ein aufklärungspflichtiger Tatbestand?

beantworten. Oft entwickeln sich neue Rechtsprechungsanforderungen aus Hinweisen und Äußerungen von Gutachtern im Prozess oder auch – als Folge des Umstands, dass es sich bei der Aufklärungsrüge auch um einen sog. Fallback-Tatbestand handelt –, um seitens des Gerichts eine (vermeintliche) Einzelfallgerechtigkeit im Prozess zu erzielen.

Die berechtigte Kritik der Ärzteschaft am ex ante nicht abschätzbaren Aufklärungsumfang oder der erforderlichen Aufklärungstiefe wird von der Rechtsprechung bisher nicht aufgenommen. Nach wie vor wird darauf abgestellt, dass die Frage, wann ein spezifisches und damit aufklärungspflichtiges Risiko anzunehmen ist, eine Frage des Einzelfalles sei (BGH, 30.11.2004 – VI ZR 209/04).

Kritik der Ärzteschaft am Aufklärungsumfang

Wenn eine Rechtspflicht ex ante nicht praktisch handhabbar konkretisiert werden kann, dann stellt sich die Frage, wie der Behandelnde dann eigentlich einen Verstoß vermeiden können soll. Ein besonders prägnantes Beispiel für die Schwierigkeiten bietet die Entscheidung des OLG München, 24.06.2010 – 1 U 2935/09. Es ging dabei um die mikrochirurgische subtotale Entfernung eines Rückenmarktumors unter kontinuierlichem elektrophysiologischem Neuromonitoring. Das OLG München referiert im Urteil die Beurteilung des medizinischen Gutachters, dem es folgt:

Wie kann der Behandelnde einen Verstoß vermeiden?

„Nach den Ausführungen des Sachverständigen kann die Risikoeinschätzung nur aufgrund einzelfallbezogener Umstände getroffen werden. Er hat in seiner mündlichen Anhörung angegeben, dass für die Risikoeinschätzung in erster Linie die Lage des Tumors ausschlaggebend ist, an zweiter Stelle die Abgrenzung des Tumors von dem umliegenden Gewebe, an dritter die Anzahl der Etagen und an vierter Stelle die Erfahrung des Operateurs."

Wie schätzt der Operateur zuverlässig seine Erfahrung ein? Es ist eine Binsenweisheit, dass die Operationsergebnisse mit zunehmender Erfahrung des Operateurs besser werden. Diese Erkenntnis ist nicht auf den Bereich der Medizin beschränkt, sondern gilt für alle Berufe. Die Frage nach den Erfahrungen des Operateurs (man denke nur an Dysgnathieoperationen, vertikale Distraktion, Tumoroperationen im Kieferbereich, Sinuslift, Knochenaugmentation, Neurolysen, aber auch

Erfahrungen des Operateurs

schon bei der normalen Implantation usw.) spielt auch in § 630h Abs. 4 BGB eine wichtige Rolle für die Beweislast.

Muss nun aber konsequenterweise ein Patient vor jedem riskanten, z.B. mit dem Risiko einer bleibenden Nervschädigung verbundenen Eingriff auch unter Berücksichtigung der bisherigen Erfahrung des Behandlers aufgeklärt werden? Wie hoch ist das Risiko vor der ersten Leitungsanästhesie, wie hoch nach der tausendsten, wie hoch nach der zehntausendsten?

Nach einer retrospektiven Schadensanalyse der Rechtsabteilung am AKH Wien passiert der typische Schadensfall einem überdurchschnittlich guten Mitarbeiter in einem „Risikofach" mit 20 Berufsjahren an einem Freitag im Januar, März oder Juli aufgrund eines vorangegangenen Kommunikationsfehlers und mangelndem asservativem Verhalten (Marzi, Schadensbegrenzung im Krankenhaus, Vortrag auf dem 17. Österreichischen Medizinrechtstag in Linz am 14.12.2012).

Keine Garantie für bessere Ergebnisse durch erfahrenere Behandler

Es gibt eine Reihe von plausiblen Überlegungen, die ein solches zunächst jeder Erfahrung zu widersprechen scheinendes Ergebnis (20 Berufsjahre, überdurchschnittlich guter Mitarbeiter) erklärbar machen. Dazu gehört, dass dem erfahrenen Behandler gerade seine Erfahrung zum Verhängnis werden kann, weil er Behandlungen übernimmt, die andere nicht übernehmen könnten. Eine Garantie für bessere Behandlungsergebnisse durch erfahrenere Behandler gibt es also nicht.

Relevanz von medizinischen Fachinformationen

Im Rahmen des § 630h Abs. 2 Satz 1 BGB wird noch viel zu klären sein hinsichtlich der Relevanz von medizinischen Fachinformationen. Die Rechtsprechung sollte sich der Frage stellen, wie glaubhaft es ist, wenn ein Patient Risiken nicht in Kauf nehmen will, denen er sich täglich allein schon dadurch aussetzt, dass er das Haus verlässt und – sei es nur als Fußgänger – am Straßenverkehr teilnimmt, oder als Motorradfahrer oder gar indem er Sportarten betreibt, deren Risiko beträchtlich ist, sei es Reiten, Fallschirmspringen, Bungee-Springen etc.

Dieser Aspekt sollte besonders bei den Anforderungen, die § 630h Abs. 2 Satz 2 BGB an den Nachweis stellt, dass der ordnungsgemäß aufgeklärte Patient in die konkrete Behandlung doch eingewilligt hätte, stärker berücksichtigt werden.

§ 630h Abs. 2 Satz 2 BGB – Hypothetische Einwilligung

Text des § 630h Abs. 2 Satz 2 BGB:
„Genügt die Aufklärung nicht den Anforderungen des § 630e, kann der Behandelnde sich darauf berufen, dass der Patient auch im Fall einer ordnungsgemäßen Aufklärung in die Maßnahme eingewilligt hätte."

Kommentierung:

§ 630h Abs. 2 Satz 2 BGB betrifft den Fall, dass der Patient (oder ggf. ein Betreuer) über die Behandlung zwar hätte aufgeklärt werden können, aber entweder gar nicht oder nur unzureichend aufgeklärt wurde. Dann kann die Behandlerseite behaupten und ggf. beweisen, dass der ordnungsgemäß aufgeklärte Patient in die konkrete Behandlung doch eingewilligt hätte (s. schon BGH, 22.01.1980 – VI ZR 263/78).

Patient wurde nicht ausreichend aufgeklärt

Es handelt sich dabei um den Beweis eines hypothetischen Vorgangs – hypothetisch, weil die Aufklärung nicht mehr realiter nachzuholen ist. Die Situation hat sich für den Patienten, der einen Gesundheitsschaden erlitten hat, dramatisch verändert. Vor der Behandlung ist ein solches Schadensereignis reine Theorie, die als mögliches Gefahrenpotenzial meist auch noch verdrängt und vergessen wird. Untersuchungen über die Erinnerung der Patienten an Aufklärungsgespräche gibt es mittlerweile viele. Sie alle belegen, dass die Hälfte der Patienten schon wenige Tage postoperativ nicht mehr in der Lage ist, ein einziges allgemeines Risiko – geschweige denn spezielle Risiken – zu benennen, obwohl diese unstreitig Gegenstand der Aufklärung waren (vgl. Potrett, Die Effizienz der präoperativen Aufklärung in der Orthopädie, Diss., 2004, S. 87). In einer Untersuchung zum HNO-Bereich stellte sich heraus, dass sich Patienten genauso häufig „irren", wie sie sich an etwas aktiv erinnern (Demirbas, Untersuchung zum Erinnerungsvermögen von Patienten nach medizinischen Aufklärungsgesprächen zu HNO-Operationen, Diss., 2010, S. 43). Von Hagen referiert in ihrer Habilitationsschrift (Differentielle Indikation psychologischer Operationsvorbereitung bei knochenchirurgischen Wahleingriffen, 2001,

Geringe Erinnerung der Patienten an Aufklärungsgespräche

S. 25 ff.) eine Reihe weiterer Untersuchungen, etwa zum Befinden „ordnungsgemäß" aufgeklärter Patienten im Vergleich zu einer Kontrollgruppe, der man im Wesentlichen nur gesagt hatte: „Alles wird gut." Die Ergebnisse dieser zahllosen Studien sprechen nicht gegen die Notwendigkeit der Aufklärung als solche, relativieren aber die Anforderungen, die man billigerweise an den Nachweis der hypothetischen Einwilligung des Patienten stellen darf.

Relativierung der Anforderungen

Die Aufklärungshaftung greift nur, wenn sich ein aufklärungspflichtiges Risiko verwirklicht hat, über das der Patient nicht aufgeklärt wurde. Sie greift nicht in dem Fall, dass der Patient zwar nicht komplett ordnungsgemäß aufgeklärt wurde, aber ein Risiko eintrat, über das er ordnungsgemäß aufgeklärt wurde. Es muss also zwischen Aufklärungsdefizit und Gesundheitsschaden grundsätzlich ein Zusammenhang bestehen (BGH, 15.02.2000 – VI ZR 48/99).

Aufklärungshaftung nur im Zusammenhang mit Aufklärungsdefizit

Entscheidungskonflikt des Patienten

Der Patient, der behauptet, nicht oder nicht ausreichend aufgeklärt zu sein, muss nur plausibel behaupten, es wäre bei richtiger Aufklärung in einen echten Entscheidungskonflikt geraten. An die Darlegung eines solchen Konflikts durch den Patienten werden von der Rechtsprechung keine hohen Anforderungen gestellt. Der Patient muss nur darlegen, in welcher persönlichen Entscheidungssituation er bei vollständiger und ordnungsgemäßer Aufklärung über das Für und Wider des Eingriffs gestanden hätte und ob ihn die Aufklärung ernsthaft vor die Frage gestellt hätte, seine Einwilligung zu erteilen oder nicht. Dabei ist auf die persönliche Entscheidungssituation des Patienten abzustellen, nicht darauf, wie sich ein „vernünftiger Patient" verhalten hätte (BGH, 17.03.1998 – VI ZR 74/97).

Plausibler Entscheidungskonflikt

Persönliche Entscheidungssituation des Patienten maßgeblich

Die Darlegung eines Entscheidungskonfliktes erfordert nicht, dass der Patient darlegt, wie er sich bei vollständiger Aufklärung tatsächlich entschieden hätte. Es reicht aus, dass der Patient darstellt, dass er sich die Sache noch einmal überlegt hätte, eine zweite ärztliche Meinung eingeholt oder mit Verwandten oder Bekannten gesprochen hätte, da es für die Beurteilung des Entscheidungskonfliktes auf die persönliche Entscheidungssituation des konkreten Patienten aus

Keine Darlegung der tatsächlichen Entscheidung

damaliger Sicht ankommt (BGH, 15.03.2005 – VI ZR 313/03; OLG Brandenburg, 29.05.2008 – 12 U 241/07). Er muss nicht auch noch zusätzlich behaupten, wie er sich tatsächlich entschieden hätte (BGH, 06.07.2010 – VI ZR 198/09).

Allerdings muss der Patient den Entscheidungskonflikt zum Zeitpunkt vor der Behandlung glaubhaft machen, zu dem er lediglich die Risiken der Behandlung kennt, nicht aber um deren spätere Verwirklichung weiß (OLG Stuttgart, 16.11.2010 – 1 U 124/09; OLG Karlsruhe, 27.06.2012 – 7 U 116/11).

Konflikt vor der Behandlung

Zu diesem Entscheidungskonflikt werden die Patienten vor Gericht mündlich angehört. Der rhetorisch begabte Patient hat hier eindeutig Vorteile, ebenso der Patient, der von seinem Anwalt entsprechend gecoacht wurde. Gerade in letzterem Bereich sehen wir immer wieder Fälle, wo die Grenze der Vorbereitung des Patienten auf die mündliche Verhandlung überschritten wurde. Ein besonders anschaulicher Fall wurde vor einigen Jahren vor dem LG Ellwangen verhandelt. Der Patient hatte eine Schädigung davongetragen und war nicht aufgeklärt worden. Das Gericht gab sich mit der Befragung des Patienten große Mühe, der den Fragen kaum folgen konnte und nach mehrmaligem Umformulieren der Fragen stets nur mit „Ja" oder „Nein" antwortete. Auf die unvermeidliche Frage, was er denn nun getan hätte, wenn er aufgeklärt worden wäre, drehte er sich zu seinem Anwalt um, der mit einem Auge zwinkerte, dann wiederum zum Gericht, dem er in breitestem Ostalb-Dialekt erklärte, er wäre dann in einen echten Entscheidungskonflikt gekommen. Sein einziger ganzer Satz. Die Nachfrage, was er denn damit meine, konnte er nicht beantworten. Das Gericht glaubte ihm – zu Recht – nicht.

Eingeübte Argumentation

Erhebt der Patient die Aufklärungsrüge, ist seitens des Behandlers umgehend zur Aufklärung und ggf. auch zu einer hypothetischen Einwilligung vorzutragen, also im Regelfall schon in der Klageerwiderung. In der Berufungsinstanz ist ein entsprechender Vortrag des Behandlers ein neues Verteidigungsmittel und damit im Regelfall verspätet (BGH, 18.11.2008 – VI ZR 198/07).

Umgehende Erwiderung des Behandlers

Der Behandler muss dann versuchen zu beweisen, dass dieser konkrete Patient nach richtiger Aufklärung in die Behandlung eingewilligt hätte. An diesen Beweis werden von der Rechtsprechung strenge Anforderungen gestellt, um die Aufklärungspflicht nicht de facto zu unterlaufen und deren Verletzung sanktionslos zu lassen (BGH, 14.06.1994 – VI ZR 260/93; BGH, 17.03.1998 – VI ZR 74/97). Der Nachweis, dass jeder vernünftige Patient sich in dieser Situation für die durchgeführte Behandlung entschieden hätte, reicht nicht. Das Selbstbestimmungsrecht des Patienten, das die Aufklärung sichern soll, schützt auch eine Entschließung, die aus medizinischen Gründen unvertretbar erscheint (BGH, 07.02.1984 – VI ZR 174/82). Nicht was „jeder Vernünftige" getan hätte, ist entscheidend, sondern was dieser Patient getan hätte.

Beweis, dass dieser Patient eingewilligt hätte

Allerdings gibt es Anzeichen, dass die Gerichte nicht mehr bereit sind, sich jeden „Bären aufbinden" zu lassen.

Nicht plausible Behauptungen von Patienten

- So meinte das OLG München, 24.11.2011 – 1 U 4262/10, bei der Frage, ob ein Entscheidungskonflikt plausibel dargestellt sei, könne auf den allgemeinen Erfahrungsgrundsatz zurückgegriffen werden, dass ein Mensch, insbesondere ein junger Mensch, der sein Leben noch vor sich hat, sich im Zweifel für eine **lebenserhaltende Therapie** entscheidet und nicht für einen wahrscheinlichen frühen Tod.

- Das OLG Karlsruhe, 06.05.1987 – 7 U 88/86 – hielt die Behauptung einer Patientin, die mit heftigen Schmerzen den Zahnarzt aufgesucht hatte, sie hätte bei Aufklärung über das extrem seltene Risiko einer Läsion des Nervus mandibularis durch das Setzen der **Leitungsanästhesie** nicht in den Eingriff (hier: Extraktion der Zähne 36 und 37) eingewilligt, für nicht plausibel.

- Ebenso hielt es das OLG Koblenz, 22.09.1987 – 3 U 1632/86 – für nicht plausibel, dass ein Patient (Gesangslehrer), der schon bei früheren Behandlungen durch den Zahnarzt **Leitungsanästhesien** erhalten hatte, ohne dagegen Einwände zu erheben, und der sich zudem nach der mit Komplikationen verlaufenden Injektion noch mindestens eine weitere hatte verabreichen lassen, gerade im Komplikationsfall auf die Schmerzausschaltung verzichtet hätte.

- Das OLG Karlsruhe, 27.06.2012 – 7 U 116/11 – nahm einer Patientin nicht ab, dass sie anstelle einer möglichen **Wurzelspitzenresektion** in Kenntnis des Risikos der Nervschädigung die Extraktion des Zahnes vorgezogen hätte.

- Dagegen nahm das OLG Hamm, 30.10.2009 – 26 U 149/05 – einer Patientin als plausibel ab, dass die Aufklärung einer seit Jahrzehnten zahnlosen Patienten über eine **implantatgetragene Versorgung** im Unterkiefer (vier Implantate im Bereich 34–37 mit aufgesetzten Teilkronen) über die Gefahr von Zungen- und Weichteilverletzungen sie veranlasst hätte, sich wenigstens weiteren fachlichen Rat einzuholen, oder aber dass sie mangels gegenwärtiger funktioneller Kieferbeschwerden angesichts drohender zeitweiliger Schmerzen jedenfalls keine Veranlassung zur Durchführung der konkreten Behandlung zum damaligen Zeitpunkt und durch den beklagten Zahnarzt gesehen hätte.

Die Möglichkeit, trotz Nichtaufklärung zu beweisen, dass der Patient in die Behandlung eingewilligt hätte, verhindert, dass die bloße Nichtaufklärung zum schadensersatzauslösenden Ereignis wird. Versuche in diese Richtung hat es in der Vergangenheit immer wieder gegeben (OLG Jena, 03.12.1997 – 4 U 687/97; LG Köln, 08.02.1995 – 25 O 308/92). Dieser Auffassung erteilte der BGH in mehreren Entscheidungen (BGH, 31.01.2006 – VI ZR 87705 – und BGH, 27.05.2008 – VI ZR 69/07) eine Absage: Es besteht keine Haftung des (Zahn)Arztes, wenn die Aufklärungspflichtverletzung keinen Gesundheitsschaden des Patienten zur Folge hatte.

Bloße Nichtaufklärung nicht als schadensersatzauslösendes Ereignis

Hätte der aufgeklärte Patient eingewilligt, fehlt es rechtlich an dem für die Schadenersatzhaftung erforderlichen Ursachenzusammenhang zwischen der unterbliebenen bzw. unzureichenden Aufklärung und dem eingetretenen Schaden.

Kann der Patient durch plausible Darlegung eines Entscheidungskonflikts ernsthafte Zweifel an der Behauptung des Behandlers wecken, der Patient hätte auch bei ordnungsgemäßer Aufklärung eingewilligt, ist der Beweis der hypothetischen Einwilligung nicht geführt.

Zweifel an der hypothetischen Einwilligung

§ 630h Abs. 3 BGB – Beweisvermutung bei Dokumentationsmängeln

Text des § 630h Abs. 3 BGB:

„Hat der Behandelnde eine medizinisch gebotene wesentliche Maßnahme und ihr Ergebnis entgegen § 630f Absatz 1 oder Absatz 2 nicht in der Patientenakte aufgezeichnet oder hat er die Patientenakte entgegen § 630f Absatz 3 nicht aufbewahrt, wird vermutet, dass er diese Maßnahme nicht getroffen hat."

Kommentierung:

Rechtsvermutung zum Nachteil des Behandler

§ 630h Abs. 3 BGB ist die beweisrechtliche Sanktion unzureichender Dokumentation. Er stellt eine Rechtsvermutung zum Nachteil der Behandlerseite auf – in Übereinstimmung mit der bisherigen Rechtsprechung (s. auch oben die Kommentierung zu § 630f BGB) – und stellt damit keine echte Beweislastumkehr dar. Wird eine (zahn)medizinisch gebotene wesentliche Maßnahme und – sofern relevant – auch ihr Ergebnis entgegen § 630f Abs. 2 BGB nicht in der Patientenakte vermerkt, wird vermutet, dass sie auch tatsächlich nicht durchgeführt wurde.

Vermutetes Unterbleiben der Maßnahmen

Verstößt der Behandelnde gegen die Dokumentationspflicht aus § 630f, führt die Vermutung in § 630h Abs. 3 BGB in seiner ersten Alternative dazu, dass die dokumentationspflichtigen Maßnahmen als unterblieben und von dem Behandelnden nicht getroffen anzusehen sind (BGH, 29.09.1998 – VI ZR 268/97).

Beweiserleichterung für Patienten

Diese Vermutung erspart dem Patienten den Nachweis, dass der Behandler eine (zahn)medizinisch notwendige Maßnahme nicht durchgeführt hat, da sie ein fahrlässiges Vorgehen des Behandlers indiziert (s. BGH, 29.03.1988 – VI ZR 193/87) und damit zur Annahme eines Behandlungsfehlers führt. Besteht das vermutete Unterlassen in Diagnostik, also Befunderhebung und Befundsicherung, reicht die Beweiserleichterung in der Regel nur bis zu der Vermutung, dass der Befund ein für den Behandelnden reaktionspflichtiges Ergebnis erbracht hätte oder man in dem Unterlassen einen groben Behandlungsfehler zu erblicken hat (BGH, 13.02.1996 – VI ZR 402/94; s. jetzt § 630h Abs. 5 BGB).

Die durch § 630h Abs. 3 BGB aufgestellte gesetzliche Vermutung kann von der Behandlerseite mit dem Gegenbeweis nach § 292 ZPO entkräftet werden.

Gegenbeweis des Behandlers

§ 630h Abs. 3 BGB enthält in seiner zweiten Alternative auch eine Beweisvermutung für den Fall, dass die Behandlungsdokumentation nicht über die vorgeschriebene Zeit aufbewahrt wurde und – so ist zu ergänzen – die fehlende Vorlagemöglichkeit nicht daran liegt, dass keine sachgerechten Aufbewahrungsmaßnahmen ergriffen wurden. Wurden die Röntgenaufnahmen dem Anwalt des Patienten ausgehändigt, dann kann dem Behandler kein Vorwurf daraus gemacht werden, dass sie dort verloren gegangen sind. Auch bei Verlust durch Diebstahl, Brand und Naturkatastrophen greift die Vermutung nicht ein, sofern man eine für normale Umstände als ausreichend zu erachtende Absicherung der Daten befolgt. Bei elektronischen Daten gibt es derzeit noch immer das Problem, dass niemand weiß, wie lange elektronische Datenträger die Daten ausreichend sicher aufbewahren. Es empfiehlt sich jedenfalls, bei elektronischer Dokumentation die Publikation „Elektronische Akten im Gesundheitswesen" (http://www.ztg-nrw.de/ZTG/content/e129/e686/e12133/e12616/pressfile/object12618/21092011_AKEPA-eFA_ElektronischeAktenimGesundheitswesen_web_ger.pdf), die derzeit in der Version 1.0 mit dem Stand vom 21.09.2011 heruntergeladen werden kann, zu beachten und deren weitere Entwicklung zu verfolgen.

Beweisvermutung bei Verlust der Dokumentation

Absicherung bei elektronischen Daten

Nach den Vorstellungen des Gesetzgebers soll „*auf der Basis des Absatzes 3 [...] im Übrigen auch die Rechtsprechung des Bundesgerichtshofs zu den sogenannten Anfängerfehlern im Bereich der Dokumentation fortgesetzt werden*". Bei Behandlungen durch einen Berufsanfänger handele es sich stets um wesentliche Maßnahmen im Sinne des Absatzes 3, die auch bei bloßen Routineeingriffen exakt dokumentiert werden müssten. Der Verstoß gegen diese Dokumentationspflicht bei Behandlungen durch Berufsanfänger führe zum Schutze des Patienten zu der Vermutung des Abs. 3 (BT-Ds. 17/10488, S. 30). Im Text kommt diese Variante der Rechtsprechung zwar nicht zum

Behandlungen durch Berufsanfänger auch bei Routineeingriffen exakt dokumentieren

Ausdruck. Aber diese Rechtsprechung besteht: Ein Berufsanfänger hat den Gang der von ihm selbständig durchgeführten Operation auch bei sog. Routineeingriffen in den wesentlichen Punkten zu dokumentieren (BGH, 07.05.1985 – VI ZR 224/83).

§ 630h Abs. 3 BGB bringt der Behandlerseite keine Beweisnachteile, wenn die Aufbewahrungsfristen des § 630f Abs. 3 BGB (10 Jahre, sofern nicht nach deren Vorschriften andere Aufbewahrungsfristen bestehen – s.o. die Kommentierung zu § 630f Abs. 3 BGB) abgelaufen sind und die Behandlungsdokumentation danach vernichtet wurde oder jedenfalls nicht mehr vollständig vorhanden ist (OLG Hamm, 29.01.2003 – 3 U 91/02; OLG Karlsruhe, 11.02.2004 – 7 U 174/02; Laufs/Kern, Handbuch des Arztrechts, 4. Aufl., 2010, § 111 Rz. 7).

§ 630h Abs. 4 BGB – Beweisvermutung bei fehlender Befähigung

Text des § 630h Abs. 4 BGB:

„War ein Behandelnder für die von ihm vorgenommene Behandlung nicht befähigt, wird vermutet, dass die mangelnde Befähigung für den Eintritt der Verletzung des Lebens, des Körpers oder der Gesundheit ursächlich war."

Kommentierung:

§ 630h Abs. 4 BGB enthält eine in ihrer Reichweite noch nicht vollständig abzuschätzende Erweiterung des bisherigen Rechts. Der allgemeine Behandlungsstandard wird definiert durch den allgemein anerkannten fachlichen Standard (§ 630a Abs. 2 BGB), die Behandlungskompetenz durch den Standard des Facharztes (OLG Jena, 01.06.2010 – 4 U 498/07). Beide Fertigkeiten können bei Assistenz(zahn)ärzten noch nicht vorausgesetzt werden. Die mangelnde Befähigung der Behandlung spielte deshalb bisher vor allem bei sog. Anfängeroperationen eine Rolle, also der Behandlung durch Ärzte, die zwar über eine Approbation, aber noch nicht über eine – zumindest de facto – abgeschlossene Facharztausbildung verfügten (s. dazu BGH, 15.06.1993 – VI ZR 175/92; BGH, 07.05.1985 – VI ZR

Definition von Behandlungsstandard und Behandlungskompetenz

224/83). Begeht der Anfänger einen Fehler, wird der Sache nach vermutet, dass es an seiner Unerfahrenheit lag. Begeht er keinen Fehler, folgen aus der Anfängerbehandlung keine haftungsrechtlichen Konsequenzen (BGH, 03.02.1998 – VI ZR 356/96).

Der Gesetzestext geht aber darüber hinaus. Er knüpft an schon lange bestehende Rechtsprechung an, wonach es gegen die gebotene ärztliche Sorgfalt und den Anspruch des Patienten auf den Operationsstandard eines erfahrenen Facharztes verstößt, wenn ein Arzt es übernimmt, nach einer Operationstechnik vorzugehen, mit deren Handhabung, Eigenarten und Risiken er sich zuvor nicht im erforderlichen Maße vertraut gemacht hat (OLG Köln, 15.08.1985 – 7 U 13/85).

Operationsstandard eines erfahrenen Facharztes

Es kommt nach § 630h Abs. 3 BGB nicht darauf an, ob der (Zahn)Arzt die durchgeführte Behandlung generell durchführen darf – das ist beim Zahnarzt i.d.R. schon mit der zahnärztlichen Approbation anzunehmen –, sondern ob er den Eingriff auch fachlich beherrscht. Ein Zahnarzt ist zur Durchführung derjenigen Maßnahmen, die grundsätzlich der Zahnheilkunde zuzuordnen sind, nicht uneingeschränkt berechtigt. Es bleibt vielmehr die Frage der zahnärztlichen Verantwortung – und eines möglichen Übernahmeverschuldens – im konkreten Einzelfall, ob er sich eine bestimmte Behandlung zutrauen darf (OLG Zweibrücken, 21.08.1998 – 2 U 29/97).

Fachliche Beherrschung des Eingriffs

Nutzen kann der Patient aus dieser Beweisvermutung nur ziehen, wenn man ihm zugesteht, diese Dinge von der Behandlerseite zu erfragen, und umgekehrt die Behandlerseite verpflichtet sieht, solche Fragen wahrheitsgemäß zu beantworten.

Nutzen für den Patienten

Das wäre im Rahmen von der hier schon mehrfach angesprochenen Thematik der pre-trial discovery sinnvoll, allerdings nur als two-way-road:

- Der Patient darf fragen, der Behandler muss wahrheitsgemäß antworten.
- Der Behandler darf fragen, der Patient muss wahrheitsgemäß antworten.

Damit wird sich die Frage stellen, wann ein Behandler für die konkrete Behandlung genügend befähigt ist. Der Gesetzgeber will mit dieser

Frage nach genügender Befähigung

Norm zwar einerseits daran anknüpfen, dass es dem Behandler an der erforderlichen Befähigung fehle, soweit er nicht über die notwendige fachliche Qualifikation verfügt. Dies komme insbesondere bei Behandelnden in Betracht, die sich noch in der medizinischen Ausbildung befinden oder die als Berufsanfänger noch nicht über die notwendige Erfahrung verfügen. Er fährt dann aber ergänzend fort, als Folge der Regelung obliege es dem Behandelnden, *„darzulegen und zu beweisen, dass die eingetretene Komplikation ihre Ursache nicht in der fehlenden Qualifikation, Übung oder Erfahrung des Behandelnden hat"* (BT-Drs. 17/10488, S. 30 unter Bezugnahme auf BGH, 10.03.1992 – VI ZR 64/91; KG Berlin, 14.04.2008 – 20 U 183/06; Deutsch, Das Organisationsverschulden des Krankenhausträgers, NJW 2000, 1745 [1748 ff.]).

Übung und Erfahrung im konkreten Behandlungsfall

„Qualifikation" ist ein Begriff, der jedenfalls im Wesentlichen mit der entsprechenden Weiterbildung korreliert, „Übung" und „Erfahrung" sind aber auf den konkreten Behandlungsfall bezogene Begrifflichkeiten.

Konkret: Wann hat ein Zahnarzt genügend **„Übung"** oder **„Erfahrung"**, um

- einen Zahn zu extrahieren,
- einen Zahn zu osteotomieren,
- ein Implantat zu setzen,
- ein Implantat einer konkreten Art (Hersteller, Durchmesser etc.) zu setzen,
- einen Sinuslift extern/intern, mit und ohne Knochensepten, oder gar
- eine vertikale Distraktion durchzuführen?

Alleinbehandlung ab wann?

Bisher wurden solche Fragen nur selten gestellt. Das wird sich künftig ändern – obwohl es darauf bisher unter den Heilberufen keine konsentierten Antworten gibt. Die Frage läuft im Ergebnis immer darauf hinaus, ab wann eine bestimmte Behandlung ohne Aufsicht allein durchgeführt werden darf. Der Assistenz(zahn)arzt darf operieren, aber so lange nur *„unter prinzipieller Anwesenheit und eingriffsbereiter Assistenz"* eines aufsichtführenden (Zahn)Arztes (BGH, 07.05.1985 –

VI ZR 224/83; OLG Karlsruhe, 10.10.1990 – 7 U 12/89), bis er das kann, was er für den konkreten Behandlungsschritt unter dem in § 630a Abs. 2 BGB angesprochenen Aspekt der Fachlichkeit und des Facharztstandards können muss.

Auf die Gutachter werden viele schwierig zu beantwortende Fragen zukommen.

§ 630h Abs. 5 Satz 1 BGB – Beweislastumkehr bei grobem Behandlungsfehler

> **Text** des § 630h Abs. 5 Satz 1 BGB:
> „Liegt ein grober Behandlungsfehler vor und ist dieser grundsätzlich geeignet, eine Verletzung des Lebens, des Körpers oder der Gesundheit der tatsächlich eingetretenen Art herbeizuführen, wird vermutet, dass der Behandlungsfehler für diese Verletzung ursächlich war."

Kommentierung:

Die in der Praxis wichtigste Fallgruppe der Beweislastumkehr ist – neben der Beweislastumkehr für die Aufklärung – der grobe Behandlungsfehler.

Grob ist ein Behandlungsfehler, wenn der (Zahn)Arzt eindeutig gegen bewährte (zahn)ärztliche Behandlungsregeln oder gesicherte (zahn)-medizinische Erkenntnisse verstoßen und einen Fehler begangen hat, der aus objektiver Sicht nicht mehr verständlich erscheint, weil er einem (Zahn)Arzt schlechterdings nicht unterlaufen darf (BGH, 19.11.1996 – VI ZR 350/95; BGH, 25.10.2011 – VI ZR 139/10). Dabei spielt es nach der jüngsten Rechtsprechung keine Rolle mehr, ob der eingetretene Gesundheitsschaden als mögliche Folge des groben Behandlungsfehlers zum Behandlungszeitpunkt überhaupt schon bekannt war (BGH, 19.06.2012 – VI ZR 77/11).

Definition: grober Behandlungsfehler

Allerdings ist – vor allem durch den Gutachter – sorgfältig zu differenzieren, ob ein Verstoß gegen elementare medizinische Erkenntnisse

Verstoß gegen Standards vs. Fehlentscheidung	oder elementare Behandlungsstandards oder lediglich eine Fehlentscheidung in mehr oder weniger schwieriger Lage vorlag (BGH, 09.06.2009 – VI ZR 261/08). Distanziert sich der Gutachter einerseits deutlich vom Vorgehen des (Zahn)Arztes, hält er es aber andererseits noch für nachvollziehbar, so hat das Gericht die Äußerungen des Sachverständigen kritisch zu hinterfragen und sowohl den für eine solche Behandlung geltenden Sorgfaltsmaßstab als auch die tatsächlichen Voraussetzungen eines groben Behandlungsfehlers – ggf. erneut – mit dem Sachverständigen zu erörtern (BGH, 25.10.2011 – VI ZR 139/10).
Gesicherte (zahn)medizinische Erkenntnisse	Gesicherte (zahn)medizinische Erkenntnisse, deren Missachtung einen Behandlungsfehler als grob erscheinen lassen kann, sind nicht nur die Erkenntnisse, die Eingang in Leitlinien, Richtlinien oder anderweitige ausdrückliche Handlungsanweisungen gefunden haben. Hierzu zählen vielmehr auch die elementaren medizinischen Grundregeln, die im jeweiligen Fachgebiet vorausgesetzt werden (BGH, 20.09.2011 – VI ZR 55/09).
Kein besonderes Verschulden erforderlich	Der grobe Behandlungsfehler erfordert kein besonderes Verschulden, also insbesondere keine grobe Fahrlässigkeit (BGH, 10.05.1983 – VI ZR 270/81; BGH, 26.11.1991 – VI ZR 389/90; OLG Stuttgart, 21.06.1990 – 14 U 3/90). Einfache Fahrlässigkeit reicht aus. Die vielfach bestehende Befürchtung, bei der Feststellung eines groben Behandlungsfehlers würde die Berufshaftpflichtversicherung nicht eintreten, ist unbegründet. Hier schadet nur Vorsatz.
Vorsatz nur selten bejaht	Vorsatz wird in der Haftungsrechtsprechung nur selten bejaht. Selbst in krassesten Fällen (s. z.B. LG Heidelberg, 05.03.1982 – 5 O 356/79: Harnröhrenverletzung bei einem Mann durch Ziehen eines nicht entblockten Foley-Katheters) halten sich die Gerichte mit einem solchen Verdikt zurück, weil sie wissen, dass sie dem geschädigten Patienten dadurch „Steine statt Brot" gäben.
Kausalität für die Gesundheitsschädigung	Kausal für die Gesundheitsschädigung des Patienten wird ein Behandlungsfehler dann, wenn der Gesundheitsschaden auf den Behandlungsfehler zurückzuführen ist und wenn eine am erforderlichen (zahn)medizinischen Sollstandard orientierte Behandlung (s. § 630a Abs. 2 BGB) den Schaden vermieden hätte. Hätte der Behand-

ler alles richtig gemacht und wäre der Schaden dennoch eingetreten, fehlt es an der Kausalität.

Beim groben Behandlungsfehler liegt der besondere, zur Umkehr der Beweislast führende Vorwurf gerade darin, dass der Behandler durch den groben Fehler eine Situation geschaffen hat, die Aussagen dazu, wie der Krankheitsverlauf bei richtiger Behandlung gewesen wäre, nicht mehr zulässt (BGH, 27.06.1978 – VI ZR 183/76). *„Im Arzthaftpflichtprozess hat der Arzt prozessual dafür einzustehen, dass er durch einen leichtfertig begangenen Fehler eine Lage herbeigeführt hat, die nicht mehr erkennen lässt, ob sein Versagen oder eine andere Ursache den schädigenden Erfolg herbeigeführt hat."* (BGH, 27.01.1981 – VI ZR 138/79)

Vorwurf beim groben Behandlungsfehler

In einem weiteren Urteil präzisierte der BGH seine der Dogmatik des groben Behandlungsfehlers zugrunde liegenden Überlegungen wie folgt: *„Die beweisrechtlichen Konsequenzen aus einem grob fehlerhaften Behandlungsgeschehen folgen nicht aus dem Gebot der prozessrechtlichen Waffengleichheit. Sie knüpfen vielmehr daran an, dass die nachträgliche Aufklärbarkeit des tatsächlichen Behandlungsgeschehens wegen des besonderen Gewichts des Behandlungsfehlers und seiner Bedeutung für die Behandlung in einer Weise erschwert ist, dass der Arzt nach Treu und Glauben – also aus Billigkeitsgründen – dem Patienten den vollen Kausalitätsnachweis nicht zumuten kann. Die Beweislastumkehr soll einen Ausgleich dafür bieten, dass das Spektrum der für die Schädigung in Betracht kommenden Ursachen gerade durch den Fehler besonders verbreitert oder verschoben worden ist"* (BGH, 06.10.2009 – VI ZR 24/09).

Voller Kausalitätsnachweis nicht zumutbar

Zu dieser Rechtsprechung ist kritisch anzumerken, dass der Test, ob der grobe Behandlungsfehler im Einzelfall die Aufklärung der Tatsachen – also insbesondere des tatsächlichen Geschehensablaufs – erschwert hat, in der Regel nicht erfolgt. Er ist in der aktuellen Definition des groben Behandlungsfehlers als eines Fehlers des (Zahn)Arztes, bei dem eindeutig gegen bewährte (zahn)ärztliche Behandlungsregeln oder gesicherte (zahn)medizinische Erkenntnisse verstoßen und ein Fehler begangen wurde, der aus objektiver Sicht nicht mehr verständlich erscheint (BGH, 10.05.1983 – VI ZR 270/81), nicht als eigenständiges Bewertungskriterium enthalten ist.

Fehler muss den Schaden herbeizuführen können

Ein grober Behandlungsfehler, der geeignet ist, einen Schaden der tatsächlich eingetretenen Art herbeizuführen, führt grundsätzlich zu einer Umkehr der objektiven Beweislast für den ursächlichen Zusammenhang zwischen dem Behandlungsfehler und dem Gesundheitsschaden. Dafür reicht aus, dass der grobe Behandlungsfehler geeignet ist, den eingetretenen Schaden zu verursachen; nahelegen oder wahrscheinlich machen muss der Fehler den Schaden hingegen nicht (BGH, 27.04.2004 – VI ZR 34/03).

In der Gesetzesbegründung findet sich dazu folgende Passage (BT-Drs. 17/10488, S. 30):

„In Übereinstimmung mit dem Bundesgerichtshof ist im Falle eines groben Behandlungsfehlers davon auszugehen, dass der Behandelnde ‚näher dran' ist, das Beweisrisiko zu tragen. Demgegenüber wird der Patient im Regelfall kaum etwas zur Klärung des Sachverhalts beitragen können (BGH, 11.04.1967 – VI ZR 61/66; Laufs/Kern, Handbuch des Arztrechts, 4. Auflage 2010, § 110 Rz. 6). Nach Absatz 5 Satz 1 wird daher vermutet, dass ein grober Behandlungsfehler für den Eintritt einer Rechtsgutsverletzung ursächlich war, wenn der Behandlungsfehler generell geeignet ist, die Verletzung der tatsächlich eingetretenen Art herbeizuführen. Dem Patienten obliegt damit zwar weiterhin die Beweislast hinsichtlich des groben Behandlungsfehlers. Er wird jedoch auf der Ebene der haftungsbegründenden Kausalität entlastet."

Patient muss den groben Behandlungsfehler beweisen

Gericht entscheidet, ob ein Fehler grob ist

§ 630h Abs. 5 Satz 1 BGB erfordert allerdings auch künftig, dass der Patient den groben Behandlungsfehler beweisen kann – was ausnahmslos ein Sachverständigengutachten erfordert. Allerdings ist der Sachverständige nicht dazu zu befragen, ob der Behandlungsfehler „grob" ist. Die Entscheidung, ob ein Fehler als „grob" zu werten ist, ist eine Rechtsfrage und allein Aufgabe des Gerichts (BGH, 06.03.1962 – VI ZR 31/61; BGH, 10.11.1987 – VI ZR 39/87; OLG Karlsruhe, 15.10.1986 – 13 U 52/84; OLG Oldenburg, 13.04.1990 – 5 U 12/89), wenn auch viele Instanzgerichte diese Vorgabe der BGH-Rechtsprechung missachten und den Gutachter direkt fragen, ob ein grober

Behandlungsfehler vorliegt. Sowohl die Frage des Gerichts als auch eine entsprechende Antwort des Gutachters sind unzulässig.

Die rechtliche Feststellung des groben Behandlungsfehlers muss in vollem Umfang durch die vom ärztlichen Sachverständigen mitgeteilten Fakten getragen werden und sich auf die medizinische Bewertung des Behandlungsgeschehens durch den Sachverständigen stützen können (BGH, 28.05.2002 – VI ZR 42/01). Das Gericht darf nicht ohne entsprechende Darlegungen oder gar entgegen den medizinischen Ausführungen des Sachverständigen einen groben Behandlungsfehler aus eigener Wertung bejahen (BGH, 29.05.2001 – VI ZR 120/00; BGH, 19.06.2001 – VI ZR 286/00; BGH, 03.07.2001 – VI ZR 418/99).

Rechtliche Feststellung des groben Behandlungsfehlers

Fallgruppen des groben Behandlungsfehlers

Die Rechtsprechung hat im Laufe der Jahre eine Reihe von spezifischen Fallgruppen entwickelt, die i.S. des § 630h Abs. 5 Satz 1 BGB als **grobe Behandlungsfehler** angesehen werden können. Dazu gehören:

- Behandlung ohne Erhebung der Anamnese (OLG Düsseldorf, 15.05.1997 – 8 U 115/96);
- unzureichende Diagnostik (OLG Schleswig, 13.10.1993 – 4 U 145/91: unterlassene Erhebung des Funktionsstatus bei deutlichen Hinweisen auf Bruxismus);
- fundamentale Diagnoseirrtümer (BGH, 10.11.1987 – VI ZR 39/87; BGH, 18.10.1994 – VI ZR 302/93; BGH, 12.02.2008 – VI ZR 221/06);
- unterlassene Befunderhebung (OLG Oldenburg, 25.03.1997 – 5 U 131/96: mangels Röntgendiagnostik nicht erkannte Kieferfraktur mit anschließender Osteomyelitis und Zahnverlusten);
- Nichterheben von Kontrollbefunden (BGH, 21.09.1982 – VI ZR 302/80);
- Fehler in der Diagnoseaufklärung (z.B. BGH, 25.04.1989 – VI ZR 175/88);

Spezifische Fallgruppen

- Fehler in der eigentlichen Therapie – das ist der Hauptanwendungsfall des groben Behandlungsfehlers;
- Fehler im Bereich der Hygiene, insbesondere Desinfektion (OLG Naumburg, 20.08.2009 – 1 U 86/08);
- Nichtaufklärung über wichtige therapie- oder heilungsrelevante Vorkommnisse (z.B. OLG Stuttgart, 02.02.1989 – 14 U 20/88);
- Fehler in der Nachbetreuung (z.B. OLG Düsseldorf, 23.03.1995 – 8 U 85/93);
- Fehler in der Sicherungsaufklärung (z.B. BGH, 16.11.2004 – VI ZR 328/03).

Mitverursachung von Unklarheiten durch den Patienten

Die Mitverursachung von Unklarheiten in der Ursachenaufklärung durch den Patienten kann nach der Rechtsprechung wegen der damit verbundenen Erschwerung der Aufklärung des Behandlungsgeschehens die Beweislastumkehr wegen des groben Behandlungsfehlers ausschließen. Voraussetzung dafür ist, dass der Patient durch sein Verhalten eine selbständige Komponente für den Heilungserfolg vereitelt und dadurch in gleicher Weise wie der grobe Behandlungsfehler des (Zahn)Arztes dazu beigetragen hat, dass der Verlauf des Behandlungsgeschehens nicht mehr aufgeklärt werden kann (BGH, 27.04.2004 – VI ZR 34/03; KG Berlin, 30.04.1990 – 20 U 1833/89 – mit Nichtannahmebeschluss BGH, 19.02.1991 – VI ZR 224/90; OLG Braunschweig, 10.04.1997 – 1 U 21/96 – mit Nichtannahmebeschluss BGH, 20.01.1998 – VI ZR 161/97).

Rechtsprechung zu groben Behandlungsfehlern in der Zahnheilkunde

Beispiele für grobe Behandlungsfehler in der Zahnheilkunde:

Grobe Behandlungsfehler

- OLG Hamm, 29.05.1995 – 3 U 254/94: unterlassene Röntgendiagnostik bei Wurzelbehandlung;
- OLG Düsseldorf, 08.02.1996 – 8 U 82/95: zeitgleiche Durchführung von Parodontalchirurgie, umfangreichem Zahnersatz und Implantatversorgung;

- OLG Hamm, 16.12.1996 – 3 U 108/96: nur partiell gelungene Extraktion eines 3ers als Folge völlig unzureichender Röntgendiagnostik und nicht gestillte arterielle Blutung (der Sachverständige hatte das Operieren durch den Zahnarzt anhand der nicht auswertbaren Röntgenaufnahmen mit der Fahrt eines Autofahrers im Nebel mit 100 km/h statt zulässiger 50 km/h verglichen);
- OLG Stuttgart, 09.01.1998 – 14 U 15/97: endgültiges Einzementieren einer Zahnbrücke, obwohl der Patient im Bereich der Zähne der bisher nur provisorisch getragenen Brücke erhebliche Schmerzen hat;
- OLG Köln, 25.02.1998 – 5 U 157/97: Eingliederung einer Zahnprothese in den zahnlosen Oberkiefer, wenn die zur Verankerung eingebrachten Implantate in dem durch Knochenabbau geschädigten Kiefer keinen genügenden Halt bieten;
- OLG Schleswig, 11.03.1998 – 4 U 80/97: Entscheidung, mit der Entfernung eines am Donnerstag in die Kieferhöhle gerutschten Weisheitszahnes bis zum darauffolgenden Montag zu warten;
- OLG Saarbrücken, 03.11.1999 – 1 U 419/97: keine Vorkehrungen dagegen treffen, dass Abformmaterial in die Kieferhöhle eindringt, wenn nach einer Zahnextraktion aufgrund der anatomischen Verhältnisse die Eröffnung der Kieferhöhle naheliegt;
- OLG Saarbrücken, 03.11.1999 – 1 U 419/97: Nichtdurchführung eines Nasenblasversuchs bei Verdacht auf Eröffnung der Kieferhöhle;
- OLG Köln, 25.09.2002 – 5 U 179/99: nicht rechtzeitige Erkennung der Perforierung des Kieferhöhlenbodens kann ein grober Behandlungsfehler sein;
- OLG Köln, 12.01.2005 – 5 U 96/03: Verwendung von parapulpären Stiftverankerungen, wenn an den Zähnen ausreichend Resthartsubstanz vorhanden war, um die Zähne auch ohne Stifte füllen zu können;
- OLG Köln, 12.01.2005 – 5 U 96/03; OLG Hamm, 24.10.2006 – 26 U 171/05: Devitalisierung der Pulpa mit Toxavit;

- OLG Hamm, 24.10.2006 – 26 U 171/05: Wurzelbehandlung an einem vitalen Zahn nach unzureichendem Vitalitätstest;
- OLG Oldenburg, 04.07.2007 – 5 U 31/05: Verwendung palladiumhaltiger Legierungen (hier: 36,4 %) bei Patienten, der an Palladiumallergie leidet;
- OLG Koblenz, 06.12.2007 – 5 U 709/07: Weisheitszahnextraktion aufgrund unzureichender Röntgendiagnostik und anschließend ungenügende Nachsorgebetreuung des Patienten;
- LG Dortmund, 09.02.2011 – 4 O 124/09: Nichtbeachten einer Hypästhesie im Bereich des Zungenrandes (Mundbodenkarzinom).

Kein grober Behandlungsfehler wurde angenommen bei:

- OLG Jena, 26.04.2006 – 4 U 416/05: unterlassene Röntgenaufnahme vor Weisheitszahnextraktion.

§ 630h Abs. 5 Satz 2 BGB – Beweislastumkehr bei unterlassener Befunderhebung

Text des § 630h Abs. 5 Satz 2 BGB:

„Dies gilt auch dann, wenn es der Behandelnde unterlassen hat, einen medizinisch gebotenen Befund rechtzeitig zu erheben oder zu sichern, soweit der Befund mit hinreichender Wahrscheinlichkeit ein Ergebnis erbracht hätte, das Anlass zu weiteren Maßnahmen gegeben hätte, und wenn das Unterlassen solcher Maßnahmen grob fehlerhaft gewesen wäre."

Kommentierung:

§ 630h Abs. 5 Satz 2 BGB behandelt eigentlich den Spezialfall eines nur einfachen Diagnosefehlers bzw. Diagnoseirrtums. Die Abgrenzung zwischen Befunderhebungsfehler und Diagnosefehler ist schwierig.

Ein Befunderhebungsfehler ist gegeben, wenn auf der Grundlage einer angenommenen Diagnose die Erhebung medizinisch gebotener Befunde unterlassen wird. Dagegen liegt ein Diagnoseirrtum vor, wenn der (Zahn)Arzt erhobene oder sonst vorliegende Befunde falsch interpretiert und deshalb nicht die aus der berufsfachlichen Sicht seines Fachbereichs gebotenen weiteren Befunderhebungsmaßnahmen ergreift. Ein Diagnosefehler wird nicht dadurch zu einem Befunderhebungsfehler, dass bei objektiv zutreffender Diagnosestellung noch weitere Befunde zu erheben gewesen wären (OLG Hamm, 02.03.2011 – I-3 U 92/10).

Befunderhebungsfehler vs. Diagnosefehler

Der BGH hat in einer Reihe von Entscheidungen (s. u.a. BGH, 13.02.1996 – VI ZR 402/94; BGH, 06.07.1999 – VI ZR 290/98 – und BGH, 07.06.2011 – VI ZR 87/10) trotz eines nur einfachen Befunderhebungs- oder -sicherungsfehlers eine Beweislastumkehr für die Frage des Ursachenzusammenhangs mit der tatsächlich eingetretenen Rechtsgutsverletzung angenommen, wenn sich bei der gebotenen Abklärung der Symptome mit hinreichender Wahrscheinlichkeit ein so deutlicher und gravierender Befund ergeben hätte, dass dessen Verkennung sich als fundamental oder eine Nichtreaktion auf ihn sich als grob fehlerhaft darstellen würde, und dieser Fehler generell geeignet ist, den tatsächlich eingetretenen Gesundheitsschaden herbeizuführen (BGH, 07.06.2011 – VI ZR 87/10; BGH, 13.09.2011 – VI ZR 144/10).

Beweislastumkehr für den Ursachenzusammenhang

Der Patient muss nur den einfachen Befunderhebungs- oder -sicherungsfehler beweisen, etwa dass der Zahnarzt einen Befund verkannt hat, z.B. den Zufallsbefund eines malignen Tumors auf einem DVT (zu Zufallsbefunden s. BGH, 21.12.2010 – VI ZR 284/09) als gutartige Veränderung interpretierte. Kommt der Gutachter bei der Prüfung der Frage, was gewesen wäre, wenn sich eine weitere Diagnostik angeschlossen hätte, zu dem Ergebnis, man hätte den Tumor erkannt und dann auch behandelt, dann haftet der Zahnarzt, es sei denn, dass der Tumor schon so weit fortgeschritten war, dass es keine erfolgversprechende Behandlung mehr gegeben hätte.

Patient muss nur einfachen Fehler beweisen

Grenzen der Beweislastumkehr nach § 630h Abs. 5 BGB

Kausalzusammenhang äußerst unwahrscheinlich

Die Beweislastumkehr des § 630h Abs. 5 BGB greift nicht ein, wenn ein Kausalzusammenhang zwischen dem Fehler und dem Gesundheitsschaden im konkreten Behandlungsfall <u>äußerst unwahrscheinlich</u> ist (BGH, 24.09.1996 – VI ZR 303/95; OLG Jena, 19.12.2007 – 4 U 171/06; OLG Köln, 18.02.2009 – 5 U 101/07). Wann in diesem Sinne eine „äußerste Unwahrscheinlichkeit" vorliegt, ist nicht geklärt. 10 % gelten jedenfalls nicht als äußerst unwahrscheinlich (OLG Brandenburg, 08.04.2003 – 1 U 26/00; OLG Hamm, 06.11.2002 – 3 U 50/02). Es reicht auch nicht, dass der Gutachter über die Folgen z.B. einer Behandlungsverzögerung nur spekulieren kann (OLG Köln, 17.12.2012 – 5 U 74/12).

Nicht für Folgeschäden

Die Beweislastumkehr gilt grundsätzlich nur für den Gesundheitsschaden, nicht für sog. Folgeschäden (BGH, 12.02.2008 – VI ZR 221/06 – für den Fall eines Morbus Sudeck als Folge einer Fehlbehandlung einer Fingerfraktur), es sei denn, der Folgeschaden ist eine typische Folge der Primärverletzung (BGH, 21.10.1969 – VI ZR 82/68; BGH, 21.07.1998 – VI ZR 15/98).

Erleichterter Nachweis des Folgeschadens

Allerdings gelten für den Nachweis des Folgeschadens die Erleichterungen des § 287 ZPO. Es muss nicht mit dem für § 286 ZPO erforderlichen *„für das praktische Leben brauchbaren Grad von Gewissheit"* nachgewiesen werden, dass der Gesundheitsschaden auf dem Fehler beruht, sondern es reicht aus, dass das Gericht *„unter Würdigung aller Umstände nach freier Überzeugung"* zu dem Ergebnis kommt, der Folgeschaden sei kausal (BGH, 09.05.1989 – VI ZR 268/88).

Gegen einen festgestellten groben Behandlungsfehler bleiben nur wenige Einwendungen. Der Behandelnde kann etwa versuchen, zu beweisen, dass der Behandlungsfehler nicht generell geeignet war, einen Gesundheitsschaden der eingetretenen Art herbeizuführen. Die Beweislastumkehr kommt ferner dann nicht in Betracht, wenn der

Behandelnde beweist, dass jeglicher Ursachenzusammenhang zwischen dem groben Behandlungsfehler und der Rechtsgutsverletzung aufgrund der besonderen Umstände des Einzelfalls „äußerst unwahrscheinlich" ist (so BT-Drs. 17/10488, S. 31 unter Bezugnahme auf BGH, 07.06.2011 – VI ZR 87/10).

Einwendungen gegen festgestellten groben Behandlungsfehler

Schlusswort

Das Patientenrechtegesetz ist ein weiterer Meilenstein zu einer Verrechtlichung der Medizin, auf die das Studium der Humanmedizin, Zahnmedizin, Psychologie und die Ausbildungen der heilkundlichen Assistenzberufe auch nicht annähernd adäquat vorbereiten. Einerseits werden immer dringender in diesem Bereich Personen gesucht, welche diese Verantwortung noch übernehmen wollen, andererseits wird das berufsrechtliche, haftungsrechtliche und – bei den Ärzten und Zahnärzten – vertrags(zahn)arztrechtliche Umfeld mit immer mehr rechtlichen Aufgaben überladen, so dass sich viele Mediziner fragen, wo denn da noch die Freude für die eigentliche Behandlungsaufgabe bleiben soll.

In Deutschland wird hier an einer Schraube gedreht, die abzudrehen droht. Im Krankenhausbereich wird es immer schwieriger, noch einen Haftpflichtversicherer zu bezahlbaren Konditionen zu finden. Im niedergelassenen Bereich ist die Situation längst ähnlich. Wenn ein Frauenarzt, will er selbst Geburtshilfe anbieten, im Jahre 2010 bereits im Durchschnitt einen Jahresnettobeitrag von 40.325 Euro bezahlen musste, darin 250 Geburten eingeschlossen waren und jede weitere Geburt 100 Euro zusätzlich kosten sollte (s. Meldung der Ärztezeitung vom 17.05.2010: „Gynäkologen rügen Teuerung bei Berufshaftpflicht"), dann droht eine Besonderheit früherer amerikanischer Verhältnisse, dass es immer schwieriger werden wird, behandlungsbereite Ärzte zu finden. In den USA ging man das Problem auf der Ebene der Bundesstaaten durch gesetzliche Haftungsbeschränkungen, insbesondere die Einführung von Haftungshöchstgrenzen an. In Deutschland geht der Weg gerade in die umgekehrte Richtung, nicht nur im Geburtsschadenbereich. Auch in der Zahnheilkunde finden sich Rechtsschutzversicherer, die Patientenklagen wegen Nervläsionen mit Streitwerten von mehr als 100.000 Euro finanzieren, auch wenn klar ist, dass nur Bruchteile der Klageforderung eine realistische Chance haben.

Es ist Zeit, dieser Entwicklung Einhalt zu gebieten.

Anhang

Abkürzungsverzeichnis

a.F.	alte Fassung
AG	Amtsgericht
BDIZ EDI	Bundesverband der implantologisch tätigen Zahnärzte in Europa e.V.
BEMA	Einheitlicher Bewertungsmaßstab für vertragszahnärztliche Leistungen
BGB	Bürgerliches Gesetzbuch vom 18.08.1896
BGBl.	Bundesgesetzblatt
BGH	Bundesgerichtshof
BMV-Z	Bundesmantelvertrag – Zahnärzte Stand 01.02.2008
BR-Drs.	Bundesratsdrucksache
BSG	Bundessozialgericht
BT-Drs.	Bundestagsdrucksache
BVerfG	Bundesverfassungsgericht
CD	Compact Disc
CT	Computertomogramm
dgl.	dergleichen
d.h.	das heißt
DVD	Digital Versatile Disc
DVT	Dentale Volumentomographie
EBM	Einheitlicher Bewertungsmaßstab für vertragsärztliche Leistungen
EKV-Z	Zahnarzt-Ersatzkassenvertrag Stand 01.02.2008
f.	folgende Seite
ff.	fortfolgende Seiten
GKG	Gerichtskostengesetz vom 05.05.2004
GOÄ	Gebührenordnung für Ärzte vom 18.12.1995
GOZ	Gebührenordnung für Zahnärzte vom 22.10.1987
GOZ 2012	Gebührenordnung für Zahnärzte vom 05.12.2011
Hs.	Halbsatz
i.d.F.	in der Fassung
i.d.R.	in der Regel
i.S.	in Sachen
i.S.d.	im Sinne des
i.V.m.	in Verbindung mit
KG Berlin	Kammergericht Berlin

LG	Landgericht
LSG	Landessozialgericht
MBO-Ä	Musterberufsordnung für die in Deutschland tätigen Ärztinnen und Ärzte Stand 2011
MBO-Z	Musterberufsordnung für Zahnärzte und Zahnärztinnen Stand 19.05.2010
m.w.N.	mit weiteren Nachweisen
o.Ä.	oder Ähnlich(es)
o.g.	oben genannten
OLG	Oberlandesgericht
OPG	Orthopantomogramm
PKV	Private Krankenversicherung
PlPr	Plenarprotokoll (Deutscher Bundestag)
PRG	Patientenrechtegesetz vom 29.11.2012
RG	Reichsgericht
RVG	Rechtsanwaltsvergütungsgesetz vom 05.05.2003
Rz.	Randziffer
s.	siehe
S.	Seite(n)
SG	Sozialgericht
SGB V	Sozialgesetzbuch V. Buch (Recht der gesetzlichen Krankenversicherung) vom 20.12.1988
s.o.	siehe oben
StGB	Strafgesetzbuch vom 15.05.1871
s.u.	siehe unten
u.a.	unter anderem
u.U.	unter Umständen
vgl.	vergleiche
v.H.	vom Hundert
VVG	Versicherungsvertragsgesetz vom 30.05.1908
z.T.	zum Teil

Literatur

Arbeitsgemeinschaft Rechtsanwälte im Medizinrecht e.V., Schriftleitung: Ratajczak/Stegers, Globalisierung in der Medizin, 2005

Berger, C., T. Ratajczak, J. E. Zöller (Hrsg.): Abrechnungshandbuch Implantologie. 2. Auflage, Quintessenz Verlag, Berlin 2009

Brinkmann, A. K., E. L. W. Brinkmann: Geschichte der zahnärztlichen Implantologie in Deutschland. Anke-Verlag, Oldenburg 1995

Demirbas, Ö.: Untersuchung zum Erinnerungsvermögen von Patienten nach medizinischen Aufklärungsgesprächen zu HNO-Operationen. Diss. 2010

Deutsch, E.: Das Organisationsverschulden des Krankenhausträgers. NJW 2000, 1745

Geiß, Greiner: Arzthaftpflichtrecht. 6. Auflage, C.H. Beck, München 2009

Holst, J.: Therapietreue: „Auch eine Bringschuld des Versorgungssystems". DÄ 2007, 104(15), S. A-996

Laufs, A., B.-R. Kern: Handbuch des Arztrechts. 4. Auflage, C.H. Beck, München 2010

Martis, R., M. Winkhart-Martis: Arzthaftungsrecht – Fallgruppenkommentar. 3. Auflage, Schmidt (Otto), Köln 2010

Potrett, O.-M.: Die Effizienz der präoperativen Aufklärung in der Orthopädie. Diss. 2004

Ratajczak, T.: Der Schweinezyklus in der Aufklärungsrechtsprechung", in Arbeitsgemeinschaft Rechtsanwälte im Medizinrecht e.V. (Hrsg.), Schriftleitung: Ratajczak, Stegers. 2001, S. 1 ff.

Ratajczak, T.: Wissen ist Macht – Auf dem Weg zur pre-trial discovery. In Arbeitsgemeinschaft Rechtsanwälte im Medizinrecht e.V. (Hrsg.), Schriftleitung: Ratajczak, Stegers, Arzthaftungsrecht – Rechtspraxis und Perspektiven. 2006, S. 27 ff.

Reisinger, H., W. M. Schmitt: Kommentar der neuen Bundesgebührenordnung für Zahnärzte (Bugo-Z). Kartei-Dienst Verlag 1965

Tiemann, S., N. Grosse: Kommentar zur Gebührenordnung für Zahnärzte. 2. Auflage, Deutscher Zahnärzte Verlag, Köln 1990

von Hagen, C.: Differentielle Indikation psychologischer Operationsvorbereitung bei knochenchirurgischen Wahleingriffen. 2001

WHO: ADHERENCE TO LONG-TERM THERAPIES, 2003